Inge Rogge · Ernst Leverkus

Handbuch für Motorrad-Reisen

Alles über Planung, Technik, Ausrüstung

MOTORBUCH VERLAG STUTTGART

Einband und Schutzumschlag: Siegfried Horn

Bildquellen: 99 Fotos und 25 Zeichnungen: Inge Rogge/Ernst Leverkus,
26 Archiv- und Werkbilder

ISBN 3-87943-769-6

1. Auflage 1981

Eine Abteilung des Buch- und Verlagshauses Paul Pietsch GmbH & Co. KG.

Satz und Druck: Maisch & Queck, 7016 Gerlingen.
Bindung: Verlagsbuchbinderei Karl Dieringer, 7000 Stuttgart.
Printed in Germany.

Inhalt

Vorwort

Man kann Motorräder so oder so benutzen. Der eine stellt sich eine Menge uralter Veteranen in die Garage und fährt nur gelegentlich bei speziellen Wettbewerben für alte Maschinen. Der andere kauft für unheimlich viel Geld eine Straßenrennmaschine und saust nur in der Saison an einigen Wochenenden um Rennstrecken herum. Wieder jemand bewegt sich sportlich in schwerem Gelände mit einer entsprechenden Spezialmaschine, und noch einer hat eine Spezial-Bahnrennmaschine für Aschen-, Gras- und/oder Sandbahn. Sehr viele Menschen besitzen ein Motorrad, um während der schönen Jahreszeit an Wochenenden ein wenig spazieren zu fahren, und ganz exklusive Burschen fegen nur im Winter mit einem unheimlichen Zahn mit ihren extra spezialisierten Bahnmaschinen auf dem Eis ums Rondell, um sportliche Ehren zu ergattern.

Jeder findet den besonderen Reiz für sich heraus, den ein Motorrad ihm zu bieten hat.

Seit einigen Jahren wird die Zahl der Motorradfahrerinnen und -fahrer aber größer und größer, die vom Abenteuer einer Motorradreise begeistert sind. Je mehr das Fahrzeug Motorrad als Alltags-Transportmittel ausgefallen ist, desto mehr Ferien- und Freizeitfahrten werden mit ihm unternommen. Es hängt ein Hauch von Freiheit, Naturverbundenheit, Forschen und Fernweh daran, und neben der eigenen engen Heimat dehnen sich die Fahrten weit und weiter aus. Überall gibt es noch Landschaften, in denen man als Motorradfahrer besondere Erlebnisse haben kann, die anderen Touristen verborgen sein werden.

Dabei ist der Bereich der engeren Umgebung fast schon etwas Alltägliches (obwohl gerade hier oft noch Neuland zu entdecken ist!), eine Wochenendtour ins Nachbarland scheint nicht der Rede wert zu sein, Ferienreisen über das gute alte Europa hinweg gehören beinahe zum guten Motorrad-Ton, der vordere Orient und Nordafrika sind für manche Motorrad-Wandervögel auch nichts Besonderes mehr. Von Amerika, Australien, Indien oder Neuseeland sprechen einige Globetrotter so, wie man eben mal von »nebenan« redet, nur Ausflüge zum Süd- oder Nordpol scheinen noch exklusive Abenteuer zu sein.

In den 30er Jahren hatte es den Anschein, daß der Abstand von Motorrad-Weltreisendem zum nächsten Motorrad-Weltreisenden noch etwa 40000 km betrug – heute könnte man meinen, daß dieser Abstand schon auf 400 km und weniger zusammengeschrumpft ist. Es gibt Organisationen aller Arten, die sich seit geraumer Zeit sogar in der Art des Massen-Tourismus damit beschäftigen.

Das Reisen mit dem Motorrad ist demnach heute in seiner Bedeutung größer, als das selbst Insider der Motorradbranche glauben. Der Aktionsradius der Maschinen, die Möglichkeit besonders freier Bewegung, größere Zuverlässigkeit der Motorräder, mehr Freizeit ringsum und viele andere Argumente lassen die Motorradfahrer über ihre Heimatgrenzen hinausfahren. Die Welt wird mit dem Motorrad plötzlich neu entdeckt, das Abenteuer einer Reise ist mit der Maschine ursprünglicher und direkter, der hektische und doch triste Alltag verlangt nach diesem Ausgleich, und die Selbstbestätigung findet neue, willkommene Möglichkeiten.

Es liegt so viel Positives im Motorrad-Tourismus. Zum Beispiel auch im Bereich technischer Entwicklungen. Hier sind »heiße Öfen« mit Superleistungen weniger gefragt, man braucht aber ein gutes Drehmoment bei niedriger Drehzahl und eine weitreichende Kraftausbeute. Man benötigt gute Zulademöglichkeit, und es sind Federungskomfort, Spurtreue, gute Schwerpunktlage, ausreichende Kraftstoffmenge im

Die Autoren: Inge Rogge und Ernst Leverkus haben seit Jahren mit der Kamera und Schreibpapier auf Motorrädern die schöne Welt erforscht.

Tank, Wartungsfreundlichkeit und Stabilität gefragt (mit dem einfachen Anbau eines Gepäckträgers und Packtaschen, einer Reise-Verkleidung usw. wird aus einem Sportmotorrad noch lange keine »Touren«-Maschine!). Technische Spinnereien und kurze Lebensdauer sind nicht angebracht.
Motorrad-Reisen bedürfen der Vorbereitung. Wer sich also vorher mit seiner Fahrt beschäftigt, leistet gesunde geistige Arbeit. Wer seine Maschine gut in Schuß hält, zeigt technisches Verständnis und handwerkliches Können. Wer dann schließlich unterwegs in Wind und Wetter, bei schlechten Straßenverhältnissen und in unbekannten Gegenden sein Ziel erreicht hat, dem wird jeder diese Leistung bestätigen müssen. Ist wirklich nur der »Sportfahrer« König im Motorradbereich?
Es lohn sich also, über Motorrad-Reisen zu sprechen. Dieses Buch soll es versuchen. Wir haben aus Jahrzehnten und aus einigen Hunderttausenden Motorrad-Kilometern heraus einmal möglichst viel von dem festgehalten, was nach unserer Erfahrung als Hilfe wichtig wäre, um schöne Motorradfahrten in der Freizeit, ins Wochenende und in die Ferien zu unternehmen.
Es ist natürlich kein wissenschaftliches Fachbuch, aber es ist ein mit Fröhlichkeit und einigem Gewußt-Wie verfaßtes Sachbuch. Und wenn wir damit unseren Motorradfreunden einige kleine Hilfen boten, um die nächste Urlaubsreise besonders schön zu machen, dann freuen wir uns darüber sehr. Irgendwo werden wir uns auch einmal treffen, und dann winken wir uns von Maschine zu Maschine fröhlich zu –!

Ihre Inge Rogge
Ihr Ernst Leverkus

EINLEITUNG

Der kleine (große) Unterschied

Wer plant, mit seinem Motorrad auf Urlaubsreise zu gehen, stößt meist bei seinen Mitmenschen auf die Grundsatzfrage: »Warum fahrt ihr denn mit dem Motorrad?«.

Natürlich – im Auto sitzt man bequem, man hat guten Wetterschutz (sogar mit Heizung), man braucht keine Spezialbekleidung und umständliche Vorbereitungen im Hinblick aufs Anziehen, man kann *alles* mitnehmen, was man braucht, man rollt sicher auf zwei Spuren usw. usf. Man kann in einem Auto mehr Personen befördern als auf einem Motorrad, man wird auch...

Nun ja, wer von uns kennt sie nicht, die Pro-Auto-Argumente? Schließlich ist das Auto ja auch für uns ein nützliches Alltags-Fahrzeug, viele von uns sind beruflich darauf angewiesen.

Wenn aber die Ferien in Sicht sind oder ein langes Wochenende, spielt das Auto für Motorradwanderer keine Rolle mehr. Denn dann lockt uns die frische Luft um die Nase, die Wendigkeit der Maschine, das geringe Leistungsgewicht und ihr Temperament. Mit geringstem Bedarf an Verkehrsraum sind wir gegen Autoschlangen, alle Stockun-

gen, Staus und gegen jede Verdichtung des Verkehrs immun – solchen Unerfreulichkeiten können wir leicht entfliehen. Und es gibt Strecken, Straßen und Wege, auf denen wir noch fahren können, wenn dort jedes Auto die Räder strecken muß.
Der hautenge Kontakt mit der Natur (Sonne, Luft, Wind) hat ein engeres Reise-Erlebnis in der Umwelt zur Folge – mit einem Motorrad erlebt man das Reiseland und seine Menschen sehr intensiv.
Was als Nachteil empfunden wird – z. B. geringerer Schutz gegen Wetterunbillen, Staub und Dreck oder geringere Möglichkeiten, Gepäck mitzunehmen – bleibt für uns ein Abenteuer. Ein Reiseziel trotz Gewitterschauer und Kälte erreicht zu haben, ist Selbstbestätigung und Befriedigung.
Zu den schönsten Erlebnissen zählen die Fahrten in weit von jeder Zivilisation entfernte Gebiete. Abgelegene Bergregionen, ausgedehnte Tundren, endlose Wälder – das sind Höhepunkte. Noch gibt es solche Gegenden auch in Europa – insbesondere in Skandinavien beispielsweise oder im Norden der britischen Inseln – und dahin zieht es viele von uns immer wieder. Mit dem kleinen Bergsteigerzelt und der Ausrüstung für Motorradabenteurer erleben wir dort eine Welt, die speziell fürs Motorradfahren geschaffen zu sein scheint.
Aber auch im Süden Europas bis hinunter zu den Stränden des Mittelmeeres sind mit dem Motorrad Ziele zu erreichen, die die Masse der Autotouristen noch nicht »entdeckte«.
Und selbst dann, wenn kein Lagerfeuer vor dem kleinen Zelt neben der Maschine am Rand irgendeines nördlichen Fjordes winkt, bleibt auch ein Touren-Wochenende mit dem Motorrad ein einmalig schönes Erlebnis. Auf kleinen Straßen im Bayerischen Wald, den Duft der Fichtenwälder in der Nase, oder aber im Kampf gegen den frischen Wind auf einer Küstenstraße des Nordens mit dem Salzgeschmack der Meeresluft auf der Zunge, öffnet sich uns eine Ursprünglichkeit der Umwelt, die viele Zeitgenossen vergeblich suchen.
Natürlich muß man sehr viel spezielles Wissen und Können mitbringen. Klappe auf, Koffer rein, Klappe zu, in die Blechdose reinhocken, fertig – nein, damit geht es nicht.

Das Motorrad als Reisefahrzeug ist näher an allen Eigenarten, die Natur und Landschaft bieten.

HONDA
CB 900 F

Von der persönlichen und der Gepäck-Ausrüstung über das Fahrenkönnen bis hin zu technischen und handwerklichen Kenntnissen wird sozusagen alles von uns verlangt, wenn eine Motorradreise schön sein soll. Und das Auskennen mit Kartenbildern und Wege-Suchen ist noch nicht einmal das letzte Spezialgebiet, das da anfällt.
Wäre es nicht so – wir möchten wetten, daß dann nur halb so viele junge Menschen mit Motorrädern auf Reisen gehen würden –!
Eine Motorradreise fordert etwas von jedem, der sie unternimmt. Nicht nur körperlich – auch im Köpfchen. Und eine glücklich beendete lange Fahrt mit vielen schönen Abenteuern ist dann ein Erfolgserlebnis, wie man es nicht oft im Leben haben kann.
Als Beispiel von vielen sei einmal das Problem der Ausrüstung und des Gepäcks erwähnt, wenn es drei Wochen mit der Solomaschine losgehen soll. Für drei Wochen nicht zu viel, nichts Unnützes, aber auch nicht zu wenig und möglichst viel Nützliches für zwei Personen und ein nur begrenzt belastbares (!) Solomotorrad auszusuchen, das ist für manchen fast eine Doktorarbeit.
Damit fängt das Abenteuer schon an. Hinzu kommt die Maschinen-Vorbereitung, das richtige Kartenmaterial, die richtige Bekleidung usw. usf.
Alles – auch das – hat seinen besonderen Reiz. Und schließlich das Fahren selbst auf kurvenreichen Bergstraßen, auf einsamen Moorwegen, die Pässe hinauf und hinunter, über breite Autobahnen oder enge schottische Steinwall-Strecken – nichts kann diese Erlebnisse ersetzen.
Und deswegen gehen wir mit dem Motorrad auf Ferienreisen, und deswegen bleibt ein Motorrad immer ein herrliches Reisefahrzeug.

1. KAPITEL

Europas Hauptreisegebiete

Die schönsten Reisegebiete Europas – speziell unter dem Aspekt Motorradreisen – befinden sich nicht nur im »sonnigen« Süden. Allgemein wird angenommen, daß diese Länder stets Garanten für Sonne und Wärme sind, vor allem aber schon frühzeitig jedes Jahr, wenn anderswo noch Winter herrscht. Oder später in den Monaten November und Dezember, wenn im Norden der Winter bereits Einzug gehalten hat.

Diese Annahme könnte schon in etwa stimmen, jedoch sollte man nicht vergessen, daß es im Süden in der Zeit des nördlichen Schnees und Eises dann aber oft tage- und wochenlang regnen kann. Und Dauerregen in Norditalien ist eine ebenso unangenehme Sache wie die Winterwitterung des Nordens.

Trotzdem – kaum ein Reisender ist so vom Wetter abhängig wie der Motorradfahrer, und da ist es klar, daß dieser sich nach den längsten und wärmsten Sonnentagen orientiert. Allerdings – auch Hitze kann unerträglich sein, und deswegen wollen wir einmal versuchen, unser Europa in günstigste Reisezeiten aufzuteilen.

Von Ende März bis Anfang Juni und von Ende September bis Anfang November ist es im allgemeinen im tiefen Süden (z. B. Süditalien und Sizilien) am erträglichsten. Dann sind die Bäder und Ferienorte nicht überfüllt, und die Witterung ist schon (oder noch) sonnig und nicht zu heiß. Das wären die Monate, in denen man – falls man nicht von den Sommerferien der Kinder abhängig ist – mit dem Motorrad bestimmt eine schöne Reise machen kann.
Im hohen Norden dagegen – Norwegen, Schweden oder Finnland – sind die besten Monate Anfang Mai und der Juni in Norwegen (lange Tage, helle Nächte, Mitternachtssonne, Baumblüte), Anfang Juni bis mitte September in Schweden und Finnland. Aber je weiter man nach Norden fährt, um so eher wird es kühler, so daß man etwa ab Anfang August schon mit warmer Bekleidung fahren muß.
Zwischen diesen beiden Extremen sind die Witterungslagen in den mitteleuropäischen Ländern ziemlich gleich, wobei man Spanien allerdings schon fast zum extremen Süden rechnen sollte. Natürlich hat man in Südfrankreich oder an der dalmatinischen Küste absolut südländischen Charakter und in Schottland dagegen den nördlichen Einschlag, doch sind das schon Grenz- und Übergangsbezirke, die sich in etwa noch ziemlich genau zum Süden bzw. Norden ordnen lassen.
Also: England, Dänemark, Frankreich und Deutschland haben in der Hauptferienzeit durchweg erträgliches und gemäßigtes Klima – absolut regensichere Zonen gibt es natürlich nicht. Wir haben Ende März und Anfang April in Schottland wunderbares Wetter erlebt, während es zur gleichen Zeit in Kärnten regnete und schneite.
Über Niederschlagsmengen wäre jedoch zu sagen, daß in den Gebieten von Finnland, Schweden, Ostengland, Deutschland, Frankreich, Spanien, Italien, Balkan und sogar für die nordafrikanische Küste eine generelle Niederschlagsmenge von 50 bis $100\ cm^3$ angegeben wird.

Im Winter braucht das Motorrad nicht unbedingt in der Garage zu bleiben. Frühling und Sommer ist dann jedoch die Zeit der großen Reisen.

DÄNEMARK

Die Straßen Dänemarks sind sehr gut, auch kleinste Inselstraßen sind asphaltiert. Staubstraßen gibt es kaum.
Zur Einreise wird der deutsche Personalausweis benötigt, die Int. Grüne Versicherungskarte mitzunehmen wird empfohlen, das genormte D-Schild ist Pflicht.
In den Ortschaften darf man 60 km/h fahren, auf den Landstraßen 90 km/h und auf den Autobahnen nicht über 110 km/h. Straßenbahnen in den Städten haben immer Vorfahrt, sie dürfen nicht links überholt werden. Besonderheit: Mehrklanghörner sind in diesem Land verboten.

Bei Pannen in Dänemark hilft die Straßenwacht, die man unter folgender Telefon-Nummer verständigen kann:
Dänisches Festland und Insel Fünen: Aarhus 06 / 133399. Seeland und Lolland: Kopenhagen 01 / 133399.

Das Land mit seinen unzähligen Inseln (man sagt, daß nicht einmal die dänische Königin genau weiß, über wieviele Inseln sie herrscht) eignet sich ideal zum Zelten. Die ausgezeichneten Campingplätze werden ständig von den dänischen Gesundheitsbehörden überwacht. *Freies Zelten ist nicht erlaubt.*
Man findet in Dänemark auch eine große Anzahl sehr guter und schön gelegener Jugendherbergen.

Adresse des Jugendherbergsverbandes:
Herbergs-Ringen, Vesterbrogade 35, DK-1620 København V. Telefon: Inland: 01 / 313612. Ausland: 451 / 313612.

Vertretung der Bundesrepublik Deutschland:
DK-2100 Kopenhagen, Botschaft, Stockholmsgade 57. Telefon: 01 / 261622.

Freundliche Beratung und viele bunte Prospekte, auch über Ferienhäuser (die nebenbei bemerkt oftmals gerade in diesem Land sehr schön in den Dünen entlang der vielen Küsten liegen) bekommt man beim:
Dänischen Fremdenverkehrsamt, Glockengießerwall 2–4, 2000 Hamburg 1. Telefon: 040 / 327803 und in Frankfurt/M., Am Hauptbahnhof 10. Telefon: 0611 / 234562.

NORWEGEN:

Feste Straßendecken sind bis etwa südlich von Trondheim vorhanden, aber wo es für Motorräder besonders interessant wird, gibt es nur Staubstraßen, nämlich die Strecken entlang der Fjorde und in den Bergen. Sie sind zum größten Teil schmal und kurvenreich, und ihre Ränder erscheinen wenig gesichert. Viele der herrlichsten Gebirgsstraßen kann man erst ab Juni befahren.
In den Ortschaften ist die Geschwindigkeit auf 50 km/h begrenzt, auf den Landstraßen darf man auch nur 80 km/h fahren (was nebenbei gesagt oft auf den schmalen Staubwegen kaum möglich ist). Aber auf einigen gut ausgebauten Strecken südlich von Trondheim geht das Limit bis 90 km/h.
Achtung! In den Städten haben die dort noch vorhandenen Straßenbahnen *immer* Vorfahrt! Vorfahrtsbe-

rechtigte Hauptstraßen sind mit schwarz/gelben Schildern gekennzeichnet.
Zur Einreise benötigt man einen Reisepaß, der deutsche Personalausweis tut es allerdings auch.
Für das Motorrad ist natürlich die Haftpflichtversicherung obligatorisch, man sollte sich auch die Int. Grüne Versicherungskarte bei seiner Versicherung besorgen, die es auf Anforderung kostenlos gibt, und die Maschine muß unbedingt mit einem genormten D-Schild versehen sein.
In Norwegen findet man zahlreiche gut eingerichtete Campingplätze, aber man kann auch frei zelten (was ja oft viel schöner und romantischer ist). Wenn möglich sollte man vorher die Erlaubnis des Grundstück-Eigentümers einholen (aber wer weiß schon, wem z. B. die paar Meter Geröll unterhalb eines Felsens weitab von einer Siedlung oder einem Haus gehören mögen).
Es ist schön, daß aber auch eine Reihe guter Jugendherbergen eingerichtet sind, über die man bei folgender Adresse Auskunft bekommt (bitte, möglichst in englischer Sprache schreiben!):

Landslaget for Norske Ungdomsherberger, Dronningensgate 26, Oslo. Telefon in Norwegen (ohne Vorwahl von Deutschland): 02 / 331192. Telex: 16277 Bwick N.

Für alle Fälle ist es nützlich, wenn man weiß, an wen man sich wenden kann, falls man mal in echte Not kommt. Sagen Sie jetzt bloß nicht, so etwas passiert schon nicht. Man kann seinen Ausweis, seine Fahrzeugpapiere oder sein Geld verlieren. Darum die Adresse der deutschen Botschaft in Norwegen aufschreiben und diesen Zettel evtl. in einem Brustbeutel aufbewahren.
Hier ist sie:

N-1010 Oslo, Botschaft der Bundesrepublik Deutschland, Oscarsgate 45. Telefon 563290.

Adresse des *Norwegischen Fremdenverkehrsamtes:*
Glockengießerwall 26, 2000 Hamburg 1. Tel. 040 / 327651.

Meist nimmt man auf die Reise ja eine Straßenkarte von zu Haus mit. Wer das versäumt hat, sollte sich in einem Buchladen oder einem Kiosk folgende Karte für das Land kaufen: Cappelens bil- og turistkart over Norge (1:325000 und 1:400000).

SCHWEDEN:

Die Straßen in Schweden sind größtenteils in sehr gutem Zustand. Im südlichen Landesteil haben wir es meist mit Asphalt zu tun, im Norden dagegen besteht die Straßenoberfläche häufig aus Rollkies, Schotter und Sand. Im Frühjahr bei Tauwetter wird der Straßenbelag oft beschädigt, da heißt es dann, um die Frostlöcher herum Slalom fahren und vielleicht sogar Trialreifen montieren. Wer gute Straßen vorzieht, sollte eigentlich

Entdeckungsreise: Versteckte Schloßruine bei Kettenburg im Wald zwischen Verden und Visselhövede.

erst ab Mitte Juni in den hohen Norden und nach Lappland fahren, aber auch dann braucht man teilweise für 100 km einen halben Tag. Außerdem sind im Norden (das gilt für Norwegen und Finnland ebenso wie für Schweden) die Tankstellen dünn gesät, darum ist es ratsam, immer rechtzeitig zu tanken, auch dann, wenn man auch noch etwas Benzin im Tank hat und glaubt, es reiche noch für weitere 100 km.

Vorfahrt hat auf freier Strecke der Verkehr auf der Hauptstraße, in den Ortschaften die von rechts kommenden Fahrzeuge. Der Straßenbahn in den Städten ist immer Vorfahrt zu gewähren.

Man fährt in Schweden in den Ortschaften 50 km/h wie bei uns, auf Landstraßen mit einer Breite bis 7 m sind es 70 km/h, bei einer Straßenbreite von über 7 m darf 90 km/h gefahren werden und auf Autobahnen liegt das Tempolimit bei 110 km/h. Vorschrift für Motorräder ist, daß auch bei Tage mit Licht gefahren wird.

Bei Verkehrsunfällen kann man Hilfe für Verletzte über die Telefon-Nr. 90000 herbeirufen.

Für die Einreise braucht man einen Reisepaß, der deutsche Personalausweis tut es aber auch. Für das Motorrad wird die Mitnahme der Int. Grünen Versicherungskarte (siehe Norwegen) empfohlen, das genormte Landeskennzeichen (D-Schild) ist Vorschrift.

In Schweden findet man ebenfalls viele gut organisierte Campingplätze, aber auch freies Zelten ist erlaubt, und zwar jeweils für eine Nacht. Natürlich findet man preiswerte, gut eingerichtete und freundliche Jugendherbergen, die gern Motorradfahrer aufnehmen.

Hier die Adresse in Schweden, wo man Auskunft darüber bekommt:
Svenska turistföreningen (STF), Box 7615, 10394 Stockholm. Auskunftsbüro: Mamorhallarna, Birger Jarlsgatan 18. Telefon: 08 / 7200. Telex: 17760 STF S.

Adresse der deutschen Botschaft in Schweden:
S-11527 Stockholm, Skarpögatan 9. Telefon: 08 / 631380.

Adresse für Informationen über Schweden:
Königl. Schwedisches Generalkonsulat, Tourist-Information, Glockengießerwall 2–4, 2000 Hamburg 36. Telefon: 040 / 338272 und 448254.

Nützliche Karte für Schweden (falls man keine von zu Hause mitgebracht hat):
Touristenkarte (1:300000), 10 Blätter.
Man kann sie in Buchläden und an Kiosken kaufen.

FINNLAND

In Finnland findet man im Süden des Landes und in der Nähe größerer Städte feste Straßendecken, sonst gibt es nur Staubstraßen. Im hohen Norden ist das Land nur von Mitte Juni bis November schneefrei. Hier sollte man seine besondere Aufmerksamkeit auf die Rentiere richten, die schon manchem Motorradfahrer zum Verhängnis geworden sind, wenn sie unversehens den Weg kreuzen und die Straße für sich in Anspruch nehmen.

Geschwindigkeitsbegrenzung in den

Ortschaften 50 km/h, außerhalb 80–100 km/h, Autobahnen 100 km/h. Die finnischen Automobilclubs unterhalten einen Straßenhilfsdienst, der jedem kostenlos zur Verfügung steht.
Einen besonderen Tip möchte ich den Motorradfreunden geben, die eine Reise nach Lappland planen: unbedingt ausreichende Mengen Mückensalbe und Vitamintabletten mitnehmen, im hohen Norden plagen einen diese kleinen Biester im Sommer fürchterlich. Das empfiehlt sich übrigens auch für das Seengebiet.
Für die Reise nach Finnland braucht man einen Reisepaß oder den Bundespersonalausweis. Für das Motorrad sollte man die Int. Grüne Versicherungskarte dabei haben. Auf jeden Fall wird ein D-Schild verlangt.
Campingplätze sind in Finnland ebenfalls vorhanden, man kann aber auch sein Zelt einfach irgendwo, wo es besonders schön ist aufbauen; niemand hat etwas dagegen.
Die Zahl der gut eingerichteten Jugendherbergen ist auch nicht klein. Fragen darüber richtet man an:
Suomen Retkeilymajajärjestö, Yrjönkatu 38 B 16. 00100 Helsinki 10. Telefon: 90602377.

Die deutsche Botschaft in Finnland hat folgende Adresse:
SF-00100 Helsinki, Botschaft, Frederikinkatu 61. Telefon: 0 / 602355.

Dann ist auch die Adresse des finnischen Fremdenverkehrsamts für die Beschaffung von Unterlagen über dieses interessante Reiseland nützlich:
Finnisches Fremdenverkehrsamt, Rothenbaumchaussee 11, 2000 Hamburg 13. Tel: 040/441611.

Wer in Finnland eine Reparatur-Werkstatt für sein Motorrad braucht, sollte wissen, daß die Werkstätten nur an Wochentagen zwischen 7.00 und 16.00 Uhr geöffnet sind. Wer außerhalb dieser Zeit Hilfe braucht, muß kräftig zahlen.

Die britischen Inseln

Was ist da schon los? hören wir immer wieder. Ganz einfach: England, Schottland, Irland gehören zu den schönsten Motorrad-Reiseländern, die wir kennen. Aber hier sollte man schon Spezialitäten kennen und nicht nur wissen, daß Linksverkehr ist.
Vom Norden zum Süden aufgeteilt, sollten wir uns folgende Landstriche und Gebiete merken: Schottland oberhalb und unterhalb des Loch Ness, die Isle of Man in der Irischen See, die Midlands nördlich des Industriegebietes von Liverpool oder Leeds, den Lake District, York-

shire, Wales, Cornwall, Kent oder die Cotswold Hills bei Gloucester, in Irland eigentlich alle Gebiete im Inneren und an den Küsten – das sind wunderschöne Feriengegenden für Motorradreisende.
Die englische Parklandschaft ist von vielen sehr kurvenreichen und seitlich mit Steinhecken angegrenzten Landstraßen durchzogen, die meist auch immer durch eng bewaldete Hügel führen. Das ist genau nach dem Geschmack eines Motorradfahrers.
In jeder kleineren oder größeren Ortschaft sind romantische alte Gasthäuser zu finden, und sehenswerte historische Bauten gibt es in großer Zahl. England ist das lebendige Museum Europas – das zeigen nicht nur viele alte Dampfeisenbahnen und unzählige alte Burgen und Schlösser.
Die zerrissenen Küsten von Schottland oder von Südengland gehören zu den eindrucksvollsten Landschaften, die wir kennen, und auch die Atlantikküste von Irland ist es wert, daß man sie besucht.
Die schmutzigen Industriestädte wie Liverpool, Manchester, Birmingham, Sheffield, Leeds – um einige zu nennen – haben wir immer umgangen. Dagegen sind Orte wie Oxford, Cambridge, Canterbury oder kleine Plätze wie Rye am Kanal oder York in Mittelengland sehenswerte Städte. Im Lake District finden sich ebenfalls einige romantische alte Ortschaften.
England ist sehr dicht besiedelt, aber trotzdem gibt es – z. B. in Wales und in Schottland – weite Landstriche, die fast menschenleer wirken und in denen eine überwältigende Natur uns kleine Motorradfahrer gefangen nimmt. So erlebten wir in Schottland ganze Rudel von Rotwild, die neben der schmalen Straße stehen blieben und ruhig weiter ästen, obwohl wir hielten, um sie mit dem Teleobjektiv zu fotografieren. In Wales gibt es kilometerlange Wegstrecken durch Waldtäler, und im Lake District hat man fast den Eindruck, schwedische Seen zu erleben.
Wer in England Motorrad fährt, der sollte trotz dichten Tankstellen- und Werkstattnetzes sein Bordwerkzeug oder sein privat erweitertes Bordwerkzeug nicht zu Haus vergessen, denn metrische Schlüssel sind oft nicht zu haben, und die englischen Zollwerkzeuge passen natürlich kaum. Also auch hier: wer selbst der Mann sein kann, ist oft besser dran. Trotzdem aber fanden wir gerade in England, Schottland und Irland eine fantastische Gastfreundschaft und Hilfsbereitschaft, die uns ebenso stark beeindruckte wie das schöne Land, und durch die wir viele, nette Freunde gefunden haben.

In England und Irland wird links gefahren und rechts überholt. Wenn man sich daran gewöhnt hat, macht das überhaupt keine Schwierigkeiten. In den Städten und Ortschaften darf 48 km/h gefahren werden, auf den Landstraßen 96 km/h und auf den Autobahnen 112 km/h.

Die Straßen sind gut, oftmals zweibahnig mit Mittelstreifen. Aber in verschiedenen Gegenden z. B. in Cornwall, in Yorkshire oder auch in Schottland, gibt es enge, sehr kurvenreiche kleine Landstraßen, die zudem von hohen grasbewachsenen Mauern eingeengt sind.

Bei Motorrädern mit asymmetrischem Abblendlicht muß man diesen Effekt durch Papieraufkleber auf dem Scheinwerfer aufheben, *denn das Abblendlicht muß nach links leuchten!* Das ist sehr wichtig, sonst werden entgegenkommende Fahrzeuge trotz Abblendlicht stark behindert.

Zur Einreise nach England braucht man einen deutschen Reisepaß. Für das Motorrad wird die Mitnahme der Int. Grünen Versicherungskarte empfohlen.

Es gibt in England sehr gut eingerichtete Campingplätze. Wer eine schöne lange Ferienreise plant, sollte am besten dem „Camping Club of Great Britain and Ireland" gegen eine geringe Gebühr beitreten. Die Adresse des Clubs lautet:

11 Lower, Grosvenor Place, London S.W.1. Telefon: 01 / 8289232.

Außerdem werden in England sehr viele gute Jugendherbergen unterhalten, die zum großen Teil auch Verpflegung ausgeben.

Die Adresse, bei der man Auskunft erhalten kann:
Youth Hostels Association (E. & W.), Trevelyan House, 8 St. Stephen's Hill, St. Albans, Herts. Al1 2DY, England. Telefon: St. Albans 55215.

Adresse der deutschen Botschaft in England:
London S.W.1, Botschaft, 21–23 Belgrave Square. Telefon: 01 / 2355033.

Die Britische Zentrale für Fremdenverkehr hat folgende Anschrift:
Britische Zentrale für Fremdenverkehr, Friedensstraße 1, 6000 Frankfurt/M. Telefon: 0611 / 236428.

IRLAND

Irland besteht aus vielen einzelnen Berggruppen mit Höhen bis zu ca. 900 m, dazwischen befinden sich mit Mooren und Seen durchsetzte Tiefebenen. Das Klima ist durch den Einfluß des Golfstroms generell mild, an der Westküste glaubt man sich manchmal ans Mittelmeer versetzt. Die Straßen sind gut, allerdings teilweise ziemlich schmal und an der Atlantikküste sehr kurvenreich.

Wie in England und Nordirland herrscht Linksverkehr, überholt wird rechts. In Ortschaften fährt man 48 km/h, außerhalb ist die Geschwindigkeit auf 80 km/h begrenzt.

Reisepaß und Int. Grüne Versicherungskarte sind für die Einreise notwendig. Außerdem darf das ovale D-Schild nicht vergessen werden.

Es gibt zahlreiche schöne Campingplätze, vor allen Dingen an der Küste und am Shannon (Fluß).
Auskünfte über Jugendherbergen, von denen es auch in Irland eine ganze Anzahl gibt, erhält man bei folgender Adresse:

An Oige, 39 Mountjoy Square, Dublin 1. Telefon: 01 / 745734.

Adresse der Vertretung der Bundesrepublik:
Dublin, Botschaft, 43 Ailesbury Road. Telefon 693011.

Adresse der irischen Fremdenverkehrszentrale:
Irische Fremdenverkehrszentrale, An der Hauptwache 7–8^{III}, 6000 Frankfurt/M. Telefon: 0611 / 287775.

Deutschlands Hauptreisegebiete

Vom Norden zum Süden aufgezählt (unter Berücksichtigung des großen Motorrad-Spasses): Schleswig-Holstein (Holsteinische Seenplatte und Holsteinische Schweiz), Lüneburger Heide, Emsland, der Harz (ist schön aber meist überlaufen), Weserbergland, Solling, Münsterland, Ruhrgebiet (nur für Kenner entlang der Ruhr), Bergisches Land, Sauerland, Hessisches Bergland, Eifel, Rhön, Spessart, Fichtelgebirge, Bayerischer Wald, Pfälzer Bergland, Baden-Württemberg, Schwäbische Alb, Schwarzwald und Bodensee, Allgäu, Alpen und Alpenvorland – ja, unsere Heimat ist schon ein richtiges Motorradland, wenn man nur diese hier genannten Gebiete anschaut.
Was wir aber hier empfehlen möchten, das wären vor allem Fahrten auf den kleinen *Nebenstrecken*. Denn Deutschland sollte man als Motorradfahrer mit Gelassenheit und Genuß erleben. Nicht in Hetze über die schnellen Verkehrswege und Bundesautobahnen.
Im nächsten Kapitel dieses Buches sind einige Reisemöglichkeiten genauer beschrieben, so daß wir diese hier einsparen können. Doch für

Ein Regenschauer im Schwabenland tut der Kurvenfreude keinen Abbruch.

unsere Freunde aus dem Ausland möchten wir noch eines hinzufügen: das Werkstatt- und Tankstellennetz ist sehr dicht, Hilfe gibt es im Falle eines Falles überall. Wer Schwierigkeiten mit der Verständigung hat, dem sei gesagt, daß viele Menschen in Deutschland englisch (im Norden) oder französisch (im Süden) sprechen.

Frankreich

Wer als Motorradfahrer den Begriff „Frankreich" nennt, der denkt bestimmt an die Normandie, an die Bretagne, an die französische Atlantikküste zwischen Brest und Bordeaux, an die Champagne, die Vogesen, an die Täler der Rhone, der Loire oder der Maas, an die französischen Alpen oder an die Camarque, an die Mittelmeerküste und natürlich an Paris. Frankreich ist ein wunderschönes Land für Motorradreisende, und es ist – wie vor allem auch England – viel, viel größer als man es vom Landkartenstudium her zunächst erwartet hat.

Dieses Land der schnell und markant fließenden Sprache, der Weine und Schlösser, der kurvenreichen Bergstraßen und der wilden Küsten im Westen lohnt nicht nur *einen* Motorradurlaub.

Im Frühling ist es besonders schön im Elsaß, an der Loire, in der Normandie oder in der Provence. Im Sommer fährt man in die Alpen oder an die Küsten, und im Herbst sind zum Beispiel Burgund oder die Mittelmeerküste von großem Reiz.

Aber auch die Insel Korsika im Mittelmeer wäre ein Reiseziel für Motorradfahrer, wobei niemand Angst haben muß, daß die Insel zu klein und man an einem Tag herumgefahren ist und alles gesehen hat. Vierzehn Tage reichen fast nicht aus, alles gesehen und erlebt zu haben!

Im übrigen ist die landschaftliche Abwechslung Frankreichs schon oft auf kurzen Strecken sehr groß, und es gibt nicht nur alle Formen von Landschaften, sondern darüber hinaus eine ganze Menge Spezialitäten. Auch in diesem Land sollte man keine »schnelle« Motorradtour machen, obwohl viele gute Straßen dazu herausfordern.

Manche scheuen wegen der schwierigen Sprache einen Frankreich-Besuch. Aber da sollte niemand Hemmungen haben, im Notfall kamen wir immer mit Englisch gut durch, besonders im nördlichen Teil und an der Riviera.
Es gibt viele Motorradfahrer, für die Frankreich das europäische Universal-Reiseland ist, denn man braucht nicht lange zu suchen, um etwas von allen fahrerischen und landschaftlichen Reizen, um alte Städte, Burgen und Schlösser zu finden. Meist ist auch die französische Küche etwas Besonderes und macht es jedem recht (was man von der englischen Kost zum Beispiel nicht behaupten kann).
Weiter zum Süden begrenzen die Höhenzüge der Pyrenäen das Land nach Spanien zu. Dieser Bergzug ist ein Geheimtip für abenteuerlustige Fahrer, und von der Biskaya bis zum Mittelmeer, von Bayonne bis Perpignan, gibt es wunderschöne Grenz- und Bergstraßen.

FRANKREICH

In Frankreich wird rechts gefahren. Die zulässige Höchstgeschwindigkeit in Ortschaften liegt bei 60 km/h, auf wichtigen Durchgangsstraßen kann sie auf 80 km/h erhöht werden, auf freier Strecke darf man 90 km/h fahren. Dann gibt es noch die vierspurigen Straßen mit Mittelstreifen, hier gilt 110 km/h, und auf den Autobahnen liegt die Höchstgeschwindigkeit bei 130 km/h. Parkverbot besteht allenthalben vor Polizeistationen, vor Krankenhäusern und vor Postgebäuden.
Einreisen kann man mit dem Bundespersonalausweis, nur wer länger als drei Monate bleiben will, braucht einen gültigen Reisepaß.
Für die Maschine wird die Int. Grüne Versicherungskarte empfohlen, für den kleinen Staat Andorra ist sie Pflicht.
Es gibt zahlreiche Campingplätze in Frankreich, die aber nicht alle empfehlenswert sind, da ihre sanitären Verhältnisse zu wünschen übrig lassen. Zelten ist aber auch an einsamen Straßen bzw. an Wald- und Feldwegen gestattet. Einschränkung: es darf niemand behindert werden.
Es gibt sehr viele gute und hübsch gelegene Jugendherbergen in diesem Land. Die Auskunftsadresse in Frankreich heißt:

Federation Unie des Auberges de Jeunesse, 6, rue Mesnil 75116, Paris. Telefon: 2618403.

Vertretung der Bundesrepublik:
F-7500 Paris, Botschaft, 13/15, Avenue Franklin D. Roosevelt, Paris 8e. Telefon: 01 / 2561790.

Fremdenverkehrsamt:
Amtliches Französisches Verkehrsbüro, Kaiserstraße 12, 6000 Frankfurt/M. Telefon: 0611 / 752029.

Spanien

Irgendwie ist dieses faszinierende Land ein großes Gebiet der Gegensätze. Im Inneren gibt es – nicht nur auf den Hochflächen – sehr heiße Sommer und eiskalte, schneereiche Winter. An den Küsten bleibt es gemäßigter, aber nördlich von Cartagena hat die Witterung im Hochsommer Afrika-ähnliche Züge.
Vielleicht denken viele Motorradfahrer überhaupt nicht an das abenteuerliche Innere von Spanien, wenn sie dorthin fahren. Für sie ist meist die Mittelmeerküste von Barcelona bis Malaga gleichbedeutend mit einer Spanienreise. Aber gerade die Landschaften von Aragonien, Kastilien oder Estremadura sind voller verlockender Schönheiten und auch voller Sehenswürdigkeiten, die noch nicht von der großen Masse der Touristen »entdeckt« wurden. Wer aber Hitze nicht gut vertragen kann, sollte in diese Gegenden nicht gerade während der Sommermonate, sondern lieber im Frühjahr oder im Herbst fahren.
Auf den kleineren Nebenstraßen erlebt man als Motorradfahrer viel von den südländischen Problemen. Schlechte Streckenabschnitte, Schlaglöcher und sonstige Hindernisse werden nicht groß angekündigt, sondern tauchen plötzlich auf. Auch allerhand Tiere kann man plötzlich vor der Maschine haben, wie z. B. Esel oder Ziegen. Das ist besonders bei Dunkelheit keine schöne Überraschung. Also lohnt es sich, die Gegend immer recht aufmerksam zu betrachten. Reifenpannen können auch vorkommen, und damit sollte man ebenfalls gut umgehen können. (Wir würden dort nicht mit schlauchlosen Reifen fahren!)
Wälder in unserem Sinne gibt es in Spanien kaum, dafür aber große Flächen, die am Fuß von Gebirgen z. B. mit Korkeichen bewachsen sind. Ebenso typisch ist der Weinanbau wie auch in den Bergen das Ödland. Doch in vielen Provinzen gibt es auch eine üppige Vegetation, Obst- und Gemüseanbau, Walnußbäume, Oliven, Getreide und Mais. Im Süden, am Golf von Cardiz, sind in der Marisma die berühmten Herden der Kampfstiere und der andalusischen Pferde zu finden.
Spanien ist reich an kunsthistorischen Denkmälern. Kirchen, Klöster, Burgen und Schlösser sollte man möglichst viele gesehen haben. Die höchste Erhebung befindet sich im Süden in der Sierra Nevada, sie beträgt 3481 m; doch bleibt die Durchschnittshöhe der Iberischen Halbinsel bei 600 m.
Auch für Spanien braucht man Zeit, auch lohnt es sich, vor der Reise

Informationen über Land und Leute in den einzelnen Provinzen einzuholen. Mit der Sprache werden bestimmt hier und da Schwierigkeiten auftauchen – ein kleines deutsch-spanisches Reise-Wörterbuch sollte zur Ausrüstung gehören, denn mit Englisch oder Französisch ist außerhalb der großen Städte nicht viel zu machen.

SPANIEN

Die Straßen sind im allgemeinen gut in Spanien. Geschwindigkeitsbegrenzung in Ortschaften 50 km/h, außerhalb 90 km/h, auf mehrspurigen Straßen und Autobahnen 100 km/h. Besonderheiten im Verkehr: Vorfahrt auf den Straßen hat immer das von rechts kommende Fahrzeug, das gilt auch für den Kreisverkehr. Auf den Hauptstraßen haben Fahrzeuge keine Vorfahrt vor denen, die aus Nebenstraßen kommen.
Am Tage wird beim Überholen gehupt, während der Dunkelheit muß geblinkt werden. Das Tempolimit darf zum Überholen um 10 km/h überschritten werden.
Achtung! Bahnübergänge sind in Spanien oft nicht gesichert, darum ist größte Vorsicht geboten. Bei Nachtfahrten sollte man ebenfalls sehr aufmerksam sein, denn Baustellen und abgestellte Fahrzeuge sind nicht beleuchtet.
Zur Einreise nach Spanien genügt der gültige deutsche Personalausweis, für das Motorrad wird die Mitnahme der Int. Grünen Versicherungskarte verlangt.
Die zahlreichen Campingplätze sind gut ausgestattet. In Städten darf nicht gezeltet werden, auch nicht in unmittelbarer Nähe von historischen Stätten.
Es gibt eine große Anzahl Jugendherbergen in diesem Lande. Anfragen darüber bei:
Red Espanola de Albergues Juveniles, José Ortega y Gasset 71, Madrid 6. Telefon: Madrid 4011300.

Vertretung der Bundesrepublik:
Madrid, Botschaft, Calle Fortuny 8. Telefon: 91 / 4199100 und 4199150.

Auskünfte in der Bundesrepublik:
Spanisches Fremdenverkehrsamt, Graf-Adolf-Straße 81, 4000 Düsseldorf. Telefon: 0211 / 370467.

PORTUGAL

Die Hauptstraßen des Landes sind in sehr gutem Zustand, die Gebirgsstraßen sind sehr kurvenreich. Geschwindigkeitsbegrenzung in Ortschaften 60 km/h, außerhalb 90 km/h und auf Autobahnen 120 km/h. Fahrer, die den Führerschein noch kein ganzes Jahr besitzen, dürfen nur 90 km/h fahren und müssen ein entsprechendes Schild am Motorrad anbringen.
Einreisen kann man mit deutschem Personalausweis oder Reisepaß. Grüne Versicherungskarte mitnehmen! Wird die Maschine nicht vom Eigentümer gefahren, muß der Fahrer eine Vollmacht besitzen.

Sehr gut eingerichtete Campingplätze sind in großer Zahl vorhanden. In Portugal gibt es z. Z. 13 Jugendherbergen. Man kann sich bei folgender Adresse danach erkundigen: *Associacao Portuguesa de Pousadas de Juventude, Rua Andrade Corvo Nr. 46, Lisboa 1. Telefon: Lissabon 571054.*

Deutsche Botschaft:
Lissabon, Botschaft, Campo dos Martires da Pátria 38. Telefon: 563961 / 64.

Fremdenverkehrsamt:
Portugiesisches Touristik-Amt, Baseler Straße 48^{III}, 6000 Frankfurt/M. Telefon 0611 / 232493.

Italien

Man darf nicht erstaunt sein, wenn heute jemand das Reiseland Italien aus seinen Urlaubsplänen ausklammert. Das rührt wohl daher, daß in den letzten Jahrzehnten Italienreisen im Massentourismus eine so große Rolle gespielt haben und noch spielen, daß sich so langsam bei mehr individuell veranlagten Menschen eine Aversion dagegen regt.
Man sollte sich aber nicht zu sehr davon beeinflussen lassen, zumal man mit dem Motorrad meist immer Straßen, Wege, Strecken und Landschaften entdecken kann, zu denen dieser laute und wirbelnde Massentourismus noch nicht hingefunden hat und – es ist gut so – auch nie hinfinden wird.
Der Gedanke taucht auf, daß Italien – zum Beispiel die Gebirgszüge der Abbruzzen – vielleicht so gesehen ein Land für Enduro-Fahrer wird.
Natürlich sind die italienischen Alpen, die oberitalienische Tiefebene, die adriatische Küste, der Golf von Genua, der etruskische Appenin, Calabrien und auch Sizilien voller schöner Landschaften und vor allem auch Motorradstraßen. Man wird merken, daß das Motorrad in

Frage: Wo ist das? Im Süden? Linksverkehr? – Nein, auch auf der Isle of Man gibt es ›südliche‹ Straßen!

weiten Kreisen der Bevölkerung als attraktives Sportinstrument ein gutes Ansehen genießt. Eine BMW aus Deutschland wird ebenso angestaunt wie eine MV Agusta aus Italien, und die Namen der großen italienischen Rennfahrer sind dort so bekannt wie bei uns Fußballstars. Ein Motorradsport-Ereignis gleicht einem großen Volksfest. Dort kann man sich natürlich wohlfühlen, und wem die Hitze nichts ausmacht, der wird auch im Hochsommer Italien mit dem Motorrad bereisen können. Anderen sei das Frühjahr oder der Herbst empfohlen, je weiter man zum Süden möchte.

Es gibt einige landschaftliche Höhepunkte, deren Umgegend mit dem Motorrad zu befahren sich lohnt. Zum Beispiel die Seen der Südalpen, wie der Lago Maggiore oder der Comer See, vielleicht auch noch der Gardasee. Die Tiroler Dolomiten sind eine Landschaft mit möglichen Streckenüberraschungen, und dann natürlich der lange Bergrücken der Abbruzzen und des Appenin von Bologna hinunter bis Benevento.

Campanien östlich von Neapel oder die Stiefelspitze von Calabrien, rund um den Golf von Tarent und die Landzunge des Monte Gargano am Adriatischen Meer würden wir gern einmal abseits des großen Trubels erforschen. Und siehe da – mit dem Motorrad bleiben wir sogar auf manchen kleinen Straßen allein.

Dem Kunstfreund braucht niemand etwas von Italien zu berichten oder vorzuschlagen, und auch der historisch interessierte Bildungsreisende braucht unsere Hilfe dort nicht. Jedoch sollte man mit dem Motorrad in der Lage sein, nichts von einer Reisemüdigkeit nach Italien zu spüren.

ITALIEN

Rechtsverkehr. Vorfahrt hat immer das von rechts kommende Fahrzeug, auch im Kreisverkehr. Höchstgeschwindigkeit in den Ortschaften 50 km/h, wie schnell man auf Landstraßen und Autobahnen fahren darf, richtet sich nach dem Hubraum. Motorräder bis 100 cm^3 dürfen auf Landstraßen und Autobahnen nur 80 km/h fahren, bis 149 cm^3 bis 90 km/h und alles über 150 cm^3 auf Landstraßen 100 km/h und auf Autobahnen 130 km/h. Auf freier Strecke dürfen nur akustische Signale gegeben werden, die Lichthupe darf nicht betätigt werden.

Wer die angegebenen Höchstgeschwindigkeiten überschreitet, riskiert hohe Geldstrafen oder die Abnahme des Führerscheins. Die gering-

ste Überschreitung der Höchstgeschwindigkeit kostet bereits DM 400,–.
Wer keinen Reisepaß besitzt, kann seinen Bundespersonalausweis zur Einreise benutzen. Achtung: Wer einen Familienreisepaß besitzt, der muß aufpassen – nur der Paßinhaber kann diesen Paß als Einzelperson benutzen.
Die Mitnahme der Int. Grünen Versicherungskarte wird empfohlen. Unter Vorlage des Kraftfahrzeugscheins und des Reisepasses kann man Benzingutscheine bei seiner Bank kaufen.
Die Benutzung der Autobahn ist gebührenpflichtig. Der Preis richtet sich nach der gefahrenen Strecke und nach der Fahrzeugart.
Italien besitzt eine große Anzahl von Campingplätzen. Am Eingang eines Zeltplatzes ist eine Tafel angebracht, auf der zu lesen ist, zu welcher Kategorie der Campingplatz gehört. Allerdings sollte man diese Klassifizierung mit Vorbehalt aufnehmen.
Zahlreiche Jugendherbergen bieten gute Unterkunft und Verpflegung in Italien. Hier die italienische Adresse des Jugendherbergswerkes im Lande:
Associazione Italiana Alberghi per la Gioventù, Palazzo della Civiltà del Lavoro, Quadrato della Concordia, 00144 Roma-EUR. Telefon: 5913702 und 5913758.
Deutsche Botschaft:
I-00198 Rom, Botschaft, Via Po 25c. Telefon: 06/8603 41.

Anschrift des italienischen Fremdenverkehrsamtes:
»ENIT«, Staatliches Italienisches Fremdenverkehrsamt, Kaiserstraße 65, 6000 Frankfurt. Telefon: 231213.

Österreich

Wer von den alten Motorrad-Reisenden war noch *nicht* in Österreich? – Sollen wir also wirklich einige kurze Bemerkungen über dieses klassische Reiseland der Deutschen machen?
Vielleicht um eine gewisse Vollständigkeit der Liste zu haben, vielleicht aber auch, um doch noch jemandem, der tatsächlich noch nicht in Österreich war, etwas davon zu erzählen.
Wien, Salzburg, Linz, Graz, Klagenfurt, Innsbruck, Berge, Täler, Wälder, kurvenreiche Paß- und Gebirgsstraßen, überall gute Herbergen – so, damit wäre für viele Menschen die Erklärung Österreichs erschöpft. Kulturbeflissene verweilen noch etwas bei den Städten Salzburg und Wien.

Und sich über einzelne Alpenlandschaften zu verbreiten, das hieße in diesem Buch Eulen nach Athen tragen. Man könnte einfach sagen, pack die Taschen, setz Dich aufs Motorrad und fahr hinein in diese Berge. Sie sind überall schön, überwältigend und reich an Überraschungen (siehe das Kapitel über Maut- und Paßstraßen!).
Aber dann überlegt man sich doch, daß es vielleicht in Österreich für einen Motorradreisenden etwas Interessanteres als 08/15-Strecken gibt. So fallen uns jene Fahrten ein, die wir machten, um möglichst viele der österreichischen Berg- und Flachlandseen zu erkunden. Im Westen am Bodensee ging es los, dann kam der Lünersee, danach der Plansee und so ging es fort durch die Berge kreuz und quer nach Osten. Tauernmoossee, Weissensee, Millstätter See, Ossiacher See, alle Seen östlich von Salzburg bis schließlich zum Neusiedler See.
Auf diesen Reisen lernten wir fast alle Berge und Pässe, aber auch Landschaften wie das Tal der Drau oder die Ebene um den Neusiedler See kennen. Und siehe da – Österreich erschien plötzlich ganz anders als im letzten Reiseprospekt –!
Lassen wir also diesen Reisevorschlag aus Österreich hier für das Land sprechen, und damit werden wir wohl niemanden langweilen.

ÖSTERREICH

Die Straßen des Landes sind zum größten Teil in sehr gutem Zustand. Es gibt in abgelegenen Gegenden einige Staubstraßen, die in den Alpen eng und kurvenreich sind. Geschwindigkeitsbegrenzung in Ortschaften 50 km/h, außerhalb 100 km/h und auf Autobahnen 130 km/h.
Die Einreise kann mit Personalausweis erfolgen, wenn man keinen gültigen Reisepaß besitzt. Für das Motorrad sollte man die Int. Grüne Versicherungskarte mitnehmen. Ein D-Schild am Motorrad wird verlangt.
Die zahlreichen schönen Campingplätze sind gut eingerichtet.
Viele Jugendherbergen liegen an den schönsten Plätzen oder in interessanten Gegenden. Für Auskünfte stehen zwei Adressen zur Verfügung:

Österreichischer Jugendherbergsring, 1010 Wien, Schottenring 28. Telefon: 0222 / 631833 und 631834.

Die deutsche Botschaft in Wien hat folgende Anschrift:
A-1030 Wien, Botschaft, Metternichgasse 3. Telefon: 0222/823654.

Für den Fremdenverkehr wirbt in der Bundesrepublik:
Österreichische Fremdenverkehrswerbung, Roßmarkt 12, 6000 Frankfurt/M. Telefon: 0611 / 293673.

Bei solchen Aufforderungen, das Wild nicht zu stören, lohnt sich eine Stunde ruhiges Beobachten von Waldrändern und Feldern. Wohl dem, der das Fernglas nicht vergessen hat!

Jugoslawien

Jugoslawien ist nicht nur entlang der Küste des Adriatischen Meeres eindrucksvoll. Schon Slowenien im Norden, Bosnien, die Herzegowina, Serbien und die Dinarischen Alpen in Dalmatien bieten fantastische Landschaften. Abseits der großen Routen ist das Motorradfahren interessant bis abenteuerlich, unwillkürlich erscheint das Fahren als Dorado für Enduro-Enthusiasten.
Doch, bitte nicht eine vollkommene Werkzeug-Ausrüstung vergessen! Obwohl die Leute unwahrscheinlich freundlich und gastfrei sind, und obwohl es meist in den Ortschaften irgendwelche fantastischen Mechaniker-Improviseure gibt, die in der Lage sind, mit einer Kuhglocke eine defekte Schaltautomatik wieder funktionsfähig zu machen, ist der gute und brauchbare Werkzeugsatz im Gepäck für alle Fälle eine unerhörte Beruhigung. Möglichst Schlauchreifen fahren, das ist in diesem Land bei Reifenpannen geschickter!
Natürlich laufen auf den Straßen immer mal Viecher herum, die nicht bei der Größe von kleinen Katzen, Hühnern, Gänsen und Hunden bleiben, sondern die nicht selten ausgewachsene Esel und Ochsen sind. Besonders bei Dunkelheit sollte man scharf Ausschau halten, denn auch manches Bauerngespann zuckelt dann auch ohne Laterne nach Hause. Wenn man frei zelten möchte, sollte man vielleicht einmal vorher Umschau halten, was eventuell in der Nähe wohnende Menschen dazu meinen. Nebenbei gesagt: ein Verzeichnis der Hotels, Pensionen und Motels sollte man mitnehmen. Man bekommt es beim jugoslawischen Fremdenverkehrsverband.

JUGOSLAWIEN

In Jugoslawien wird rechts gefahren. Im Nordwesten des Landes sind fast alle Straßen asphaltiert, aber es ist überall Vorsicht geboten, denn bei Regen sind die Straßen oft so glatt, daß man glaubt, auf Glatteis zu fahren. Besonders gefährliche Abschnitte werden durch Schilder gekennzeichnet, weil der Straßenbelag bei Nässe zu einer gefährlichen Schmiere wird, und wenn es dann noch kurvenreich wird, kann man sich vorstellen, wie das Motorrad sich dann verhält. Deshalb unbedingt die Höchstgeschwindigkeit beachten, die an diesen Abschnitten bei 40–50 km/h liegt! In Ortschaften darf 60 km/h gefahren werden, auf den wenigen

großen Durchgangsstraßen 80–100 km/h.
Man sollte aber auch sowieso sehr achtsam fahren, den Zeigefinger immer griffbereit an der Kupplung haben und äußerst mißtrauisch sein, denn die Einheimischen ignorieren oft jegliche Verkehrsvorschriften.
Auf den wichtigsten Straßen patrouliert der Straßenhilfsdienst des jugoslawischen Automobilclubs zwischen 8.00 und 20.00 Uhr, dessen Hilfe kostenlos ist.
In Belgrad und Zagreb besteht generelles Hupverbot, in anderen Städten und Ortschaften darf nachts zwischen 22.00 und 5.00 Uhr nicht gehupt werden.
Wer von Villach über den Wurzenpaß (1073 m) nach Ljubljana reist, hat mit einer Steigung bis 20% zu rechnen. Auf der Strecke Klagenfurt – Loiblpaß (1366 m) – Ljubljana besitzt die Paßstraße Steigungen bis 29%, der Loibl-Straßentunnel hat 18% Steigung.
Die zahlreichen Campingplätze des Landes sind z. T. ziemlich einfach. Man kann sich allerdings an Ort und Stelle Zelte und auch Bettstellen ausleihen. Freies Zelten ist untersagt.
Jugendherbergen sind ebenfalls nicht so viele vorhanden wie anderswo. Hier die Auskunftsadresse im Land: *Ferijalni Savez Jugoslavije, Mose Pijade 12/1, 11000 Beograd. Telefon: 011 / 339-666 und 339-802.*

Vertretung der Bundesrepublik:
Yu-11011 Beograd, Botschaft, UI, Kneza Milosa 74–76. Telefon: 041 / 442008 und 440804.

Fremdenverkehrsamt in der Bundesrepublik:
Jugoslawisches Fremdenverkehrsamt, Goetheplatz 7, 6000 Frankfurt/M. Telefon 0611 / 285685 / 86.

Weitere Reiseländer

Ein Baedeker-Kapitel soll dieser Abschnitt des Buches nicht sein, das würde auch platzmäßig gar nicht gehen. Aber mit dieser kleinen Kurzcharakteristik einzelner europäischer Reiseländer und mit den für uns Motorradfahrer interessantesten Gebieten wollten wir einen großen Überblick über besonders schöne Motorrad-Reisemöglichkeiten geben. Wenn wir einzelne Länder mit spezieller Beschreibung ausgelassen haben – zum Beispiel die Benelux-Staaten –, dann deswegen, weil entweder ihre Ausdehnung zu klein (Luxemburg) ist, weil ihr Charakter zu sehr dem eines Nachbarlandes ähnelt, oder weil es vielleicht nichts Besonderes darüber speziell für Motorradreisen zu berichten gibt.

GRIECHENLAND

In Griechenland herrscht Rechtsverkehr. Höchstgeschwindigkeit in Ortschaften 50 km/h, außerhalb geschlossener Ortschaften 100 km/h, auf Autobahnen ebenfalls 100 km/h. Achtung – während der Dunkelheit ist Hupen verboten!
Die Durchgangsstraßen sind asphaltiert, aber Nebenstrecken haben oft nur eine Staubdecke. Auf großen Routen ist die Beschilderung gut, abseits dieser Straßen meist nur in griechischer Sprache. Hier wird von den Einheimischen oft sehr undiszipliniert gefahren, deswegen heißt es sehr gut aufpassen.
Zur Einreise genügt der deutsche Bundespersonalausweis. Für das Motorrad bitte die Int. Grüne Versicherungskarte mitnehmen! Und das ovale D-Schild an der Maschine nicht vergessen!

Wer als Fahrer (nicht als Passagier) nicht mit seiner eigenen Maschine fährt, der muß sich vom Besitzer eine Vollmacht mit allen Angaben über das Motorrad mitgeben lassen.

Da das Motorrad bei der Einreise in den Paß eingetragen wird, gibt es noch einen Punkt, der unbedingt beachtet werden muß:
Es kann ja vorkommen, daß der Fahrer der Maschine krank wird, durch einen Unfall verletzt ist oder sonstwie verhindert ist, das Motorrad selbst zurückzufahren, und vielleicht das Land per Schiff, mit der Bahn oder mit einem Flugzeug verläßt.
In diesem Fall ist es dringend erforderlich, bei der nächsten griechischen Zollbehörde das Motorrad aus dem Paß des verhinderten Fahrers austragen und in den Paß desjenigen eintragen zu lassen, der die Maschine nach Haus fährt.
Wenn das versäumt wird, gibt es unendliche Schwierigkeiten bei der Ausreise.
In Griechenland gibt es zahlreiche Campingplätze. Die verhältnismäßig niedrigen Lebensmittelpreise machen einen Campingurlaub sehr preiswert für Leute, die sich ihre Mahlzeiten am »eigenen Herd« bereiten.
Griechenland verfügt über eine – allerdings nicht sehr große – Anzahl von Jugendherbergen. Auskunftsadresse:
Organosis Xenonon Neotitos Ellados, 4 Odos Dragatsaniou, Plateia Klafhmonos, Athinai. Telefon: 3234 / 107 und 3237 / 590.

Adresse der Vertretung der Bundesrepublik:
Griechische Zentrale für Fremdenverkehr, Neue Mainzer Straße 22, 6000 Frankfurt/M. Telefon 0611 / 236561.

RUMÄNIEN

Die Hauptverbindungs- und Durchgangsstraßen sind asphaltiert und in einigermaßen gutem Zustand, in den Bergen sind sie sehr kurvenreich. Hier trifft man auf sehr viele Staubstraßen.
Geschwindigkeitsbegrenzungen: In Ortschaften 60 km/h, außerhalb zwischen 80 und 90 km/h. Von 22.00 bis 6.00 Uhr herrscht Hupverbot in den Ortschaften.
Zur Einreise ist ein Visum erforderlich. Man sendet seinen gültigen Reisepaß und einen Freiumschlag (Ein-

schreiben) für die Rücksendung an folgende Adresse:
Botschaft der Sozialistischen Republik Rumänien, Konsularabteilung, Oberländerufer 68, 5000 Köln.
Das Visum kostet DM 30,–.
Ein Touristen-Visum bekommt man auch an allen Grenzübergängen für DM 5,–. Das einfache Transitvisum mit einem Aufenthalt bis 48 Stunden kostet an der Grenze DM 3,–.
Der Pflichtumtausch an der rumänischen Grenze beträgt 10 US-**$** pro Tag, aber wer Camping- oder Hotelgutscheine gekauft hat, braucht kein Geld mehr umzutauschen.
Für das Motorrad benötigt man die Grüne Versicherungskarte.
Es gibt in Rumänien nur einige ausgebaute Campingplätze, es sollen aber weitere angelegt werden. Ein Camping-Gutschein kostet DM 18,– pro Tag und Person, eingeschlossen in den Preis sind 5 l Benzin und Halbpension.
Jugendherbergen gibt es in Rumänien leider nicht.

Die deutsche Botschaft hat folgende Anschrift:
Bukarest, Botschaft der Bundesrepublik, Aleea Rabat 21. Telefon: 120413-17.

Verkehrsamt in der Bundesrepublik:
Rumänisches Touristenamt, Neue Mainzer Straße 1, 6000 Frankfurt/M. Telefon: 0611 / 236941–43.

BULGARIEN

In Bulgarien wird rechts gefahren. Die Hauptstraßen sind asphaltiert und in gutem Zustand. In den Ortschaften darf man 60 km/h fahren, auf Landstraßen 80 km/h, und auf breiten Autostraßen 120 km/h.
Die Einheimischen fahren oft sehr unvorsichtig und undiszipliniert, darum ist große Vorsicht geboten. Lieber öfter und früher hupen als irgendwo anders!
Bei einem Unfall kann man die gelben Fahrzeuge des Straßenhilfsdienstes unter folgenden Telefon-Nummern herbeirufen:

Sofia und Umgebung: 883978. In der Gegend Plovdiv: 22994. Raum Varna: 26292. Burgas und Umgebung: 46177.

Wer mehr als 48 Stunden in Bulgarien bleiben möchte, braucht ein Visum. Das kostet DM 31,–. Beantragen muß man es rechtzeitig einige Wochen vor Antritt der Reise bei folgender Adresse:

Botschaft der Volksrepublik Bulgarien, Visa-Abteilung Büchelstraße 17, 5300 Bonn-Bad Godesberg.

Wer in Bayern wohnt, und sein Visum persönlich abholen kann, bekommt es auch durch das Konsulat in München:

Bulgarisches Konsulat, Wintrichring 85, 8000 München 19.

Nun kann man natürlich auch nur durch Bulgarien durchfahren, dazu benötigt man ein Transit-Visum. Es kostet DM 18,–, und man erhält es ebenfalls unter den beiden oben angegebenen Adressen.
Einige wenige, meist von »Balkan-Tourist« eingerichtete Campingplätze sind in diesem Land vorhanden. Freies Zelten ist verboten.

Auch die Jugendherbergen sind nicht sehr zahlreich. Auskunft darüber gibt es unter der nachstehenden Adresse: *Youth Travel Bureau »Orbita«, 45A Blvd. Alexander Stamboliiski, Sofia. Telefon: Sofia 879552, 885814 und 510739.*

Die Vertretung der Bundesrepublik Deutschland ist unter folgender Adresse zu erreichen: *Sofia, Botschaft, Ulica Henri Barbusse 5–7. Telefon: Sofia 720382.*

Hier noch die Adresse des hiesigen bulgarischen Fremdenverkehrsamtes: *Bulgarisches Fremdenverkehrsamt, Kaiserstraße 59, 6000 Frankfurt/Main. Telefon: 0611 / 252712.*

In der Waldluft reizt es manchen, bei bummeligem Fahren den Krachhut abzusetzen. Bitte, tun Sie's nicht – ein Stück Wild plötzlich vor der Maschine ist hart wie Stein!

UNGARN

In Ungarn wird rechts gefahren. Die Hauptstraßen sind geteert und in gutem Zustand. Nebenstrecken sind zum größten Teil Staubstraßen. Höchstgeschwindigkeit in Ortschaften für Motorräder 50 km/h (Autos 60 km/h), außerhalb 100 km/h und auf Autobahnen 120 km/h. Auf den Landstraßen zwischen Budapest-Balaton und Budapest-Donauknie ist die Höchstgeschwindigkeit vom 1. Mai bis zum 30. September auf 80 km/h begrenzt. Hupen ist zwischen 22.00 und 6.00 verboten. Es gibt nicht sehr viele Tankstellen in Ungarn, Superbenzin ist nicht überall zu erhalten. Benzingutscheine bekommt man an der Grenze.
Für die Einreise nach Ungarn ist ein Visum nötig. Erhältlich mit einem Antrag (dreifach), zwei Lichtbildern und Reisepaß bei:
Ungarischem Reisebüro »IBUSZ«, Baseler Straße 46, 6000 Frankfurt/M oder Mauritiussteinweg 114, 5000 Köln/Rhein.
Gebühren: Einreise oder Transitvisum DM 16,–, zuzüglich DM 12,– Bearbeitungsgebühr.
Ein Visum ist auch an den Straßen-Übergängen nach Ungarn erhältlich, nur muß dort mit längeren Wartezeiten gerechnet werden.
Für die Maschine braucht man die Int. Grüne Versicherungskarte bei der Einreise.
Im Falle eines Unfalls muß man den Schaden innerhalb von 24 Stunden (sehr problematisch bei Verletzungen) der Oberdirektion der Staatl. Versicherungsanstalt (Allami Biztosito), Budapest XIV, Telekes u. 1/a,

oder ihrer Direktionen in den zuständigen Provinzen melden.
Achtung! Von den in Ungarn gewechselten (und durch Quittungen belegte) Forint-Beträge kann nur die Hälfte (und nur bis zu einem Höchstbetrag von 50 US-$) in westliche Währung zurückgetauscht werden.
Benzingutscheine sind an der Grenze erhältlich.
Es sind zahlreiche gute Campingplätze vorhanden.
Im ganzen Land gibt es elf Jugendherbergen, dazu kommen nochmal acht direkt in Budapest. Auskunft darüber bei:
Magyar Ifjusagi Hazak Expreß (Hungarian Youth Hostel Association), Szabadság tér 16, 1395 Budapest. Telefon: 317 / 777 und 328 / 072.

Die Bundesrepublik ist unter folgender Adresse vertreten:
Budapest II, Botschaft, Tzsontera 5. Telefon: 01 / 224-204 und 225-895.

Die Adressen des ungarischen Reisebüros lesen Sie bitte unter den Einreisebestimmungen nach.

Laub im Herbst: kann glatt wie Schmierseife sein!

TSCHECHOSLOWAKEI

In Städten und Ortschaften ist die Höchstgeschwindigkeit auf 60 km/h begrenzt. Auf freier Strecke keine Begrenzung. Die teilweise noch sehr schlechten Straßen lassen vielfach keine hohen Geschwindigkeiten zu. Die Straßenbahnen in den Städten haben immer Vorfahrt. Hauptstraßen gehen bei der Vorfahrt vor Nebenstraßen.
Zur Einreise ist ein Visum erforderlich. Das beantragt man mit zwei Paßbildern und Reisepaß (Westberliner mit Personalausweis, der noch mindestens vier Monate gültig ist) bei folgender Adresse:
Botschaft der CSSR, Visaabteilung, Germanicusstraße 6, 5000 Köln 51.

Berliner bekommen ihr Visum bei folgender Adresse:
Tschechoslowakische Militärmission, Podbielskiallee 54, 1000 Berlin 33.
Visaanträge müssen mit Schreibmaschine oder Blockschrift ausgefüllt sein, anderenfalls werden sie zurückgeschickt. Die Gebühr dafür beträgt DM 24,–, die per Nachnahme erhoben wird.
Wer keine Hotelgutscheine hat, muß bei der Einreise an der Grenze den Gegenwert von 10 Dollar pro Tag in tschechische Kronen umtauschen.
Transitvisum: für einmalige Durchreise 1 Fragebogen und zwei Paßbilder mitschicken, für zweimalige Durchreise sind zwei Fragebogen und vier Paßbilder nötig. Die Gebühr von DM 24,– wird per Nachnahme erhoben. Achtung! Bei der Beantragung des Transitvisums muß das Visum des Ziellandes (z. B. Polen) bereits im Reisepaß eingetragen sein.
Für das Motorrad muß die Int. Grüne

Versicherungskarte bei den Fahrzeugpapieren sein. Das ovale D-Schild ist vorgeschrieben.
Falls der Fahrer des Motorrades nicht zugleich der Eigentümer ist, muß eine Vollmacht des Besitzers vorgelegt werden. Schäden am Motorrad müssen bei der Einreise vom Fahrer in ein Protokoll eingetragen werden, da sonst bei der Ausreise erhebliche Schwierigkeiten und Wartezeiten entstehen.
Achtung! Es werden oft rigorose Straßen schon bei geringen Überschreitungen der Höchstgeschwindigkeit ausgesprochen, die auf der Stelle in D-Mark (für Reisende aus der Bundesrepublik) zu bezahlen sind!
Zeltplätze sind ausreichend vorhanden. Sie sind sauber und gut geführt.
Wenn Sie sich über Jugendherbergen informieren möchten, von denen es eine ganze Anzahl in diesem Lande gibt, wenden Sie sich an folgende Adresse:
Klub maladých cestovatelu, C.K.M., Zitná ulice 12, 121 05 Praha 2. Telefon: Prag 299941-9.

Vertretung der Bundesrepublik:
Prag 1, Botschaft, Malá; Strana, Vlasská; 19. Telefon: 532351-57.

Anschrift des Tschechoslowakischen Reisebüros, das aber *keine* Visumanträge entgegen nimmt:
CEDOK, Kaiserstraße 54, 6000 Frankfurt/Main. Telefon: 0611 / 232975-77.

Benelux

BELGIEN

Die Straßen in diesem Land sind durchweg gut. Die Höchstgeschwindigkeit in den Ortschaften liegt bei 60 km/h, auf Landstraßen 90 km/h, auf Autobahnen 120 km/h. Die Mindestgeschwindigkeit, die auf den Autobahnen gefahren werden muß, ist 70 km/h.

Der Unfallhilfsdienst kann im ganzen Land unter der Telefon-Nr. 900 gerufen werden.
Zur Einreise werden Personalausweis oder Reisepaß benötigt. Für die Maschine bitte die Int. Grüne Versicherungskarte mitnehmen.
Belgien besitzt zahlreiche Campingplätze, die teilweise sehr gut ausgestattet sind. Es gibt allerdings große

Achtung, Augen besonders auf! Hier ›wechselt‹ das Wild nicht – hier springt es einem urplötzlich vor's Motorrad.

Unterschiede in der Führung dieser Zeltplätze.
Für die Jugendherbergen im Land, die recht zahlreich sind, haben wir zwei Adressen; die eine gilt für die niederländisch sprechenden Gebiete, die andere für die französisch orientierten Landesteile:
Für das nördliche (niederländischsprechende) Gebiet:
Vlaamse Jeugdherbergcentrale, Van Stralenstraat 40, 2000 Antwerpen. Telefon: 031 / 327218.

Für den südlichen (französischsprechenden) Landesteil:
Centrale Wallone des Auberges de la Jeunesse, Rue van Oost, 52 B-1030 Bruxelles. Telefon: 02 / 2153100.

Deutsche Botschaft in Belgien:
B-1150 Brüssel, Botschaft, Avenue de Tervueren 190. Telefon: 02 / 7705838 / 39 und 7709996 / 97.

Belgisches Verkehrsamt:
Berliner Allee 47, 4000 Düsseldorf. Telefon: 0211 / 326008.

HOLLAND

Rechtsverkehr. Sehr gute Straßen aber wenig kurvenreich; viele Autobahnen. Höchstgeschwindigkeit in den Ortschaften 50 km/h, auf Landstraßen 80 km/h, auf Autobahnen und Autostraßen 100 km/h.
In Holland haben die Straßenbahnen immer Vorfahrt. Eine durchgezogene weiße Mittellinie auf der Straße darf überquert, und nur zwei durchgezogene Linien dürfen nicht überfahren werden.
Noch eine Sache, die in diesem Land beachtet werden sollte: Wenn man mit seinem Motorrad auf einer Straße fährt, die durch Pfeile zum Geradeausfahren, Links- oder Rechtsfahren markiert ist, darf man auf keinen Fall die einmal gewählte Richtung wieder wechseln, und man muß z. B. beim Übersehen eines Straßenschildes erst so lange die fälschlich gewählte Richtung beibehalten, bis kein Pfeil mehr vorhanden ist. Dann erst wenden und zurückfahren.
Auf den wichtigsten Durchgangsstraßen erhält jeder Pannenhilfe durch die gelben Straßenwacht-Fahrzeuge. In Amsterdam kann man unter folgender Nummer Hilfe herbeirufen:
Telefon: 224466.

In Den Haag: Telefon: 636968
Holland ist ein ideales Land für Campingfreunde. Es gibt zahlreiche, gut eingerichtete Zeltplätze, die natürlich an der Küste besonders schön liegen.
Die zahlreichen Jugendherbergen sind bekannt für freundliche Aufnahme:
Stichting Nederlandse Jeugdherberg Centrale, Prof. Tulpplein 4, 1018 GX Amsterdam. Telefon: 020 / 264433.

Die Botschaft der Bundesrepublik hat folgende Anschrift:
NL-2000 Den Haag, Botschaft, Groot Hertoginnelan 18–20. Telefon: 070 / 469206.

Ausführliche Auskünfte und Prospekte über dieses Reiseland bekommt man bei der:
Niederländischen Fremdenverkehrszentrale, Schildergasse 85, 5000 Köln 1. Telefon: 0221 / 236262. Telex: 08882511.

LUXEMBURG

Höchstgeschwindigkeit in Städten und Orten: 50 km/h, außerhalb 90 km/h und auf Autobahnen 120 km/h. Hupen innerhalb der Ortschaften nur bei Gefahr, aber auf den Landstraßen ist es tagsüber Vorschrift, daß man *vor* dem Überholen hupt.
Bei Unfällen kann man unter der Telefon-Nr. 319531 den Zivilschutz (Protection Civile) alarmieren. Dieser Zivilschutz, der auch Polizei, Krankenhaus und Arzt benachrichtigt, ist Tag und Nacht besetzt.
In Luxemburg findet man zahlreiche gute Campingplätze.
Zur Einreise genügt der Bundespersonalausweis. Die Grüne Versicherungskarte wird empfohlen.
In Luxemburg sind elf Jugendherbergen zu finden, die alle sehr gut eingerichtet sind. Anfragen sind an folgende Adresse zu richten:

Centrale des Auberges de Jeunesse Luxembourgeoises, 18 Place d'Armes, Luxembourg. Telefon: Luxembourg 25588.

Die Bundesrepublik ist unter folgender Adresse vertreten:
Luxemburg, Botschaft, 20–22, Avenue de l'Arsenal. Telefon: 052 / 26791.

Auskünfte über das Land erteilt:
Luxemburgisches Verkehrsamt, Kö-Center, Postfach 2509, 4000 Düsseldorf 1. Telefon: 0211 / 320121.

Last but not least:

SCHWEIZ

In der Schweiz ist die Höchstgeschwindigkeit in Ortschaften 50 km/h, auf Landstraßen 100 km/h und auf Autobahnen 130 km/h. In Liechtenstein gelten die gleichen Bestimmungen, nur in Vaduz darf man nur 50 km/h fahren.
Bei Pannen kann man in der gesamten Schweiz unter der Telefon-Nr. 140 Hilfe herbeirufen.
Hohe Paßstraßen sind von Juni bis Oktober befahrbar, die niedrigen entsprechend den Winterverhältnissen länger. Unter folgender Telefon-Nr. kann man sich jederzeit über die Befahrbarkeit der Pässe erkundigen:
Rufnummer von der Bundesrepublik aus: 00411 / 163.
Zur Einreise braucht man einen gültigen Personalausweis oder, wenn man hat, einen Reisepaß. Für das Motorrad wird die Mitnahme der Int. Grünen Versicherungskarte empfohlen.
In der Schweiz gibt es zahlreiche, schön gelegene und gut eingerichtete Campingplätze.
An Jugendherbergen ist das Land auch nicht arm. Sie sind gut eingerichtet und sind meist vorzüglich geführt. Die Adresse des Schweizerischen Bundes für Jugendherbergen:
Schweizerischer Bund für Jugendherbergen, Postfach 132, Hochhaus 9, 8958 Spreitenbach. Telefon: 056 / 714046.

Anschrift der deutschen Botschaft in der Schweiz:
CH-3000 Bern, Botschaft, Willadingweg 78 und 83. Telefon: 031 / 330831-36.

Unterlagen und Propekte über die Schweiz bekommt man bei:
Schweizer Verkehrsbüro, Kaiserstraße 23, 6000 Frankfurt/M. Telefon: 0611 / 236061.

»Enduro«-Länder

Vielleicht ist es gut, wenn wir einmal über diejenigen Länder sprechen, in denen man mit einem Enduro-Motorrad (Gelände-Straßen-Zwitter) *noch* ziemlich frei in einer weiten Natur fahren kann. Die Bundesrepublik Deutschland muß man da schon ausklammern, denn die wenigen und immer kleiner werdenden Naturreservate sind meist für jeden KFZ-Verkehr gesperrt. Außerdem gibt es schon generelle Fahrverbote abseits öffentlicher Straßen und Wege, und wo bei uns »die Enduro-Freiheit noch grenzenlos ist«, da schweige man lieber darüber, damit es dort keine Invasion und danach auch Verbote gibt. Deutschland ist *kein* Enduro-Land im richtigen Sinn dieses Begriffes, und um die ganz kleinen Straßen und Wege befahren zu können, die bei uns frei sind, braucht man nicht unbedingt so eine Art von Motorrad.
Aber in den dünner besiedelten Ländern und Gegenden Europas gibt es noch freie Enduro-Zonen. Zum Beispiel in Skandinavien (außer Dänemark), in Spanien, in Italien oder Jugoslawien. Von den britischen Inseln ist es schwer zu sagen, weil dort die Eigentumsverhältnisse von Grund und Boden eine ebenso starke Rolle wie bei uns spielen. Auch in Frankreich sollte man als Fremder vorsichtig sein, mit der Enduro-Maschine quer durch die Geographie zu fahren. Das Gleiche müssen wir für Österreich und die Schweiz gelten lassen – vor allem in den Bergen, wo man ganz gefährlichen Ärger bekommen kann, wenn man die öffentlichen Straße und Wege verläßt. In der Steiermark gibt es im übrigen schon ein »Geländefahrzeug-Gesetz«, nach dem es überhaupt nicht erlaubt ist, mit jeder Art von Kraftfahrzeugen feste Straßen und Wege zu verlassen.

2. KAPITEL

Das Motto der Motorradreise

Gezielte Abenteuer!

Wir wissen, daß sich Motorradfahrer nicht *nur* für ihre Maschinen, den Motorradsport und für Kilometerfresserei interessieren. Viele haben noch ein Neben-Hobby – sei es das Fotografieren, Modelle basteln, Briefmarken- oder Münzen sammeln, Motorradveteranen auffinden und wieder herrichten. Mancher interessiert sich für alte Segelschiffe oder historische Dampflokomotiven oder sonst ein Relikt aus der guten alten Zeit, als man noch mit Postkutschen durch die Lande reiste.

Ja, es gibt sicher auch Motorradfahrer, die sich für eben diese alten Postkutschen interessieren.

Für jede dieser Gruppen gibt es in Motorradfahrerkreisen besondere Experten. Diesen braucht man natürlich keine Hinweise geben, wie sie ihren Urlaub auf vergnügliche Art zu einem Bildungsurlaub gestalten können. Sie wissen sowieso schon auf Jahre hinaus, was sie auf ihrem speziellen Gebiet kennenlernen möchten, und wie sie es anstellen

müssen, um im Urlaub genug neue Eindrücke und Informationen über ihr Wissensgebiet zu er»fahren«, die sie dann im Winter, während die Maschine wegen des Salzes auf den Straßen in der Garage bleibt, auswerten, katalogisieren und verarbeiten.
Ein gutes Beispiel, wie man seinen jährlichen Urlaub oder ein paar freie Tage zwischendurch dazu benutzen kann, neue und interessante Dinge, die alle unter einem Thema stehen, kennenzulernen, zeigt das Beispiel der »Pfadfinder-Trophäe«, die 1980 bereits zum 16. Mal vom ARBÖ, Linz (Österreich), Fahrtleiter Max Hollinger, Grubenstraße 45, ausgeschrieben wurde, am besten. Die Idee stammt von Inge Rogge und wird hoffentlich noch lange weiterleben!
Bei diesem Touren-Wettbewerb geht es darum, innerhalb der Sommermonate alles Wissens- und Sehenswerte zu einem bestimmten Thema zu erforschen, Punkte zu sammeln und zu fotografieren. Z. B. hieß ein sehr begehrtes Thema einmal: »Suchen Sie die Liegeplätze alter Segelschiffe in ganz Europa!« Oder ein anderes Thema, das bei den Motorradreisenden großen Anklang fand, wurde unter das Thema »Alte Dampflokomotiven« gestellt.
Was wir jetzt über diesen großen touristischen Motorrad-Wettbewerb erzählen, gilt natürlich ebenso für Leute, die eine solche Reise auch ohne Teilnahme an so einem Wettbewerb machen möchten.
Wenn man seine Ferienfahrt unter ein bestimmtes Motto stellt, kann man sich natürlich nicht erst einen Tag vor der Abreise mal eben kurz damit beschäftigen. Oft gehört dazu ein wochenlanges, aber interessantes Studium des gewählten Themas. Man muß vielleicht zur Landesbibliothek gehen, Buchhandlungen durchstöbern und sich mit einschlägiger Literatur versorgen. Dann sollte man erkunden, ob die Objekte, die man sich bei seiner Reise anschauen (alte Flugzeuge auf Militär-Flugplätzen o.a.), eventuell fotografieren und erforschen will, auch für jedermann zugänglich sind, oder ob der Zutritt nur nach schriftliche Anfrage möglich ist. Wir hatten bei der »Pfadfinder-Trophäe« in einem Jahr einmal das Thema »Wasserstraßen und Schleusen« gestellt, und man glaubt gar nicht, welche Anstrengungen nötig waren, um in einigen Ländern überhaupt über das Innenministerium des Landes die Erlaubnis zu bekommen, interessante Details fotografieren zu dürfen.
Man braucht also viele Unterlagen und Karten, und die Geschichte und Pläne müssen studiert werden, ehe die Reise losgehen kann und man erfolgreich sein wird.

Für jedes Thema dieser Fahrt braucht man aber noch mehr als gute Karten, nämlich eine Maschine, die Strapazen überstehen kann, viel Köpfchen und eine »eiserne« Sitzfläche.
Da war das Thema »Seeräuber«. Hierfür brauchte man in erster Linie ein besonderes Interesse an geschichtlichen Tatsachen, einiges Vorwissen, viel Nachdenken und das Auffinden und Studieren der einschlägigen Literatur. Ein Pfadfinder-Freund zog sogar die »Ilias« zu Rate, denn er wollte sein Wissen um die Seeräuber im Mittelmeerraum erweitern. Er wählte die Türkei und die Landschaft um das Ägäische Meer zu seinem Operationsraum. Er folgte den Spuren Alexanders des Großen und fand auf der Insel Chios auf der Höhe des heutigen Izmir (früher Smyrna) den Schlupfwinkel des Seeräubers Aristonikos, der 350 v. Chr. für seine Räubereien von Alexander zum Tode verurteilt wurde. In der Ilias fand unser Motorradfahrer einen Ausspruch, in dem sich der Held Achilles als Seeräuber bezeichnete. Also besuchte er Truva, das früher Troja hieß.
Dieses Beispiel zeigt, daß sich die Vorarbeit bei der Wahl eines Themas bestimmt lohnt, wenn man sich entschließt, einmal nicht auf blauen Dunst durch die Landschaft zu reisen, sondern bestimmte Ereignisse zu erforschen.
In den skandinavischen Ländern sind ein schönes Urlaubsthema u.a. die hölzernen Stabkirchen oder die Floßschiffahrt. Man glaubt gar nicht, was man auf dem Sektor »alte Dampfeisenbahnen« z. B. in England oder Österreich erkunden kann. Spanien und Portugal eignen sich sehr gut zur Suche nach besonderen Talsperren (was natürlich nicht heißen soll, daß man nicht auch in anderen europäischen Ländern auf besonders ausgefallene und interessante Objekte dieser Art stößt). Eine schöne Winterarbeit ist es dann, das Gesehene und Fotografierte auszuwerten und daraus ein Album nebst Tagebuch herzustellen. Was haben wir da schon an ganzen »Doktorarbeiten« bei den vielen Teilnehmern der Pfadfinder-Trophäe in den vergangenen Jahren gesehen!
Wochenendfahrten eignen sich ebenfalls sehr gut für Reisen, bei denen man sich nur ein Thema zum Anschauen aussucht. Also vielleicht alte Schlösser, die aus einer bestimmten Epoche stammen, Burgen mit Schildmauern, oder z. B. eine Mühlentour (siehe Kapitel 7) durch ein bestimmtes Gebiet. Man kann sich meistens bei den Fremdenverkehrsverbänden der einzelnen Länder der Bundesrepublik einen Rat und Unterlagen geben lassen. Es existieren auch für einzelne Wissensge-

Linke Seite: Wer Windmühlen suchen und ihre Technik studieren will, dessen Fahrten werden nicht langweilig sein.

Postkutschen sind ein interessantes Thema. Wer weiß wohl, daß heute noch die Postkutsche London – Oxford verkehrt?

Dampflokomotiven, die noch fahren, findet man auch noch überall. Wer seine Motorradferien mit der Suche nach ihnen würzt, wird viel erleben.

Luftfahrt-Geschichte ist ein feines Reisethema. Überall in Europa gibt es Museen und Sammlungen!

biete bei diesen Institutionen Zusammenstellungen, so daß man auf reizvolle Weise bei einer Motorradtour sein Wissen erweitern kann. Z. B. kann man im Weserbergland und im Süntel den Spuren von Wilhelm Busch folgen, das läßt sich an einem Wochenende sehr gut machen, ohne daß man die schönen Straßen und kleinen Schleichwege gerade in dieser Gegend fürs Motorradfahren zu vernachlässigen braucht.

Etwa 50 Touristenstraßen, die mit Namen bezeichnet werden, also »Idyllische Straße« nordöstlich von Stuttgart, oder »Störtebekerstraße« in Ostfriesland und Niedersachsen, um nur zwei Beispiele zu nennen, sind in den Karten der Bundesrepublik verzeichnet, aber man kann sich auch selbst solche Straßen zusammenstellen und die Route selbst aussuchen.

Was hielten Sie denn davon, einmal eine Route mit lauter technischen Denkmälern zusammenzustellen? Fangen wir im Norden an: In Bruchhausen-Vilsen zwischen Hoya und Syke bei Bremen unterhält ein Verein die »Erste Deutsche Museumseisenbahn« mit herrlichen alten Dampflokomotiven. Im Museumsdorf Cloppenburg kann man über eine der ersten Lokomobilen staunen, oder – ganz zeitgemäß – in Wietze bei Hannover gibt es ein Freilichtmuseum mit frühen Erdöltransportpumpen, deren Technik äußerst interessant ist. Übrigens begannen in Wietze die ersten Erdölbohrungen. In Westfalen im Freilichtmuseum Hagen ist der Sensenhammer und eine Dampfmahlmühle anzuschauen. Alles Denkmäler, die Motorradfahrer mit ihrem Sinn für alles Technische bestimmt beeindrucken.

Im Bergischen Land z. B. ist ein Bauwerk, das heute noch benutzt wird, unbedingt zu diesen technischen Sehenswürdigkeiten zu rechnen, nämlich die Müngstener Brücke (die höchste Eisenbahnbrücke Europas). Alles Wissenswerte darüber findet man auf einer Metalltafel an der Straße neben der Wupper. Schnell ein Foto der Brücke und den Informationen machen und zusammen ins Album kleben. So kommt nach und nach ein schönes und lehrreiches Buch über technische Denkmäler zusammen, die vielleicht eines Tages verschwunden sind.

Wir könnten noch viele interessante Objekte einer solchen Fahrt aufzählen: die Schwebebahn in Wuppertal, die erste Autogarage der Welt in Ladenburg bei Mannheim und nicht zuletzt einige Motorradmuseen in der Bundesrepublik.

Man sieht also, daß sich Motorradreisen bei einigem Nachdenken und Forschen durchaus zu einer Fahrt ausarbeiten lassen, die neben der

Freude am Wind um die Nase auch gut die Erweiterung von Bildung und Wissen um interessante Dinge bringen, die einem besondere Freude machen.

EINIGE ADRESSEN ZU DIESEM THEMA IN DER BUNDESREPUBLIK

Erste Deutsche Museumseisenbahn
Deutscher Eisenbahnverein, Postfach 1106, 2814 Bruchhausen-Vilsen. Telefon: 04252 / 2111.

Deutsches Schiffahrtsmuseum
Van-Ronzelen-Straße, 2850 Bremerhaven. Telefon 0471 / 44048.

Norddeutsches Auto- und Motorradmuseum
Weser Straße 225, 497 Bad Oeynhausen. Telefon 05731 / 9360.

Vereinigte Flugtechnische Werke Fokker GmbH
Hünefeldstraße 1, 2800 Bremen. Telefon 0421 / 539-4197.

Erzbergwerk Ramsbeck
5783 Ramsbeck. Telefon 02905 / 250.

Eisenbahn-Museum Bochum
Dr.-C.-Otto-Straße 191, 4630 Bochum 5 (Dahlhausen).

Deutsches Bergbau-Museum
Vödestraße 28, 4630 Bochum. Telefon 0234 / 51881.

Schwebebahn Wuppertal
Prospektanfragen: Wuppertaler Stadtwerke, Bromberger Straße 39/41, 5600 Wuppertal. Telefon 0202 / 5698014.

Erdölmuseum Wietze
Schwarzer Weg, 3101 Wietze. Telefon 05146 / 366.

Deutsches Zweiradmuseum Neckarsulm
Urbanstraße 11, 7107 Neckarsulm. Telefon 07132 / 35-271.

Verkehrsmuseum
Lessingstraße 6, 8500 Nürnberg. Telefon 0911 / 219-5428.

Deutsches Museum
Museumsinsel 1, 8000 München. Telefon 089 / 21791.

Zeppelinmuseum
Städtisches Bodenseemuseum, Adenauerplatz 1, 7990 Friedrichshafen.
Telefon 07541 / 203-230.

Motorradmuseum Ailingen
7990 Friedrichshafen 5 (Ailingen). Telefon 07541 / 51833.

Dornier-Museum
Im Neuen Schloß, 7758 Meersburg. Telefon 07532 / 82382.

Kartenmaterial

Für Motorradfahrer, die sich den Spaß machen und selbst technische Sehenswürdigkeiten heraussuchen möchten, empfehlen wir z. B. das Kartenmaterial vom Städte-Verlag E. v. Wagner & J. Mitterhuber, Stuttgart-Bad Cannstatt, Daimlerstraße 60 oder die Deutsche Generalkarte 1:200000 von Mairs Geographischem Verlag, Stuttgart-Ostfildern 4

Motorradfahrten durch Deutschland

Auf den folgenden Seiten wollen wir uns mit unserer Heimat Deutschland beschäftigen. Einmal haben wir hier die Möglichkeit, zu Beginn einer Laufbahn als Motorrad-Tourist im etwas näheren Bereich mit den Dingen in der Praxis gut bekannt zu werden. Es lohnt sich, daß man sie kennt, wenn man in der Zukunft auch Reisen in weiter entfernte Länder machen möchte. Und zum anderen scheint es auch wichtig zu sein, erst einmal die eigene Heimat kennenzulernen, bevor man über die Grenzen hinaus fährt.
Das Beste ist immer, nicht große Theorie zu wälzen, sondern anhand von Beispielen der Praxis nahe zu kommen.
Darum werden hier mehrere Reisevorschläge gemacht, die sich nicht nur über das ganze Gebiet der Bundesrepublik Deutschland ausdehnen, sondern auch einzeln ausgesucht wurden. Eine Wochenendtour in Norddeutschland, eine andere im mittleren Raum unseres Landes, und schließlich eine Reise im Südwesten um den Bodensee herum.
Wer diese Fahrtvorschläge und Touren verfolgt, kann auch leicht sehen, *wie* sie geplant wurden. Damit möchten wir auch gleich Anregungen geben, die sich auf alle Gegenden Deutschlands und des Auslands anwenden lassen. Und es lohnt sich, ein wenig Reiseplanung zu machen. Nicht tierisch ernst nach Uhr und Kilometern, aber für einen roten Faden, der sich durch jede Tour ziehen kann. Sozusagen als Leitfaden und Führer, damit man »etwas vor sich hat« – egal, ob man so oder so herum fahren will, ob man viel Zeit oder noch mehr davon hat –!

DIE UNIVERSALREISE: DIE DEUTSCHE FERIENSTRASSE »ALPEN – OSTSEE«

Auf der Suche nach Sehenswürdigkeiten und schönen Landschaften wird jeder seine eigenen Vorstellungen haben und sich danach seine Reise zusammenstellen. Jemand besichtigt gern Burgen, Schlösser, alte Kirchen, schöne Rathäuser oder technische Denkmäler. Ein anderer sucht neue Wege, die Einsamkeit großer Waldgebiete oder den Zauber stiller Seen. Noch ein anderer hat während seines Urlaubs das Bedürf-

nis nach reger Betriebsamkeit rings um sich her. Ein vierter kocht sich gern sein Süppchen auf einem Campingkocher, während der nächste lieber die Spezialitäten seines Urlaubsgebietes in einem entsprechenden Restaurant kennenlernt.
Um in diesem Buch dem Leser wenigstens einmal eine Art Universalreise mit dem Motorrad vorzustellen, wurde eine Straße mit einer berühmten Bezeichnung herausgesucht, in deren Verlauf man ziemlich *alle* vorkommenden Reisebesonderheiten antreffen kann. Naturschönheiten, historische Stätten, große und einsame Landstriche, klerikale Bauten sowie Burgen, Schlösser und Ruinen begleiten die Fahrt. Wer etwas von technischer Geschichte sucht, findet am Wege nicht nur alte Eisenbahnen und Postkutschenlinien sondern auch manches Museum mit ausgestellten technischen Zeugen der Vergangenheit. Berühmte Gasthöfe und Restaurants mit kulinarischen Spitzengenüssen wechseln ab mit ursprünglich erhaltenen typisch rustikalen Dorfherbergen. Und für das Motorradfahrerherz gibt es märchenhaft schöne Streckenabschnitte in Tälern und über Berge, mit langen Geraden ebenso wie mit ungezählten schönen Kurven.
Fahren wir doch einmal auf der »Deutschen Ferienstraße Alpen-Ostsee«.
Von Puttgarden an der Ostsee führt uns dieser Weg durch die Holsteinische Schweiz und entlang der Ostseeküste nach Lübeck. Die Elbe wird bei Lauenburg überquert, dann geht es durch die Lüneburger Heide in den Vorharz. Durch den Harz kommt man zum Weserbergland und ins Hessische Bergland. Dann folgt die Rhön mit dem Vogelsberg, der Spessart, der Odenwald, das Neckar- und das Altmühltal. Auf der Fahrt vom Meer zu den Bergen berührt der Streckenverlauf den Chiemgau, bis endlich die Berchtesgadener Alpen erreicht werden.
Wer seinen Urlaub nicht an einem bestimmten Ort verbringen möchte, sondern gern jeden Tag etwas anderes sieht, wer das Fahren mit seinem Motorrad durch einige der schönsten Gegenden der Bundesrepublik auf herrlichen Motorradstraßen sucht, der fährt diese Reisestraße in ihrer gesamten Länge in acht oder vierzehn Tagen ab. Man kann sich aber auch im Vorbeifahren verschiedene Streckenabschnitte herauspicken, die »Deutsche Ferienstraße« kreuzt an verschiedenen Punkten die Autobahn. So ergibt sich bei einer Fahrt die Möglichkeit, jederzeit die Autobahn zu verlassen und einen schönen Streckenabschnitt dieser anderen großen Reisestraße zu finden.

*

Schleswig-Holstein
Kennen Sie das alte Seeräubernest Ymbria oder Fembria? Im 11. Jahrhundert erregte der Name bei den Kaufleuten, die die Ostsee befuhren, Angst und Schrecken. Frage: und was hat das mit der Deutschen Ferienstraße zu tun? Der nördlichste Punkt dieser Reiseroute ist *Puttgarden* auf der Insel Fehmarn in der Ostsee. Und dieses geheimnisvolle »Fembria« ist der frühere Name von Fehmarn. Haben Sie das schon vorher gewußt?
Übrigens: die gewaltige Brücke über den Fehmarnsund gehört zu den technischen Sehenswürdigkeiten in

diesem nördlichsten Teil der Bundesrepublik.
Von *Heiligenhafen* führt eine sehr hübsche kleine Straße an einigen Hügelgräbern aus der Germanenzeit und durch Orte mit so ulkigen Namen wie Wandelwitz und Techewitz nach *Oldenburg* in Holstein. Hier trennt sich unsere Route von der Europastraße 4 (E 4), und es wird auch gleich gemütlich. Die Straße wendet sich wieder der Ostsee zu, und es ergeben sich viele Bademöglichkeiten. Es sind mehrere Campingplätze dort, und bald beginnt die *Holsteinische Schweiz* mit den vielen Seen.
Auf der Landenge zwischen dem Großen und dem Kleinen Plöner See liegt die Stadt *Plön* voller malerischer Winkel und umgeben von Wäldern, Wiesen und viel Wasser. Süddeutsche, die gerne den Norden der Bundesrepublik kennenlernen möchten, sollten sich die Holsteinische Schweiz mit ihren vielen heimlichen Ecken und den vielen, vielen großen und kleinen Seen, den kleinen Residenzstädtchen und den feinen Motorradstraßen aussuchen.
Eutin ist auch ein solches Städtchen, das eingebettet zwischen Wäldern bei dem Großen und dem Kleinen Eutiner See liegt. Die Stadt ist stolz auf ihren größten Bürger, Carl Maria von Weber, der hier geboren ist. Zu seinem Andenken werden jedes Jahr Sommerfestspiele veranstaltet.
Von Eutin geht es direkt zur Lübekker Bucht, vorbei an verschiedenen schilfumsäumten Seen. Das älteste Bad an der Lübecker Bucht ist *Haffkrug-Scharbeutz*. Bereits 1844 entstand hier eine Seekuranstalt. Wir sehen sie direkt vor uns, unsere Urahnen, wie sie, mehr an- als ausgezogen, den »neumod'schen Kram« des Badens im Meer ausprobierten. Der Ort hat sich aber trotz der modernen Anlagen den Reiz eines kleinen Fischerortes bewahren können. *Travemünde,* wo das Segelschiff »Passat« im Hafen liegt, hat außer seinen modernen Hotels, einer Spielbank und einer Kurpromenade noch viele alte Fachwerkhäuser, wo man durchs Fenster in kleine Stuben schauen kann.
Die ehemalige Freie Hansestadt *Lübeck* liegt an der Reiseroute. Bald hat man das gewaltige Holstentor vor sich. Die Stadt hat eine alte Geschichte, der man trotz der schweren Zerstörungen im letzten Krieg immer wieder begegnet. So sind der Dom mit seinen alten Teilen aus der Zeit Heinrichs des Löwen, das Heiliggeist-Hospital aus dem 13. Jahrhundert oder das »Buddenbrock-Haus« in der Mengstraße einige der Sehenswürdigkeiten, die es lohnen, Lübeck einen Besuch abzustatten.

Die Heide

Die »Deutsche Ferienstraße« folgt genau der Alten Salzstraße über Ratzeburg nach *Lüneburg*. Die Straßen durch die Lüneburger Heide sind alle schöne Motorradstraßen, und man durchfährt kleine Heidedörfer mit jahrhundertealten Steinkirchen. Bei Lüneburg gibt es eine Museumsbahn.
Wenn man dem Emblem der »Deutschen Ferienstraße« folgt, auf der einen Seite das Holstentor von Lübeck verbunden durch eine angedeutete Straße am Ende mit den Berchtesgadener Bergen, erreicht man bald *Garlstorf,* ein schönes altes Heidedorf mit großen Eichenhöfen, und bald darauf *Egestorf* unmittelbar am

Naturpark Lüneburger Heide gelegen. Im »Sudermühlenhof« kann man gut wohnen, eine Fahrt mit der Pferdekutsche zum Wilseder Berg machen, der höchsten Erhebung der Lüneburger Heide (169 m hoch). Viele einsame Wanderwege kann man sich aussuchen, höchstens begegnet einem eine Heidschnuckenherde mit ihrem Schäfer, oder man kann einen Imker beobachten, der seine Bienenvölker pflegt. Zeugen der Vergangenheit sind die mächtigen Hünengräber. Nach einer Wanderung zu den »Sieben Steinhäusern« schmeckt dann ein Heidschnuckenbraten mit Preiselbeeren besonders gut.

Eine Motorradfahrt durch die herbstliche Heide gehört zu einem der schönsten Erlebnisse, die man sich wünschen kann. Die Heide hat einen eigentümlichen, süßlichen Geruch an sich, vermischt mit dem Rauch der herbstlichen Kartoffelfeuer. Die großen Eichen rund um die Heidehöfe rauschen im Herbstwind, ab und zu flattert schon ein welkes Blatt herab, und der Himmel ist durchsichtig blau geworden. In den Ortschaften muß man aufpassen, denn vielerorts hat man noch das alte Kopfsteinpflaster, dagegen sind die Straßen zwischen den Orten immer gut zu fahren.

Wer Backstein-Romantik mag, der wird *Celle* mit seinen z. T. aus dem 15. Jahrhundert stammenden Fachwerkbauten mit den kunstvollen Schnitzereien, den bunten Farben und den frommen Sprüchen über den Türen sehr hübsch finden. Das Celler Schloß stammt aus dem 16. Jahrhundert, und in seinem Hoftheater wird heute noch gespielt. Aber wer von Celle spricht, darf nicht vergessen, das 1735 gegründete Landgestüt zu erwähnen und die »Celler Hengstparade«, die jedes Jahr stattfindet. Die weltberühmten hannoverschen Warmblüter gehören zur Lüneburger Heide wie die Heidschnuckenherden zwischen den Wachholderbüschen.

Aber die Heide ist noch nicht vorbei. Das Kloster *Wienhausen* ist heute ein Damenstift. Hier gibt es viel zu sehen: Die Kreuzgänge, den Nonnenchor, die Allerheiligenkapelle, die Glasmalereien von 1320, das Heilige Grab von 1290 und einen bartlosen Christus aus dem gleichen Jahr. Aber berühmt ist das Kloster wegen seiner Teppiche, die zu Pfingsten immer eine Woche lang ausgestellt werden. Der Tristan-Teppich stammt aus dem Jahr 1300.

Immer entlang der Aller führt uns die Reiseroute nach *Müden,* einem kleinen Ort am Zusammenfluß von Oker und Aller gelegen, und dann über *Gifhorn* nach *Braunschweig.* In *Wolfenbüttel,* der nächsten Station an der »Ferienstraße«, kann man auf den Spuren eines unserer berühmten deutschen Dichters wandern. An der von Herzog August im Jahre 1666 gegründeten Bibliothek war Lessing von 1770 bis 1781 Bibliothekar und schrieb hier seine Stücke »Nathan der Weise« und »Emilia Galotti«. Der Dichter lebte in einem reizenden Barockhäuschen hinter der Bibliothek.

Harz, Hannover'sches Land, Weserbergland

Unsere Reisestraße hat jetzt auch noch einen anderen Namen, nämlich »Harz-Heide-Straße«. Bis *Vienenburg* ist die Landschaft nicht besonders reizvoll. Darum drehen wir mal ein bißchen am Gasgriff, um die schnurgerade Straße Nr. 241 zwischen Vienenburg und Goslar schnell hinter uns zu bringen.

Goslar, die alte Kaiserpfalz, wurde im 11. Jahrhundert angelegt und hat eine bewegte Geschichte hinter sich. Sehenswert sind unbedingt die 1000jährige Kaiserpfalz, die Gildenhäuser, die alte Stadtbefestigung und die herrlichen Bauten aus dem Mittelalter. Die Pfalzkapelle birgt in einer silbernen Kapsel das Herz Heinrich III., der Anfang des 11. Jahrhunderts manches Jahr in seiner Pfalz in Goslar zubrachte. Überhaupt ist Goslars Geschichte eng mit der Geschichte des Ersten Deutschen Reiches verknüpft.

Über *Oker* an der Oker entlang geht es hinauf in den Harz, am Ufer der riesigen Okertalsperre, die halb Norddeutschland mit Wasser und Strom versorgt, über Altenau nach *Clausthal-Zellerfeld* und weiter nach Osterode. Hier können wir nun wirklich von einer echten Motorradstraße sprechen, denn man erlebt viele schöne Kurven und Serpentinen und fährt durch eine wunderschöne Landschaft mit viel Wald.

Zwischen Clausthal und Osterode sollte man von dem Aussichtsturm vor den vielen Serpentinen nochmals auf die großen Waldgebiete des Harzes schauen, denn es dauert nicht mehr lange, bis wir diese Gegend verlassen. Leider sind viele schöne Straßen durch den Harz gesperrt, denn diese Wälder bestehen fast nur aus Staatsforsten, und sind den Wanderern vorbehalten. Bis *Herzberg* geht es immer am Rande des Harzes entlang. *Osterode* ist reich an Fachwerkhäusern. Tilman Riemenschneider wurde hier geboren.

Auf der Fahrt nach *Duderstadt* bezeichnet ein Punkt auf der Karte in der Nähe von Pöhlde den Ort, wo angeblich König Heinrich gerade seinen Vogelherd inspizierte, als ihm von seinen Rittern die Nachricht überbracht wurde, daß man ihn zum Kaiser erkoren habe. Ob es stimmt? Auf jeden Fall warteten unsere Lehrer früher, daß es uns mit ehrfürchtigen Schauern erfüllte, wenn wir auf dem Platz standen, wo sich angeblich »das Geschick der Deutschen wendete«. Hoch lebe Kaiser Heinrich, des Sachsenlandes Stern!

Duderstadt mit seinem wunderschönen Fachwerk-Rathaus ist ebenfalls sehr alt. Im Zentrum des Reichs gelegen war die Stadt Schnittpunkt von acht wichtigen Handelsstraßen, und wo Handel und Wandel blühen, werden die Bürger reich. Was man den prächtigen Bürgerhäusern und den breit angelegten Hauptstraßen ansieht. Im Industrieviertel gibt es die Van-Veen-Motorradproduktion.

Wer genüßlich fährt, weiß, daß jeder Blick in die Karte Neues anbietet.

Über Westerode und Nesselröden geht es weiter in Richtung Göttingen. Hinter *Nesselröden* macht die »Deutsche Ferienstraße« nun etwas sehr Schönes. Sie führt nämlich als ganz kleine Straße mitten durch den Wald, vorbei an einem Forsthaus. Die Berge sind 280 und 380 Meter hoch. In Rittmarshausen erreicht man wieder die normale Straße, kommt nach *Waterloo* (keine Ahnung, woher dieser winzige Ort seinen geschichtsträchtigen Namen hat), fährt entlang der Garte an vielen kleinen Sägemühlen vorbei und erreicht bald die Universitätsstadt *Göttingen.*

Hat jetzt jemand genug von der »Deutschen Ferienstraße«? Kurz hinter Göttingen kreuzt sie sich nämlich mit der Autobahn Hannover-Kassel. Oder möchte jemand jetzt gern auf den Zug aufspringen?

Wir fahren inzwischen weiter auf der großen Reisestraße ins Weserbergland.

Zunächst einmal ist unsere Straße bis kurz hinter *Dransfeld* die B 3. Dann geht es allmählich hinauf in den Bramwald. Die Strecke ist sehr kurvenreich, und es macht Spaß, mit einem Motorrad zum Wesertal hinunter zu stechen. Die Straße an der Weser entlang bringt uns bald nach *Hannoversch-Münden* am Zusammenfluß von Fulda und Werra, woraus dann bekanntlich die Weser wird. 1250 wurde die steinerne Werrabrücke erbaut, und es wird gesagt, daß Alexander von Humboldt diesen Ort zu den sieben schönstgelegenen Städten der Welt zählte. Immer im Tal der Werra mit dem Blick hinüber zum Kaufunger Wald bringt uns der Weg über Witzenhausen nach *Bad Sooden-Allendorf* und weiter nach Eschwege.

Nach Hessen

Landschaftlich und fahrerisch bietet die »Deutsche Ferienstraße« uns Motorradfahrern hier sehr viel. Langgezogene Kurven, schnelle Straßen, Naturschutzgebiete, Burgruinen, Aussichtsstellen, alles ist auf diesem Abschnitt drin. Schöne Fachwerkbauten in den Orten. Weiter geht es an der Werra entlang, über Wald-Kappel nach *Hessisch Lichtenau,* nach *Spangenberg* und *Melsungen.* Die Berge rechts und links unserer Straße werden höher, tragen anspruchsvolle Namen wie »Eisberg« oder »Weltkugel«, und bleiben doch in der Höhe um 500 Meter.

Melsungen mit seiner sehr gut erhaltenen mittelalterlichen Stadtmauer, der Stadtkirche St. Maria, dem Fachwerk-Rathaus und den Fachwerkhäusern ist sehr bergig angelegt. Hier könnte man auch eine Reisepause einlegen und die verschiedenen Waldgebirge zu Fuß erforschen.

Wieder kreuzt die Autobahn unsere Straße. Man fährt am Heiligen Berg mit seiner Jugendburg vorbei nach *Felsberg.* Dieser Ort liegt am linken Ederufer und wird von einer Burgruine und einem 1388 erbauten Bergfried überragt. Die Umfassungsmauer mit den hübschen Zinnen ist noch erhalten.

An Eder und Schwalm entlang gelangt man schnell nach *Homberg.* Die Landschaft bietet nichts Bemerkenswertes, darum schnell weiter nach Remsfeld in Autobahnnähe und dann hinein ins Knüllgebirge. Hier kann man auch wieder richtig Motorradfahren. Die Straßen sind nicht überfüllt, der Verkehr spielt sich auf der parallel laufenden Autobahn ab.

Das Knüll-Köpfchen grüßt mit seinen 634 Metern herüber, ein kleiner See lädt zum Anhalten ein, und bald ist man in Ziegenhain und Treysa. Vorbei geht es an der Burgruine in *Willingshausen* und weiter nach *Alsfeld.* Der Weg bietet nicht sehr viel, er hat wenig Kurven, eine eintönige Landstraße. In allen Orten, die wir durchfahren, fallen immer wieder die schönen hessischen Fachwerkhäuser auf; so auch in Alsfeld, das einen sehr hübschen Marktplatz aufweisen kann, dessen Stein- und Fachwerkbauten man nicht versäumen sollte, z. B. das »Hochzeitshaus«, in dem das Heimatmuseum untergebracht ist. An einer Ecke des Marktplatzes vor dem Weinhaus steht der Pranger, hier wurden früher die Frauen hingestellt, die Klatschmäuler oder Ehebrecherinnen waren.

Da *Alsfeld* am Oberlauf der Schwalm liegt, wird das Gebiet ringsrum »die Schwalm« genannt. Die alten Schwälmer Trachten sind sehr eindrucksvoll, und ein Schwälmer Bauernfrühstück ist auch nicht zu verachten. Vielleicht probieren Sie es in einem Gasthaus rings um das Rathaus herum.

Etwa 10 km hinter Alsfeld verlassen wir mit der »Deutschen Ferienstraße« die B 49 und fahren hinauf in die Bergwelt des Vogelsberges. Orte mit berühmter Vergangenheit treffen wir zunächst nicht, dafür aber das Auf und Ab der Straße, die ein Motorradfahrerherz höher schlagen läßt. Hier kann man die Maschine mal wieder richtig schön in die Kurven hineinfallen lassen, Gas aufziehen und den nächsten Berg hinaufsausen. Der Wald scheint gar nicht aufzuhören, der Verkehr ist mäßig, es ist Bauernland, nicht Touristenland. Genau richtig für uns.

Motorradfreunde, wie wäre es mit einer Runde »Schottenring«? Erinnern Sie sich noch der vielen spannenden Rennen bis zum Jahr 1954? Unsere Ferienstraße führt uns rund um diese ehemalige Rennstrecke herum, und wir landen im Städtchen *Schotten,* mitten im Naturschutzpark »Hoher Vogelsberg« gelegen. Im Heimatmuseum werden viele seltene Kunstschätze aus der Vor- und Kulturgeschichte dieser Landschaft aufbewahrt. Einmalig soll die Stollentruhe aus der Zeit um 1100 sein. Aber uns hält hier kein Museum, wir wollen weiterfahren. Diese Straßen kennen wir aus der Zeit, als auf dem Schottenring noch Rennen gefahren wurden.

Wenn wir in dieses Gebiet kommen, übernachten wir auf dem Hoherodskopf. Machen Sie es doch auch mal so, vielleicht erleben Sie dann einen zauberhaften Sonnenuntergang. Der Hoherodskopf, knapp über 700 Meter hoch, und einige der bewaldeten Berge rings herum schauen mit ihren Spitzen aus einem Nebelmeer heraus – darüber die strahlende Abendsonne, die langsam in diesen Nebel versinkt und durch ihren Schein das Nebelmeer verzaubert. Der Herbst ist die beste Zeit für dieses Erlebnis. Wir wollen aber weiter auf unserer Reise. Über Gedern, durch kleine Dörfer, an großen Feldern vorbei, geht es immer weiter nach Hessen hinein.

Im Herbst heißt es hier wie überall, wo vorwiegend Bauern ihre Felder bestellen, besonders gut aufpassen, denn die Landstraßen können von den Treckern, die von den Feldern mit Kartoffeln beladen in die Dörfer fahren, ganz schön mit Lehmbrocken übersät sein. Ein bißchen Regen darauf, und die schönste Schmiere ist fertig. So mancher hat, wenn er in einer Kurve so etwas plötzlich antraf,

ganz schöne Schlenkerchen gemacht.
Büdingen an unserer Reiseroute ist eine mittelalterliche Kleinstadt mit gewundenen Gäßchen, klein und winklig. Der dicke »Rote Turm« und der Wehrgang verstärken diesen Eindruck. Es gibt alte Kirchen, ein Schloß, ein Schwimmbad, zahlreiche Wanderwege in die waldreiche Umgebung und manch ein Hotel, wo es sich lohnt, sein Motorrad in die Garage zu stellen und einen Rast- und Ruhetag einzulegen.

Der Spessart

In *Gelnhausen* angekommen grüßen schon die Berge des romantischen Spessart herüber. Wir müssen erst einige Kilometer die vielbefahrene B 40 benutzen, ehe uns die »Deutsche Ferienstraße« mit hinauf in die Berge in Richtung Lohr am Main nimmt. Obwohl man heute keine Angst mehr zu haben braucht, daß die Räuber aus dem »Wirtshaus im Spessart«, wie Wilhelm Hauff in seinem Buch beschrieb, plötzlich aus dem Wald hervorbrechen könnten, um die Reisenden um ihre Habseligkeiten zu erleichtern, machen die Wälder mit ihren knorrigen Eichen und ihren verschlungenen Pfaden einen etwas dunklen Eindruck. Trotzdem ist auch der Spessart ein ideales Motorradparadies mit seinen kurvenreichen, sehr gut angelegten Straßen, die über das Gebirge zum Main hinunter führen. Die Berge sind alle so um die 500 m hoch. Ziemlich weit kann man die Stadt *Lohr* mit ihrem mächtigen Stadtturm in der Landschaft liegen sehen. Er wurde um 1300 errichtet und gehörte zur Stadtbefestigung. Sehenswert ist die Sammlung von Spessartgläsern und Spiegeln aus der ehemaligen Spiegelmanufaktur. Das dreigeschossige Rathaus aus der Renaissancezeit und die Pfarrkirche aus dem 13. Jahrhundert dürften Kunstliebhaber interessieren.
Hier am Main könnte man einige Tage verbringen und Wanderungen in den Spessart machen oder den guten Wein ausgiebig probieren.
Und bei der Traubenernte im Herbst ist es sehr nett anzuschauen, wenn die Weinbauern die vollen Bütten auf den Schultern den Weinberg hinuntertragen, um die Trauben in ein großes Holzgefäß auszuleeren. Wenn dann die Oktobersonne auf die vollen Holzbütten scheint und die Trauben erwärmt, gibt das einen wunderbaren Duft, den man nicht so bald wieder vergißt.
Die »Deutsche Ferienstraße« führt uns weiter durch den Naturpark Spessart, der im Maindreieck zwischen Lohr, Miltenberg und Aschaffenburg liegt. Zunächst geht es auf der B 26 in Richtung Aschaffenburg, entlang am Rechtenbach und vorbei an dem großen Fürstlich Löwensteinschen Wildpark, einem großen Waldgebiet mit einsam gelegenen Forsthäusern und Bergen zwischen ca. 300 und 500 Metern Höhe, die mit imposanten alten Eichen und Buchen bestanden sind. Nach einigen Kilometern verlassen wir auf unserer Route die Bundesstraße, um in den Naturpark abzubiegen. Wir erreichen mitten in den Wäldern ein kleines Dorf in der Nähe des Spessartkamms, der kurioserweise »Eselsweg« heißt. Der kleine Ort *Rothenbuch* eignet sich sehr gut als Stützpunkt für Wanderungen und im Winter als Wintersportplatz für Leute,

die Rummel um sich herum nicht so lieben.
Dieses Dorf hat sogar eine Geschichte, denn schon Anfang des 16. Jahrhunderts errichtete ein Mainzer Kurfürst dort ein Jagdschloß mit Forsthaus. Der Spessart war und ist sehr wildreich. Man kann von hier aus Ausflüge zu Fuß oder mit der Maschine unternehmen. Z. B. nach *Weibersbrunn,* einem romantischen Ort, der 1710 als Glashütte von Kurmainz gegründet wurde. Oder zum Forsthaus Echterspfahl, »Joppel« genannt. Gegenüber dem Forsthaus steht der sagenumwobene Eichenpfahl, wo sich früher – der Geschichte nach – die von Kaiser Barbarossa geächteten zwei Brüder Echter trafen. Der Pfahl trägt zwei Ringe mit der Jahreszahl 1651. Mehr war leider über seine Bedeutung nicht zu erfahren. Bei *Rohrbrunn* liegt das Jagdschloß Luitspoldshöhe, umgeben von 600–800jährigen Eichen und Buchen, eine Eiche hat sogar schon 1000 Jahre der wechselvollen Geschichte des Spessarts erleben können.
Im oberen Elsavatal passiert die »Deutsche Ferienstraße« das auch »Perle des Spessart« genannte *Mespelbrunn* mit seinem Wasserschloß und dessen weltberühmten Kunstschätzen sowie der langen Geschichte des Geschlechtes Ingelheim-Echter. 1412 erhielt ein Hamann Echter eine Hofstätte, Espelborn genannt, vom Erzbischof von Mainz zum Geschenk und baute dort Haus und Hof. Seine Nachkommen errichteten dann den Bergfried, bauten Stockwerke auf und schufen sich hier eine bleibende Heimstatt. 1904 wurde das Schloß völlig renoviert.
Dieser ganze Streckenabschnitt durch den Spessart ist ein Gedicht für Motorradfahrer. Es wird nie langweilig. Viele Kurven, Steigungen und Straßengefälle machen die Fahrt zu einem richtigen Motorrad-Fest.
Es ist nicht sehr verkehrsreich hier. Während der Woche kann man viele Kilometer fahren, ohne ein anderes Fahrzeug zu treffen. Kilometerlang findet man keinen Ort, kein Haus, höchstens mal eine Sägemühle, deren Sägegatter man schon lange vorher schnaufen hört. Das Flüßchen Elsava begleitet die Straße bis nach Obernburg, wo es im Main mündet.
Bevor es in den Odenwald hineingeht, sehen wir uns kurz in *Obernburg* um. Schon vor dem ersten Jahrhundert unserer Zeitrechnung entstand dort ein Kastell, das die Römer als Sicherung gegen das Elsavatal bauten. Einige Weihaltäre zeugen von der Bedeutung der Befestigung, gegen 1000 nach Chr. kam der Ort zu Kurmainz und wurde fast 300 Jahre später an das Mainzer Stiftskapital verkauft. 1313 wurde der Ort bereits zur Stadt erhoben, die Stadtbefestigung und die zum Teil noch gut erhaltenen Wehranlagen entstanden bis zur Mitte des 15. Jahrhunderts. Der Dreißigjährige Krieg hat viel Schaden und Not über die Stadt gebracht. Vieles aus der mittelalterlichen Geschichte von Obernburg ist heute noch zu sehen: die Wehranlagen, Türme und Tore, und vor allem, nicht zu vergessen, das Wahrzeichen von Obernburg, der »Almosenturm«.
Die Landschaft ist weitgehend eben, sie bietet nicht viel Reizvolles. Die Straßen sind breit, führen ziemlich geradeaus, die Nähe der Industrie um Frankfurt und Offenbach macht sich bemerkbar.

Der Odenwald
Die »Deutsche Ferienstraße« bringt uns aber schnell ins Mümlingtal und in den Odenwald. Auf viele Kilometer bis hin nach *Beerfelden* wird die idyllische Mümling unsere Reise begleiten.
Aber zunächst einmal kommen wir an einer der besterhaltenen und umfangreichsten Burganlagen des Odenwaldes vorbei, der Burg *Breuberg*. Ihre Anfänge liegen im 12. Jahrhundert. Von der Burg aus hat man einen wunderbaren Ausblick über das untere Mümlingtal fast bis nach Höchst im Odenwald, das sehr hübsch in einem von Bergen umrahmten Tal liegt. Durch das Mümlingtal führt die »Deutsche Ferienstraße«, Die B 45, sehr gut ausgebaut. Die Straße umgeht viele die Orte, die mit ihren engen, kleinen Gäßchen dadurch merklich entlastet wurden und wieder in ihre beschauliche und erholsame Ruhe zurückfielen.
Das einzige Heilbad des Odenwalds, *Bad König* mit seinen Stahlquellen, liegt im mittleren Mümlingtal. Das Motorradfahren ist auf dieser gutausgebauten Strecke ein Vergnügen. Es gibt kaum enge Kurven, die Straße schwingt sich in weiten Bogen durch das Tal und ist breit genug, um auch bei mäßigem Verkehr ein gutes Reisetempo zuzulassen.
Bei *Michelstadt* ist das Tal offen, die Waldberge ziehen sich etwas zurück, doch die Umgebung ist wirklich schön und eindrucksvoll. In Michelstadt gibt es für Kunstfreunde wieder allerlei zu sehen, so den Markt mit seinem spätgotischen Fachwerk, das zu den ältesten und originellsten in Deutschland zählt. Der Marktbrunnen trägt auf einer Säule die Figur des hl. Michael, der im 18. Jahrhundert zur Justitia umgearbeitet wurde. Die Stadtkirche mit vielen altertümlichen Grabstätten und das Odenwald-Museum wären noch als Anziehungspunkte für Reisende zu nennen; aber den größten Eindruck macht doch wohl das gesamte, kleinstädtisch gemütliche Bild der engen Gäßchen und Plätze.
Wenige Kilometer weiter auf der noch immer breiten B 45 kommt man nach *Erbach*. Das hübsche alte Städtchen ist Residenz der Grafen von Erbach. Die enggebaute Altstadt wird von einer fast erhaltenen Stadtmauer umgeben, im Schloß sind wertvolle Sammlungen zu besichtigen, besonders Freunde historischer Schießeisen werden sich über die umfangreiche Sammlung alter Steinschloß- und Perkussionsgewehre freuen. Vergessen darf man aber auch nicht, sich die zierlichen Elfenbeinschnitzereien anzusehen, die man an verschiedenen Plätzen auch kaufen kann. Hier im Ort gibt es die einzige Fachschule für Elfenbeinschnitzerei.
Es lohnt sich, im Odenwald bei einer Reise einige Ruhetage einzulegen, denn man kann weite Ausflüge machen. Z. B. trifft man immer wieder auf die Überreste alter Römerkastelle, denn der Limes, der römische Wall gegen die Germanen, verläuft fast parallel zu unserer Straße durch den Odenwald vom Main bis hinunter zum Neckar. Oder man könnte eines der vielen versteckten Jagdschlösser aufsuchen, denn seit alters her war der Odenwald mit seinem reichen Wildbestand ein beliebtes Jagdgebiet. Die Nibelungen zogen gar von Worms aus in den Odenwald, um zu jagen.
Beerfelden ist ein bergiger Ort auf der Wasserscheide zwischen Mümling

und Gammelsbach. Man kann sich auf einer windigen Höhe eine guterhaltene Richtstätte mit einem Galgen ansehen, wo drei Sünder gleichzeitig baumeln konnten. Der Galgen ist schauerlich, der weite Blick von der Richtstätte über den Odenwald wunderbar. Außerdem wäre noch der Zwölf-Röhren-Brunnen zu erwähnen, es handelt sich um die in zwölf Röhren gefaßte Mümlingquelle. Zwischen *Walldürn* und *Buchen* verkehrt übrigens wieder eine Postkutsche.

Neckarland

Die breite und einsame »Deutsche Ferienstraße« bringt uns dem Neckar entgegen. Bei *Gammelsbach* beeindruckt die mächtige Burganlage der Ruine Freienstein, die am Hang der Hirschhorner Höhe zu sehen ist. Man berührt kaum noch Orte, es gibt auch keine mehr. Das Tal ist schön mit seiner Einsamkeit, die Höhenzüge auf beiden Seiten der Straße erheben sich ca. 500 m hoch und die nach dem Krieg abgeholzten Hänge bewalden sich langsam wieder, obwohl die rote Erde immer noch einen merkwürdigen Kontrast zum Grün der Bäume bildet. Und dann ist das alles vorüber – plötzlich eine enge Eisenbahnunterführung, das liebliche Neckartal liegt vor uns. Eine völlig andere Landschaft.

Es geht in Richtung Heilbronn am Neckar entlang. Die schöne Neckartalstraße ist breit und gut ausgebaut, so daß es Spaß macht, am Fluß entlang zu fahren. In einer Talweitung liegt der Kurort *Eberbach* zwischen bewaldeten Berghängen, Gärten und Wiesen. Der alte Teil der Stadt ist noch von den Resten eines viereckigen Mauerringes umgeben, und die vier Türme, der »Blaue Hut«, der Pulver- und der Haspelturm sowie der Rosenturm, stehen noch. Die Stadt blickt auf eine bewegte Vergangenheit zurück, sie wurde im Laufe der Geschichte verschenkt, verkauft, verpfändet und verheert. Dreimal flüchtete die Universität Heidelberg hierher, um vor der Pest auszuweichen.

Trotz des starken Schiffsverkehrs ist der enge Neckar doch ein stiller, verträumter Fluß geblieben, ganz anders als z. B. der weite, lebhafte und geschäftige Rhein. Seine Uferwälder, die Berge und die Weinberge sind so wenig vom hektischen Leben erfüllt, daß am Ufer des Flusses bei *Binau* noch heute eine Reiherkolonie unter Naturschutz steht. Im Frühjahr, wenn die Bäume ihr erstes zartes Grün haben, kann man diese großen hellgrauen Fischreiher beim Nestbau und beim Nisten vom anderen Ufer aus beobachten. Wenn man Glück hat, erlebt man an schönen Sommerabenden sogar, wie sie am Ufer des Flusses zwischen dem Schilf fischen, lustig umschwommen von einer kleinen Flotte von Wildenten, deren es sehr viele am Neckar gibt.

Die »Deutsche Ferienstraße« macht jeden Bogen des Neckars mit, an dessen Ufer auf halber Bergeshöhe alle paar Kilometer Burgruinen oder sogar guterhaltene Burgen liegen. Die Ruine Minneburg, gegenüber von *Neckargartach,* reckt nur noch einen verfallenen Turm über die hohen Bäume, als wollte sie dem Fluß noch einmal zuwinken, ehe der Wald sie vollkommen zudeckt. Während das vollkommen erhaltene Schloß Zwingenberg auf halber Höhe mit seiner Mächtigkeit den Ort, der eingeklemmt zwischen Neckar und Berg

liegt, fast erdrückt.
Übrigens kann man am Neckar an vielen Plätzen direkt am Ufer zelten, so auch gegenüber von Zwingenberg. Von hier aus lassen sich Abstecher in den Odenwald oder auf der anderen Neckarseite in den Kraichgau machen. Eine wildromantische Schlucht, die Wolfsschlucht, liegt in der Nähe. Einsame Dörfer verstecken sich in den Wäldern. Also eine Landschaft, die vergessen läßt, daß verkehrsreiche und schmutzige Industriezentren, gar nicht einmal so weit entfernt, sich immer weiter ausdehnen.

Ritter Götz, Hohenlohe, Schwäbischer Wald

Bei *Gundelsheim,* bekannt als Stadt des Deutschen Ritterordens und als Gurkenstadt, verlassen wir den Neckar, um alsbald entlang der Jagst mit der landschaftlich besonders hübschen Straße jede noch so kleine Biegung des Flusses mitzumachen. Die »Deutsche Ferienstraße« führt durch das Land des berühmten Ritters Götz von Berlichingen. Verschiedene Burgen und Orte streiten sich im Hohenloher Land um die Ehre, der Platz zu sein, wo der Ritter Götz seinen Gegnern die bekannte freimütige Aufforderung zugerufen haben soll. So auch der altertümliche Ort *Möckmühl,* den man durchfährt, um sehr bald nach Widdern zu kommen. Hier ist es überall schön, die Straßen dieser Gegend sind alles feine Motorradstraßen, kurvenreich, wenig befahren und landschaftlich einmalig. Es lohnt sich, einen Abstecher zum Kloster Schöntal zu machen, in *Jagsthausen* die eiserne Hand des Berlichingers zu betrachten oder von Möckmühl aus mit der Dampflok der alten Jagsttal-Bahn zu fahren, ehe man nach *Öhringen* weiterfährt.
Einige Tage Urlaub in einem der netten gemütlichen Gasthöfe oder auch im Schloßhotel *Friedrichsruhe* (je nach Geldbeutel und Laune), werden bestimmt nicht langweilig werden, da es genug Ausflugsmöglichkeiten gibt. Z. B. zum Schloß Neuenstein, einem gewaltigen Bau mit breitem Wassergraben, einer beachtlichen Waffensammlung und einer interessanten historischen Schloßküche von gigantischen Ausmaßen. Oder nach *Waldenburg,* an der »Deutschen Ferienstraße« gelegen, einem befestigten Städtchen auf einem Bergrücken, umgeben von Mauern, Wehrtürmen und Toren.
Über *Kupferzell,* an Burgen und Burgruinen vorbei, fährt man durch die herrlichen Waldenburger Berge nach *Schwäbisch Hall,* der alten Salzsiederstadt, deren Salzquellen schon den Kelten bekannt waren. Berühmt sind die Freilichtspiele, die in den Sommermonaten auf der großen Freitreppe vor der Kirche St. Michael veranstaltet werden. Die alten Patrizierhäuser, der Pranger, die Stadtmauer sind es wert, daß man sie anschaut.
Jetzt geht es hinein in die Ellwanger Berge, vorbei an der Feste *Comberg,* an der Veste *Vellberg,* einst Residenz eines mächtigen Rittergeschlechts, Paradebeispiel einer mittelalterlichen Burganlage mit großer Bastei, Türmen und Toren, unterirdischen Wehrgängen und einer kleinen Schloßkapelle mit Wandfresken. Vellberg sollte bei einer Reise auf diesem Abschnitt der »Deutschen Ferienstraße« bestimmt nicht versäumt werden. Bühlertann, Bühlerzell (hier kann man gut essen), Adelmannsfel-

den, Ellwangen sind die Orte auf der Fahrt durch einen besonderen Streckenabschnitt.
Ellwangen, einst Sitz einer Fürstprobstei, kann viele Sehenswürdigkeiten herzeigen, so das Palais Adelmann, die Stiftskirche oder auch die barocke Wallfahrtskirche.

Frankenland
Wir kommen allmählich ins Frankenland. Eine der ältesten Städte ist *Dinkelsbühl.* Sie führt ihren Namen nach einem Ansiedler und Stadtgründer aus dem Stamme der Alemannen zurück: dem Dinkelbauer. Es ließe sich vieles aus der Geschichte dieser Stadt berichten. Im Dreißigjährigen Krieg wurde sie durch das Flehen unschuldiger Kinder vor Plünderung und Brandschatzung bewahrt, daran erinnert man sich jedes Jahr Ende Juli durch ein besonderes Fest, »Kinderzeche« genannt. Die ehemalige Freie Reichsstadt verlassen wir in Richtung Wassertrüdingen, Oettingen und Schlittenhardt nach Treuchtlingen.
Die Landschaft ist nicht sehr gebirgig, und viele kleine Wasserläufe durchziehen die Wiesengründe. Die bei uns leider selten gewordenen Störche nisten auf den Hausdächern, Kiebitze, Wildenten und andere Wasservögel leben hier. Ein Teil des Landes um *Oettingen* ist Vogelschutzgebiet. Schlösser, Burgen, Wallfahrtskirchen, kleine nette Städtchen mit alten Stadtmauern, wie z. B. Wolframs-Eschenbach und Weißenburg, sind sehenswert.
In der Nähe von *Treuchtlingen* versuchte ein römischer Imperator seinen Traum von einem Großschiffahrtsweg zu verwirklichen, um Nachschubwege für seine Kriege gegen West- und Nordgermanien und um einen schnelleren Weg zu seiner Residenz Aachen zu erhalten. Er wollte, wie man nach ihm noch oft geplant hat, die Donau mit dem Main verbinden, indem er eine Rinne zwischen der Altmühl und der Schwäbischen Rezat über 5 km Länge und breit genug für einen Fischerkahn von den Einwohnern der umliegenden Orte graben ließ. Carolus ließ einen heiligen Eichenhain verwüsten, die Leute ließ er schuften. Aber Regen und Grundwasser spülten die Dämme immer wieder in den Graben. Die Fronarbeiter sahen darin den Fluch der Götter und flohen, nachdem sie eine »Fossa« von 3000 Schritt in der Länge und 300 Fuß in der Breite geschafft hatten. Daraufhin verzichtete der Imperator auf den Kanal. Die »Fossa Carolina« kann man als stilles, von hohen Bäumen umstandenes Gewässer bei dem Ort Graben bewundern. Es ist ein Paradies für Wasservögel. Der Traum vom Großschiffahrtsweg erfüllte sich damals nicht.
Die »Deutsche Ferienstraße« führt durch das romantische Altmühltal mit seinen tiefen Einschnitten in die Berge der rauhen Frankenalb. Wir befinden uns im Sieben-Täler-Landkreis *Eichstätt,* der von der Altmühl durchflossen wird. Der Name sagt es ja schon, sieben Täler führen durch die zerklüfteten Felsen der von Burgen und Ruinen gekrönten Jurahänge mit ihren malerischen Ortschaften.
Die Bischofstadt Eichstätt hat eine uralte Geschichte, denn der Ursprung der Stadt geht auf den Iren Willibald zurück, der 741 zum Bischof geweiht wurde. Die Schweden zerstörten Eichstätt 1634 fast völlig.
Im Juragestein des Altmühltales wur-

den viele prähistorische Funde gemacht, so z. B. der erste Urvogel mit Federn. Trotz seines Federkleides hatte der Vogel Zähne im Schnabel, an den Vorderbeinen Krallen und eine lange Schwanzwirbelsäule. Er stellte somit den Übergang vom Reptil zum Vogel dar. Im Maxberg-Museum in Eichstätt sind von diesem seltsamen Tier Versteinerungen zu sehen.
Die Altmühl, in deren Tal bis Kelheim die »Deutsche Ferienstraße« verläuft, fließt eigentlich im vorgeschichtlichen Donautal. Die floß bis zur Riß-Eiszeit durch dieses Tal, ehe sie sich später ihr heutiges neues Bett grub. Die Straße durch das Altmühltal ist oft sehr eng. Im Sommer an den Wochenenden stark befahren, aber während der Woche kann man sie durchaus zu den Motorradstraßen zählen, die sich lohnen.
Am Zusammenfluß von Donau und Altmühl liegt *Kelheim* mit der berühmten, zwischen 1842 und 1863 von Ludwig I. von Bayern erbauten Befreiungshalle. Am 50. Jahrestag der Völkerschlacht bei Leipzig wurde das gewaltige Bauwerk vom Bayernkönig eröffnet. 18 Säulen stützen den Bau, auf dem jeweils eine germanische Jungfrau steht. Das Bauwerk ist achteckig. 18 Nischen mit 18 Namen von Feldherren lassen erkennen, daß immer wieder an den 18. Oktober 1813, den Tag der Befreiungsschlacht erinnert werden soll. Rundflüge mit Segel- und Motorflugzeugen bietet Kelheim seinen Gästen. Der Donaudurchbruch mit dem Kloster *Weltenheim*, ein einmaliges Naturschauspiel von Wasser, Felsen und Wald, ist aus der Vogelperspektive besonders reizvoll.
Wie wäre es mit einer Bootsfahrt? Die Schiffe auf der Donau nehmen gerne Gäste auf.

Bayern
Am Kloster Weltenburg vorbei geht es ein kurzes Stück entlang der Donau in Richtung Ingolstadt; aber bald biegt unsere Ferienstraße in Richtung Abensberg ab, ein einst mauerumgürtetes Landknechtsstädtchen. Heute kennt man den Ort unter Motorradfahrern als Austragungsort von spannenden Sandbahnrennen.
Entlang der Abens geht die Straße ziemlich geradeaus in Richtung *Mainburg*. Das Land ist fast flach, man kann die kleinen Dörfer mit ihren Zwiebelturmkirchen zwischen den verstreuten Waldstücken sehen. Das Eigenartige an dieser Landschaft ist, daß man im Sommer durch hohe Mauern von Hopfenanbauten fährt, die unmittelbar an der Straße an sehr hohen Drahtgestellen hochranken.
Bei Mainburg, dem Mittelpunkt der »Hallertau«, dem größten Hopfenanbaugebiet Deutschlands, baute Graf von Rotteneck ein Schloß, das wiederholt seinen Besitzer wechselte.
Obwohl man auch hier einige nette Ferientage verbringen könnte, verlassen wir mit der »Deutschen Ferienstraße« die B 301, um wieder quer durch das niederbayerische Land in Richtung *Landshut* zu fahren. Die mittelalterliche Residenzstadt an der Isar mit ihren wunderschönen Bauten im Stadtkern, mit der alles überragenden Burg Trausnitz, mit der alle vier Jahre wiederkehrenden »Landshuter Hochzeit« (ein die ganze Stadt umfassendes Festspiel) hat sich seit vielen hundert Jahren so wenig verändert, daß sich – so meint man – ein Landshuter aus dem 16. Jahrhundert heute noch zurechtfinden könnte.
Die »Deutsche Ferienstraße« folgt von Landshut aus der B 15 in Richtung *Wasserburg*, dessen Innpartie so italienisch wirkt, daß die Stadt den

Beinamen »bayerisches Venedig« bekam. Wasserburg ist sehenswert. Z. B. über die Frauenkirche und das Mauthaus aus dem 14. Jh., vom Marienplatz mit seinen Laubengängen oder über die Rokokofassade des »Kernhauses« (benannt nach der Patrizierfamilie Kern die das Haus erbaute) ließen sich lange Geschichten erzählen. 1137 entstand unter dem Hallgrafen von Limburg an der alten Handelsstraße nach Wien die Burg, an die sich bald die Stadt anlehnte und bereits im 13. Jahrhundert Mauern und Graben erhielt.

Aber wir wollen weiter nach *Berchtesgaden,* der Endstation der »Deutschen Ferienstraße«. Also verlassen wir Wasserburg auf der B 304 in Richtung Altenmarkt. Jetzt lacht das Motorradfahrerherz wieder. Es wird kurvenreich, mit Steigungen und Gefällen. Landschaftlich bietet die Straße auch allerlei: überall sind kleine Seen – Obinger See, Zillhamer See, Pelhamer See, Rinsee, Hartsee, und wie sie alle heißen mögen. Bei Seebruck erreicht unsere Straße das »Bayerische Meer«, den Chiemsee. Er liegt in einer flachen, moorigen Mulde, der Blick geht über die grünen Wiesen und das Schilfdickicht auf dem glitzernden Wasserspiegel und zu den drei Inseln Herren-, Frauen- und Krautinsel. Auf der Herreninsel ließ Ludwig II. von Bayern ein prunkhaftes Märchenschloß nach Versailler Vorbild bauen. Der Chiemgau mit seiner Vielfalt an verschiedenen Landschaftsgesichtern ist allein einen Urlaub wert. Außerdem gibt es in Prien wieder eine alte Dampfbahn.

Über *Traunstein* fahren wir weiter am Ufer der Roten Traun entlang über *Siegsdorf,* dessen einer Stadtteil Untersiegsdorf im 8. Jahrhundert Tanne nach dem Tannberg hieß und der als Stammsitz des Minnesängers Tannhäuser gilt, nach Inzell, bekannt geworden durch das Eisstadion und durch die Eisrennen dort. Nach der Talenge Zwing sieht man links die Straße der Gletschergarten, der vom Durchbruch des Gletschers aus der Eiszeit berichtet. Die ganze Schönheit des Hochgebirges bekommt man zum ersten Male beim »Mauthäusl« zu Gesicht, dann senkt die Straße sich ins Saalachtal hinab und steigt bei Unterjettenberg zum Schwarzbachwacht-Sattel hinauf. Nicht lange danach hat man dann einen großartigen Rundblick über die Ramsau zu den gewaltigen Gipfeln des Berchtesgadener Landes. In der Nordwand des Hochkalter liegt der nördlichste Gletscher des Landes, der »Blaueisgletscher«. Dann fällt die Straße in weiten Kehren ins Tal der Ramsauer Ache, rechts geht eine Straße ab zur berühmten Dorfkirche von *Ramsau* und zum Hintersee.

Vor uns liegt der Watzmann mit seinen 2307 m Höhe. Königsee und St. Bartholomä liegen in dem großen Naturschutzgebiet um den Watzmann herum. Die Wimbachklamm mit den bizarren Wasserstürzen oder die Almbachklamm mit der einzigen Kugelmühle Deutschlands lohnen sich zu besuchen, ehe man endgültig durch ein klammartiges Waldtal zum einen, teils über eine aussichtsreiche Straße mit Durchblicken zum Watzmann und zum Hohen Göll, den Endpunkt der »Deutschen Ferienstraße Alpen – Ostsee«, Berchtesgaden, erreicht.

Ein großartiger Abschluß dürfte dann eine Fahrt über die Roßfeld-Ringstraße, die Kehlstein- und die Dürrstraße sein. Nicht sehr lang, aber landschaftlich überwältigend.

Holsteins große Windmaschinen

Es gibt immer noch Wasser- und Windmühlen in Deutschland, z. B. bei Bremen im Landkreis Osterholz-Scharmbeck oder im Landkreis Minden-Lübbecke (um nur einige zu nennen), aber nirgends sind sie so zahlreich noch in Betrieb und so gut in Schuß wie in Schleswig-Holstein und im nördlichen Niedersachsen.
Mühlen waren die ersten und auch die größten Kraftmaschinen, die der Mensch benutzte, als er sich der Mechanik bewußt wurde. Die Kraft des Wassers oder des Windes auszunutzen, war vor dem 13. Jahrhundert schon eine ganz geniale Idee, und so entstanden für vielerlei Zwecke solche »Wasser-« oder »Windmaschinen«. Mahlwerke, Hammerwerke, Sägewerke, Pumpen- und Schöpfwerke u. a. wurden durch Wasser- bzw. Windkraft angetrieben.
Je nach Art der Landschaft entstanden Wasser- oder Windmühlen, wobei die Wassermühle nicht so große Probleme mit sich brachte wie eine Windmühle. Sie war einfacher zu bauen, zu bedienen und instandzuhalten.
Die Windmühle muß einen in die günstigste Windrichtung zu drehenden Antrieb haben. Sie muß sehr stabil sein, damit sie nicht bei starkem Wind umstürzt und auch – besonders in Küstennähe – gewaltigen Böen und Stürmen standhält.
Im flachen Land konnte man eine Windmühle fast überall hinstellen, und so wurden diese Antriebe auch oft in einem Kanalsystem als Schöpf-

Die Mühle bei Hochdonn am Nord-Ostsee-Kanal.

werke zum Entwässern benutzt. Die Wassermühle braucht möglichst stark fließendes Wasser, war also nicht überall zu verwenden.
In Schleswig-Holstein findet man beide Mühlenarten, denn das Land bietet an den Küsten weite Flächen und im Innern hügelige Gebiete mit vielen Wasserläufen. Es gibt so unterschiedliche Landschaften auf engem Raum in Europa kaum noch einmal, und so entstanden bis zum 19. Jahrhundert in diesem Teil Norddeutschlands etwa 1000 Mühlen (= 1 Mühle auf ca. 1000 Einwohner). Von diesen sind noch etwa 70 vorhanden, etliche davon in Betrieb, andere als Museen oder Gaststätten – es ist immer noch die »größte Mühlendichte Deutschlands«.
Die Mühlen sind in diesem Landesteil besonders interessant, denn für ihren Bau und sicheren Betrieb mußte sich der menschliche Geist sehr anstrengen. Holsteins »Windmaschinen« sind darum sehr wohl eine Motorrad-Reise wert.
Die im Bereich dieser Tour liegenden Mühlen sind auf der Karte durch Kreuze gekennzeichnet (im Innern des Landes gibt es noch mehr), davon wurden neun besonders ausgesucht und mit Nummern versehen.
Unsere Fahrt beginnt nordöstlich von Hamburg an der Autobahnabfahrt Stapelfeld (Autobahn 1, Europastraße 4 Hamburg-Lübeck). Gleich hier in Braak steht eine noch 1977 in Betrieb befindliche Mühle von 1849, ein »Gallerie-Holländer«. Bei Meilsdorf über Fleischgaffel befindet sich die wohl älteste Mühle dieser Windmaschinen-Tour. Sie wurde 1750 erbaut und ist ein bewohnter »unterbauter Holländer« (Punkt 1 in der Karte).
Eine »Holländer-Mühle« hat ein drehbares Dach (= Kappe), in dem sich ein Winkeltrieb befindet. Sie ist stabiler als beispielsweise eine Pfosten- oder Bockmühle, deren ganzes Mühlenhaus sich in den Wind drehen ließ und die deswegen nur eine geringe Auflagefläche an ihrem Drehpunkt hatte. Folglich knickten die »Böcke« leichter im Sturm um, und die ganze Mühle lag auf dem Rücken.
Die »Holländer« sind breiter, nach oben zu enger werdend, unten sehr stabil (auch durch dickes Mauerwerk) konstruiert. Die Zahnräder waren zunächst aus Holz, später aus Eisen. Von einer Gallerie rund um die Mühle konnte der Müller den Mühlenkopf durch den sogenannten »Steert« in die Windrichtung stellen. Die jüngsten Mühlen stellen sich selbst mittels einer am Mühlenkopf angebrachten Windrose in den Wind. Von der Gallerie aus lassen sich auch die Segel oder Windbretter der vier Flügel dem Wind entsprechend einstellen.
Auf der weiteren Fahrt wird man noch oft Gelegenheit bekommen, die Technik der großen Windmühlen zu studieren.
Im Naturpark Lauenburgische Seen geht die Route bei Mölln und Salem an zwei schönen »Holländern« vorbei, auch weiter nach Norden bis Bad Segeberg kommt man in Zarpen an einem unterbauten Holländer vorüber.
Die Wassermühle von Klein Rönnau bei Bad Segeberg (Punkt 2 in der Karte) ist eine Vertreterin dieser Mühlenart und charakteristisch in ihrer Bauform für das Land, dessen Ostküste eine Windmühle bei Neustadt und eine Wassermühle bei Kniphagen bietet. Hier befinden wir uns in Ostholstein mit der in die Ostsee

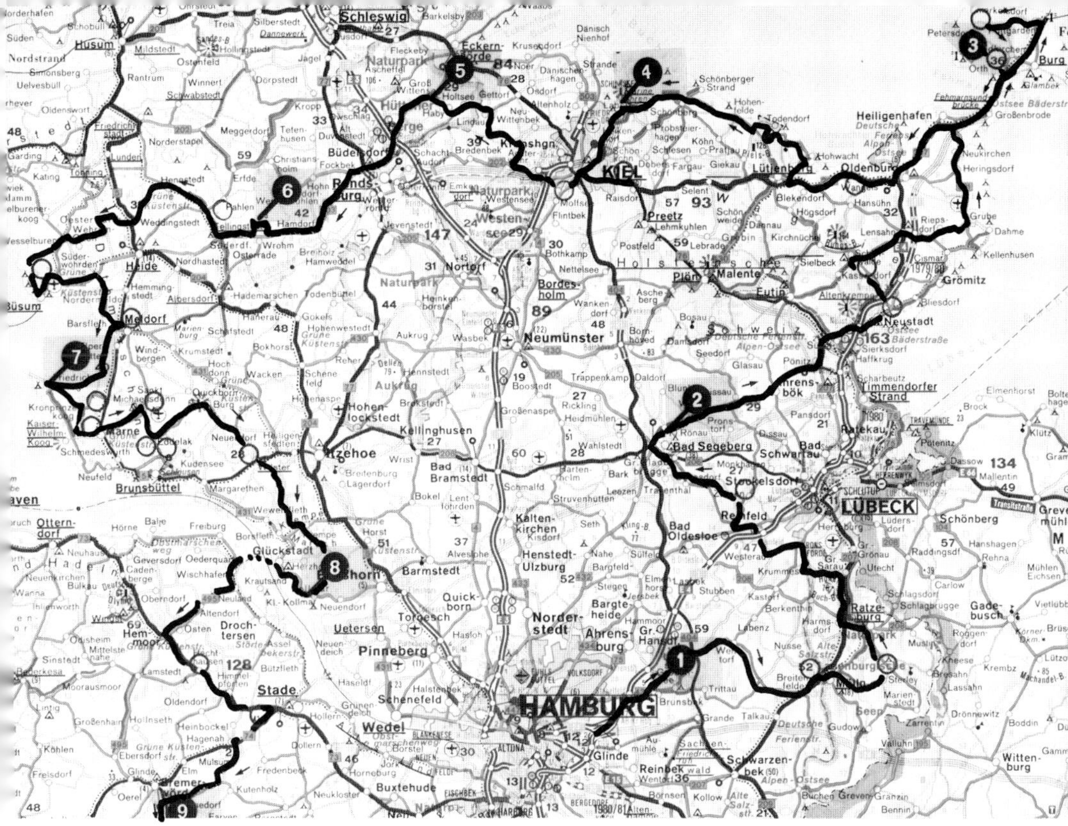

vorgelagerten Insel Fehmarn. Auf dieser bekannten Insel an der Vogelfluglinie findet man auf einen Schlag eine ganze Mühlenversammlung (Punkt 3 in der Karte).

Die Landkreise Plön und Rendsburg erreicht man auf dieser Fahrt entlang der Ostseeküste und in Laboe (Punkt 4 in der Karte) steht eine große Windmühle. Rund um die Kieler Förde sind noch mehr lohnende Mühlenziele, die nächste große Holländer-Mühle (Punkt 5 in der Karte) streckt dann schon am Wittensee nordöstlich von Rendsburg ihre Mühlenflügel hoch in die Luft.

Rund um das Dellstedter Moor bei Dellstedt (Punkt 6 in der Karte) neben der B 203 und nördlich von Tellingstedt gibt es unter anderem eine Bauernmühle eigener Technik zu sehen, nördlich von Büsum im Land Dithmarschen an der Nordseeküste steht bei Westerdeichstrick die Mühle »Margaretha« von 1845. In Friedrichskoog auf dem Dieksand an der Küste drehen sich die Flügel eines großen »unterbauten Holländers« von 1860 mit dem Namen »Vergißmeinnicht« (Punkt 7 in der Karte), und von nun an kommt man durch ein Gebiet von besonderer Schönheit mit besonders vielen Mühlen bis zu dem Erdholländer von 1815 bei Kollmar (Punkt 8 in der Karte).

Nach der Überfahrt über die Elbe bei Glückstadt gelangt man zum Ende der Tour an den Mühlen von Hecht-

hausen und am Kuhlstückemoor bei Stade vorbei bis nach Bremervörde. Noch ein paar Kilometer nach Süden bis Selsingen – dort steht (Punkt 9 in der Karte) noch einmal ein großer »Gallerie-Holländer«, doch als Symbol des Zeitablaufs und des Zeitgeschehens reif zum Restaurieren oder – zum Abbruch.
Fast 90 gut erhaltene bzw. restaurierte Windmühlen gibt es noch zwischen Ost- und Nordsee, solange – es auch noch Mühlenbauer (!) gibt.

STÄDTE AM WEGE

Fehmarn ist die größte deutsche Insel mit ihrer einzigen Stadt Burg und etwa 42 ländlichen Ortschaften. Besonders sehenswert sind neben der großen Fehmarnsund-Brücke die Strandseen am Nordufer. In Landkirchen (in der Inselmitte) ist die St. Petrikirche, eine spätromanische Hallenkirche von 1220, besonders interessant, da sie einen hölzernen Glockenturm besitzt. Außerdem wird hier der »Landesblock«, eine gewaltige Lade, in der die Satzung und Urkunden der Fehmarnschen Landesversammlung aufbewahrt wurden, für geschichtlich interessierte Reisende ein besonderer Anziehungspunkt sein.
1932 kenterte vor der Nordküste der Insel das Segelschulschiff »Niobe« der deutschen Kriegsmarine. Das Niobedenkmal mit einem Mast des verlorenen Schiffs erinnert an dieses Ereignis.
In *Lemkenhafen* steht die letzte deutsche Segelmühle an der Südwestbucht mit einem einzigartigen Mühlenmuseum. Erwähnenswert ist auch noch das Vogelparadies Flügge am Südwestende von Fehmarn.
Oldenburg ist das typische Beispiel einer holsteinischen Kleinstadt, die 1235 gegründet wurde. Sie liegt am Oldenburger Graben, einer früher schiffbaren Verbindung zwischen der Hohwachter und der Lübecker Bucht. Verständlich, daß Oldenburg damit einmal eine große Bedeutung als Seehandelsstadt besaß.
Kriege und Feuersbrünste haben sie mehrfach zerstört, übrig blieben die Reste einer altgermanischen Fliehburg (Brandenhuse), riesige uralte Erdwälle (17 m hoch) und eine Reihe vorgeschichtlicher Steingräber. Die St. Johanniskirche entstand im Laufe der Jahrhunderte aus den Teilen eines Vicelin-Domes von 1156 (eine schlichte dreischiffige Basilika von einer der ersten norddeutschen Backsteinkirchen, von der einst die Christianisierung des Landes ausging).
Auch in dieser Gegend hat es überall Mühlen gegeben. In der Nähe von Oldenburg – in Farve – ist ein Erdholländer von 1870 als Denkmal an die große Mühlenzeit erhalten.
Rendsburg, eine bereits 1280 gegründete Stadt an der Eider und am Nord-Ostseekanal besitzt ein recht ursprüngliches Stadtbild aus dem 18. und 19. Jahrhundert mit einem typischen Paradeplatz. Eisenwerke, Schiffswerften und Textilindustrie haben große Bedeutung. Es gibt in der Stadt ein Museum für Eisenkunstguß mit beeindruckenden alten Öfen.
Interessant ist das alte Rathaus, das bereits im Jahre 1566 erweitert wurde, und da Motorradfahrer auch meist von jeglicher Technik begeistert sind, möchte ich die Eisenbahnbrücke über den Nord-Ostseekanal mit seinem lebhaften Schiffsverkehr

erwähnen, den man vom Conventgarten aus besonders gut beobachten kann.
In *Meldorf* kann man eine typische Dithmarscher Kleinstadt sehen. Einst lag hier eine germanische Kultstätte, aber schon vor dem 9. Jahrhundert faßte das Christentum hier Fuß. 815 wurde die erste Kirche errichtet, um die der Ort Meldorf entstand. Im 13. Jahrhundert wurde dem Ort die Stadtrechte verliehen, die er aber 1559 beim Untergang der Dithmarscher Bauernrepublik wieder verlor. 1859 wurde Meldorf endgültig zur Stadt erklärt.
Was gibt es denn hier nun noch aus der alten Zeit zu sehen?
An der Stelle der alten Feldsteinkirche aus dem 9. Jahrhundert wurde in der zweiten Hälfte des 13. Jh. der größte Kirchenbau an der schleswig-holsteinischen Westküste errichtet, es handelt sich um den Dithmarscher Dom. Das Kircheninnere ist wertvoll ausgestattet. Schöne Bürgerhäuser aus dem 15. und 16. Jh. und das Pfarrhaus von 1600 umgeben die Kirche. Am Jungfernstieg ist ein Bauernhaus aus dem 17. Jahrhundert schön ausgestattet.
In Meldorf/Nordermühle steht der unterbaute Holländer »Fortuna« von 1863. Sie ist bewohnt. Eine weitere Mühle, der Erdholländer »Christel« von 1892 ist noch in Betrieb und dreht in Meldorf/Südermühle weit sichtbar ihre riesigen Mühlenflügel.
Jugendherbergen, die auf dieser Tour leicht erreichbar sind:

Burg auf Fehmarn:
Mathildenstraße, Telefon 04371 / 2150.

Oldenburg in Holstein:
Stadtjugendheim, Priesterwiese, Telefon 04361 / 2687.

Rendsburg:
Rotenhöferweg 48, Telefon 04331 / 71205.

Heide in Holstein:
Haus der Jugend, Lindenstraße 5, Telefon 0481 / 71575.

Wallfahrtskirchen, Festungen und ein Goldbergwerk

Einmal lag dieses Land mitten in Deutschland, heute sind der Frankenwald, das Coburger Land und vielleicht auch das Fichtelgebirge durch Grenzen zur DDR und zur CSSR ein wenig ins Abseits des Zonenrandgebietes geraten.
Dadurch blieb die Landschaft vom Durchgangs-Tourismus unberührter, der Verkehr nimmt nicht überhand, und man findet viele schöne Motorradstraßen. Keine Autobahn reißt das Land in zwei Teile, und eine Vielfalt an landschaftlicher Schönheit bezaubert den Naturfreund.
Höhen mit weiten Ausblicken, Wie-

sen, Heide, Moore und alte Kultur trifft man auf dieser Fahrt im harmonischen Wechsel. Die Flüsse, die von den Frankenhöhen herunterfließen und manchen Stausee (wie z. B. den Ködelstausee bei Nordhalben) speisen, die Rodach oder die Wilde Rodach durchfließen schöne Waldtäler, deren Straßen sich herrlich zum Motorradfahren eignen.

Bis zum Ende des letzten Jahrhunderts spielte die Flößerei eine wichtige Rolle, als das viele Holz des Gebirges über die Flüsse bis zu den Sägegattern gebracht wurde. Interessant ist, daß vielerorts das alte Handwerk des Spitzenklöppelns wieder modern geworden ist. In Nordhalben gibt es eine Klöppelfachschule, und manche Ferienorte bieten Klöppelkurse während des Ferienaufenthaltes.

Die Straßen, die wir ausgesucht haben, liegen links und ein wenig rechts der Autobahn (A 9/E 6) zwischen Bayreuth und Hof.

Route A:

Von Nürnberg kommend verläßt man die Autobahn in Bayreuth-Süd und fährt über das Dörfchen Gesees (Punkt 1) mit einer alten Kirchenburg und an dem Berg Wohnsgehaig (586 m) (Punkt 2) mit schöner weiter Aussicht vorbei, dann durch das entzückende Waldtal der Wisent nach Hollfeld. Die Route führt am Felsengarten Sanspareil (Punkt 3) entlang. Der markgräfliche Landschaftsgarten mit Grotten und Schluchten, einem Rokokoschlößchen und der nahen Burg Zwernitz (12. Jh.) ist einmalig in Deutschland.

Eines der schönsten Felsentäler der Frankenalb ist das Kleinziegfelder Tal (Punkt 4), welches vom Weissmain durchflossen wird. Zehn Kilometer geht um turmhohe Felsennasen und um viele Waldecken herum eine kleine Straße – auch an alten Mühlen vorbei – nach Ziegenfeld. Dies ist eine fantastische Motorradstraße, und wenn man die 10 km durchfahren hat und die landschaftlichen Schönheiten so richtig erlebt hat, würde man am liebsten zurückkehren und die Kurvenfahrerei noch einmal genießen.

Bei der Fahrt durch die Fränkische Schweiz hat man plötzlich den 539 m hohen Staffelberg vor sich liegen (Punkt 5) einen uralten Sagen- und Götterberg mit einer kantigen Felsenkrone und den Resten eines Keltenwalls (germanische Fliehburg). Victor von Scheffel dichtete 1859 an dieser Stelle den Text des Liedes »Wohlauf, die Luft geht frisch und rein«. Die Wallfahrtskirche »Vierzehnheiligen« (Punkt 6) ist mit ihren Doppeltürmen bereits von weitem zu sehen.

Das Coburger Land zeichnet sich durch die vielen Burgen und Schlösser aus, die fast in Sichtweite voneinander über das Land verstreut liegen.

Das mächtige Schloß Ahorn (Punkt 7) mit seinen wuchtigen Flankentürmen stammt in seiner jetzigen Anlage aus dem 16. Jahrhundert, sein Ursprung ist eine Burg des 11. Jahrhunderts. Ein weiteres interessantes Schloß ist Callenberg (Punkt 8), das aus dem 19. Jahrhundert stammt. Diese beiden Bauwerke sollen stellvertretend für alle genannt werden – es lohnt sich direkt eine spezielle Schlösser- und Burgenfahrt in diesem Gebiet zu veranstalten.

Unterhalb der Burg gibt es in einer Gaststätte, in der Motorradfahrer gern willkommen sind, die guten Co-

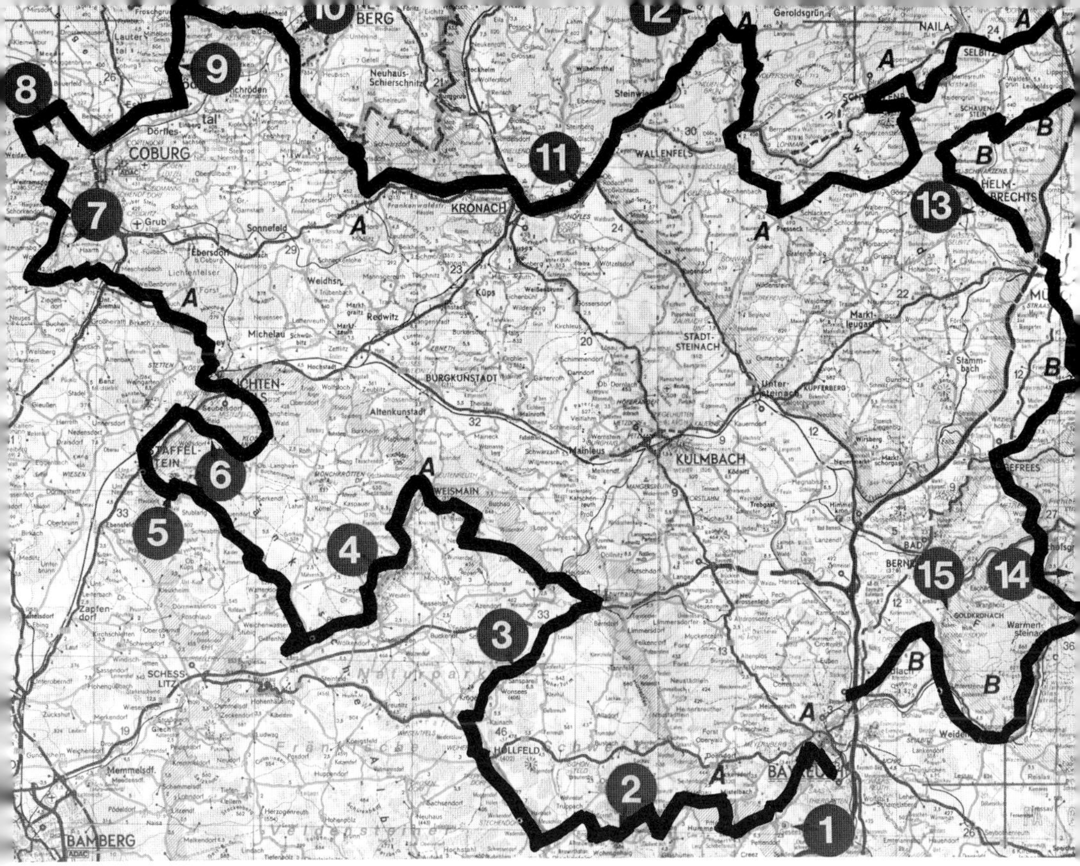

burger Wurstwaren zum Vesper.
Die Weiterfahrt durch das Ilztal (Punkt 9) ist besonders schön, denn die Wälder der »Hohen Schwenge« (506 m) reichen bis an das Ufer der Wildwasserklamm hinunter. Von der Ruine Lauterburg ist ein prachtvoller Blick auf das stark gewundene Flüßchen möglich.
In Neustadt (Punkt 10) werden die meisten Puppen hergestellt, und ein Puppenmuseum zeigt die schönsten Figuren aus vielen Jahrhunderten.
Die Straße hart an der Zonengrenze ist ziemlich einsam, nur das Flüßchen Steinach begleitet uns auf der Fahrt nach Kronach, das bestimmt alten Geländefahrern noch durch die erfolgreichen BMW-Fahrer der 50er und 60er Jahre, die Brüder Manfred und Rudolf Höring, nicht ganz unbekannt ist.
Kurz hinter Kronach, vor Unter-Rodach, kann man auf einem Segelfluggelände den Fliegern zusehen, bevor man in dem Ort Unter-Rodach (Punkt 11) zu dem einmalig interessanten Flößermuseum kommt, in dem es Sachen gibt, von denen mancher noch nie etwas gehört oder gesehen hat.
Im Naturpark Frankenwald weisen Schieferhalden auf verlassene Schieferbrüche hin, und mitten dazwischen liegt Bayerns größte Talsperre (Punkt 12), der »Ködelstausee« mit

einer 60 m hohen Staumauer. Wenn man Glück hat, kann man hier oben im Frankenwald einen der letzten Köhler bei seiner Arbeit am Holzmeiler beobachten.
Auffallend sind in diesem Gebiet die große Einsamkeit; dichte Wälder mit hohen Bäumen begleiten die Straßen, die außerordentlich verkehrsarm sind. Es kann daher gar nicht genug auf das Wild aufmerksam gemacht werden, das unversehens auf die Straße springt.
Bei der Abfahrt Hof/Naila wird die Autobahn erreicht.

Route B:
Vom kleinen Flugplatz bei Helmbrechts lassen sich Rundflüge über den Frankenwald und den Döbraberg (795 m) machen (Punkt 13). Der Ochsenkopf (1023 m) (Punkt 14) ist der zweithöchste Berg des Fichtelgebirges. Über zwei Seilbahnen, deren Talstationen in Bischofsgrün und in Fleckl liegen, kann man den Gipfel mit seiner außerordentlichen Fernsicht erreichen.
Eine Besonderheit ist das Gold-Bergwerk von Goldkronach (Punkt 15), das erst 1930 still gelegt wurde, da die Förderung zu teuer wurde. Von 1792 bis 1797 war der berühmte Naturforscher Alexander von Humboldt hier Bergwerksdirektor.
Dieser Autobahnabstecher ist etwas für eilige Leute, die für eine lange Fahrt durch das Land nicht die Zeit aufbringen können.

Einige Städte, die an der Fahrtroute liegen:

Bayreuth
In dieser Stadt ist neben den vielen Wagner-Gedenkstätten, dem Festspielhaus und der Villa Wahnfried noch viel Schönes aus der Zeit geblieben, als der Ort markgräfliche Residenz war: das »Alte Schloß« (ein Barockbau von 1594), das »Alte Rathaus«, liebenswürdige schöne Bürgerhäuser mit Erkern, das »Neue Schloß« und alte Barockbrunnen in den Straßen. Zwei interessante Museen, die etwas aus dem Rahmen des Üblichen fallen: das Schreibmaschinen- und das Freimaurer-Museum.

Thurnau
Dieser alte fränkische Markt wurde bereits 1060 in einer Urkunde erwähnt. Besonders eindrucksvoll ist das große Schloß mit Baustilen verschiedener Epochen. Im 12. Jahrhundert war es nämlich ursprünglich als Burg, und damit als Zweckbau errichtet. Aus dem 17. Jahrhundert stammt der Marktbrunnen. Übrigens: seit Jahrhunderten macht man in diesem Ort »Pötte und Pannen«, die Töpferei ist ganz groß hier.

Coburg
Die ehemalige Residenzstadt, urkundlich 1046, bekam im 12. Jahrhundert eine Feste, die auf einer Bergkante abenteuerlich über der Stadt thront. Eindrucksvoll ist die Glas-

Im Eingang zur Veste Coburg.

sammlung und das geschnitzte Zimmer, an dem ein Handwerker mit seinen Gehilfen zehn Jahre gearbeitet hat. Man zeigt auch ein Lutherzimmer, denn der Reformator hat auch auf der Feste an seiner Bibelübersetzung gearbeitet.
Fachwerkhäuser, schöne Kirchen und winkelige Gassen wirken sehr altertümlich und die zwei Tore der Stadtbefestigung, das Rathaus, der viereckige Marktplatz mit seinen Brunnen und Schloß Ehrenburg, runden das mitterlalterliche Bild harmonisch ab.

Kronach
Die Geburtsstadt des Malers Lucas Cranach d. Ä. am Zusammenfluß der drei Frankenwaldflüsse Haßllach, Kronach und Rodach wird überragt von der Festung Rosenberg, die niemals bezwungen wurde. Viele schöne alte Fachwerkhäuser, Kirchen, Tore und Türme und die fast völlig erhaltene Stadtmauer lassen ein Bild mittelalterlichen Lebens entstehen, wie es kaum sonst zu sehen ist.

Bischofsgrün
Der Ort war bereits im 13. Jahrhundert eine Glasmachersiedlung, im 17. Jahrhundert kam die berühmte Emailglasmalerei hinzu, und heute setzt man die Tradition mit Gablonzer Glaswaren fort. Durch die schneesichere Lage im Ochsenkopfgebiet ist Bischofsgrün zu einem beliebten Wintersportplatz geworden.
Diese Städte und Orte sind hier stellvertretend für viele anheimelnde Frankenstädtchen genannt, in denen es sich lohnt, länger zu verweilen.

Fahrtrouten:
Route A
Autobahnabfahrt Bayreuth/Süd – Gesees – Nistelgau – Neuwirtshaus – Hollfeld – Thurnau – Weismain – Kleinziegenfeld – Roßdorf am Berg – Staffelstein – Grundfeld – Kloster Langheim – Kösten – Schney – Unter-Siemau – Gosserberg – Ahorn – Schloß Callenberg – Coburg – Einberg – Fischbach – Neustadt – Mitwitz – Kronach – Steinwiesen – Mathaus – Schnappenhammer – Presseck – Pillmersreuth – Schwarzenberg – Naila – Autobahnauffahrt Hof/Naila (entgegengesetzte Richtung in umgekehrter Reihenfolge).

Route B
Autobahnabfahrt Hof – Schauenstein – Helmbrechts – Münchberg – Zell – Gefrees – Bischofsgrün – Fleckl – Goldkronach – Autobahnauffahrt Bayreuth-Nord (entgegengesetzte Richtung in umgekehrter Reihenfolge)

Jugendherbergen in der Nähe:
Bayreuth, Mozartstraße 16, Telefon 0921 / 25262.

Coburg, Schloß Ketschendorf, Parkstraße 2, Telefon 09561 / 95002

Kronach. Auf der Feste Rosenberg, Telefon 09261 / 3021.

Motorradstationen im Bodensee-Gebiet

Eine Bodensee- und Allgäufahrt mit besonderen Motorrad-Delikatessen zu würzen ist bestimmt nicht nur eine Wochenendtour wert. Lassen Sie sich auch von anderen Leckerbissen überraschen.

Der Ortsvorsteher sitzt uns gegenüber und erzählt uns über Ailingen, diesen nördlichen Vorort der Bodenseestadt Friedrichshafen. Unter anderem sagte er uns: »Das Motorradmuseum beim Gasthaus ›Gerbe‹ hat schon so viele nette junge Menschen nach Ailingen gezogen, daß das eine echte Freude für uns ist, denn wir haben die Jugend gern in unserem Ort«. Ist es ein Wunder, daß man sich in solcher Atmosphäre gleich wohl fühlt und nach einer ausführlichen Betrachtung der Motorradschätze im Museum an der »Gerbe« eine Bodensee- und Allgäufahrt startet? Sogar mit einem Abstecher auf die andere Bodenseeseite, in die Schweiz.

Der Gasthof »Gerbe« hat eines seiner uralten Wirtschaftsgebäude für das heutige Motorradmuseum zur Verfügung gestellt. Einige Jahrhunderte bewirtschaftete die Familie Wagner schon den Hof, später eröffnete die Familie dort eine Gerberei und heute auch noch den Gasthof mit einer großen Landwirtschaft. Motorradfahrer sind dort – wie könnte es auch anders sein – gern gesehene Gäste. Wir wählten den Ort als Ausgangspunkt unserer Fahrt.

Bis zum Stadtzentrum von Friedrichshafen ist es nicht weit; im Frühjahr präsentieren sich hier die am Rande des Bodenseeufers aufsteigenden Obstbaumhänge in einer einmaligen Blütenpracht. Manchmal ist allerdings der Dunst so stark, daß man die Berge der Glaner Alpen und des Vorarlbergs nicht sehen kann. Am klaren Tagen nach einer Wetterfront hat man das herrliche Alpenpanorama zum Greifen nahe vor sich.

In Friedrichshafen ist das Zeppelinmuseum im Obergeschoß des Städtischen Bodensee-Museums (geöffnet täglich von 10 bis 12 und von 14 bis 17 Uhr, montags geschlossen).

Am 2. Juli 1900 flog zum ersten Mal ein Luftschiff des Grafen Zeppelin über die Manzeller Bucht vor Friedrichshafen. Im Museum sind großartige Modelle von LZ 1 bis LZ 130 zu betrachten, natürlich auch Motoren, Einzelteile sowie zahlreiche Dokumente, die diese glorreiche Zeit noch einmal wieder in Erinnerung rufen. Neben dem Motorradmuseum in Ailingen ist das Zeppelin-Museum bestimmt ein weiterer Anziehungspunkt dieser Gegend.

Die Bodenseefähre nach Romanshorn ist das nächste Ziel, denn eine Fahrt mit der »Weißen Flotte« über den hier 14 km breiten Bodensee gehört unbedingt zu einem Bodenseebesuch dazu.

Bei der Fahrt über den See präsentieren sich gewöhnlichvor einem die wunderbaren Kulissenstreifen der Schweizer Alpen sowie der Säntis oberhalb von Bregenz am österreichischen Bodenseeufer.

Die Seeuferstraße von Romanshorn nach Bregenz führt am Schloß Arbon vorbei. Es stammt aus dem Jahre 1515 und besitzt ein interessantes Schloßmuseum, von seinen Mauern hat man einen wunderschönen Ausblick auf den See und hinüber zum deutschen Ufer. Bei der Weiterfahrt Richtung Süden bleibt das alte

Schloß Roggwil rechts liegen, bis die kleine Straße nach St. Gallen weiterführt.
In der Bischofsresidenz St. Gallen wird in der Stiftsbibliothek die sagenhafte Handschrift »B« des Nibelungenliedes aufbewahrt, die der Mönch Tuotilo von diesem Heldenlied aus dem 12. Jahrhundert, kunstvoll ausgeschmückt, niederschrieb. Das prägte sich uns von allen Schönheiten dieser Stadt am meisten ein.
Über Speichen und Trogen hat die Straße bis Altstätten ein echtes Motorradflair: landschaftlich sehr schön geht sie als Abschnitt der oberschwäbischen Barockstraße nördlich des 1253 m hohen Gäbris durch unendlich viele Kurven und herrliche Serpentinen zum Rheintal hin. Am Ruppen-Paß feiert man ein Kurven-Fest!
Die Rheintal-Ebene bis Bregenz wirkt nach den Altstätter Serpentinen vielleicht etwas fad, doch lassen die nächsten schönen Berge und Kurven nicht auf sich warten: es geht zu den Höhen des Pfänder hinauf, von dessen über 1000 m hohem Gipfel man weit über den See nach Westen sehen kann. Hier schwitzten in früheren Jahren in den Wäldern unsere Geländefahrer bei der Internationalen Dreitage-Fahrt, wenn sie sich die unmöglich steilen Wege zum Pfänder hinaufquälen mußten.
Unvergeßlich ist uns die Höllenfahrt von Werner Kritter auf seinem grünen Elefanten-Gespann (Zündapp 600 cm^3-Gespann) mit dem so klassisch sonoren Ton diese Gebirgswege hinauf und wieder hinunter.
Wir können bis knapp unter den Gipfel fahren, wenn wir von Lochau aus die kleine, sieben Kilometer lange Pfänderstraße (Ausweichstellen) benutzen. Sie endet beim Gasthaus »Pfänderdohle« (von da aus 5 Minuten Fußweg bis zur Pfänderspitze). Im Gasthaus »Schwedenschanze« nördlich des Antennenmastes kann man gut essen und – wenn man will, auch übernachten.
Die kleine Straße über die Grenzstation erreicht das Tal der Rotach und führt nach Weiler-Simmerberg. Hier hat Toni Gruber ein Motorradgeschäft, und wer sich ein wenig im Sport auskennt, weiß, daß der Gruber-Toni seine Rennfahrerlaufbahn sehr bescheiden anfing. Er brachte seine Rennmaschine immer mit einem Max-Gespann zu den Veranstaltungen – die Zeit der Sponsoren war noch nicht ausgebrochen. Fragen Sie ihn mal danach – er kann wunderschöne Geschichten erzählten.
Rund um Weiler-Simmerberg gibt es viele interessante Aussichtspunkte mit großartigem Alpenpanorama. Ein spezieller Tip sei den Feinschmeckern unter den Motorradfahrern gegeben: an jedem Dienstag ab 9 Uhr kann die Versuchsanstalt der Emmentaler Käserei besichtigt werden.
Hinter Weiler wird die »Deutsche Alpenstraße« überquert, dann geht es über Eglofs nach Wangen. Viele Motorradfahrer wird ein Besuch bei Herbert Schek interessieren, der schon so viele Jahre erfolgreich im Gelände fährt, und es fertig gebracht hat, die für Geländefahrten von Haus aus viel zu schweren BMW so weit zu erleichtern, daß es einige Künstler sogar schaffen, damit Goldmedaillen im Gelände zu sammeln. Vielleicht sind Herbert Schek und seine Motorräder für einen Motorradnarren eine größere Attraktion als das wunderschöne Wangener Barock-Rathaus von 1721.
In Wangen sind die mit Malereien geschmückten alten Häuser und die

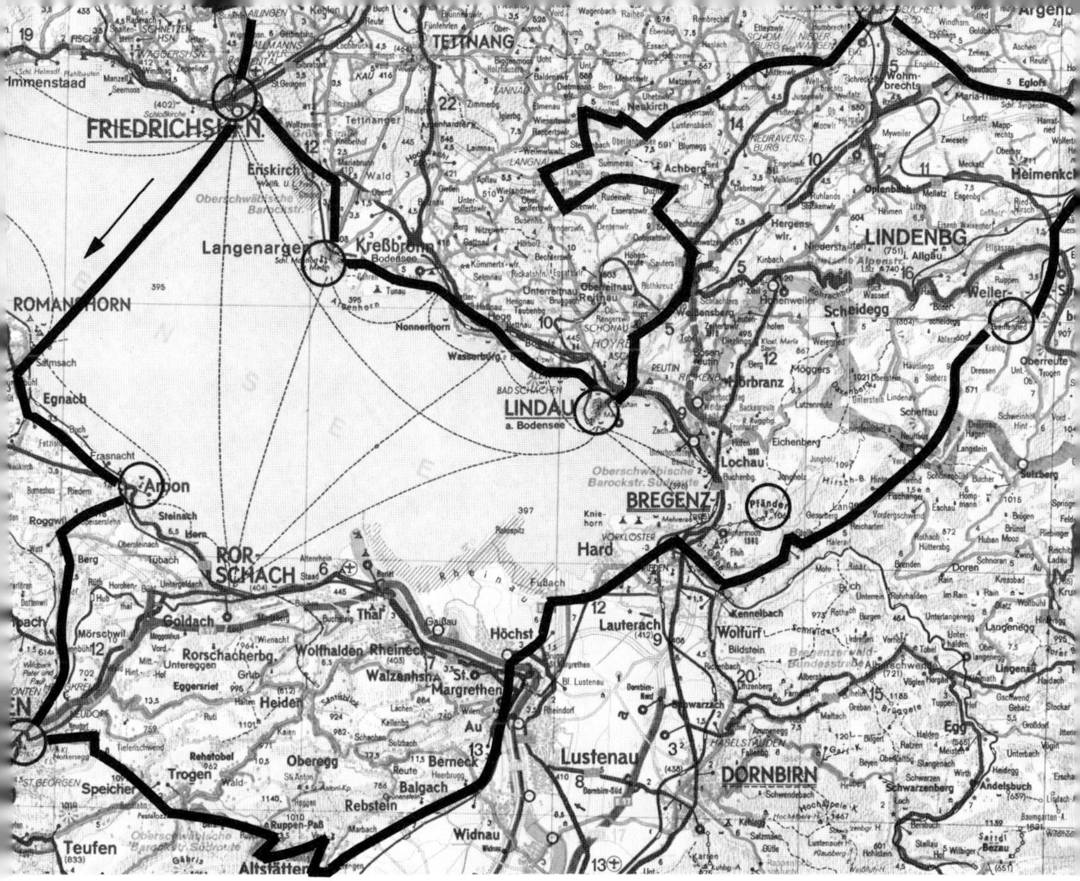

Stadttore aus dem Mittelalter eine besondere Sehenswürdigkeit. Die historischen alten Tore sind alle noch erhalten.
Die stark befahrene B 18 zum Bodensee sollte man lieber vermeiden und zum Flüßchen Argen, den Kreuzweihern und zum Schloß Achberg zu kommen. Dort sind die Straßen kurvenreicher und schöner.
Die Stadtinsel von Lindau ist durch eine Brücke mit dem Ufer verbunden. Im Verkehrsamt der Stadt gibt es kostenlos eine Rundgangsbeschreibung. Es lohnt sich, nach dieser in etwa zwei Stunden die Innenstadt und den schönen Hafen zu besichtigen.

Die Uferstraße entlang des Sees bis Friedrichshafen über Wasserburg, Kreßbronn und Langenargen ist enttäuschend weil sie kaum einen Blick auf den See zuläßt. Alles ist zugebaut. Aber die kleinen Bootshäfen vermitteln etwas von den Schönheiten des Bodensees, und in Langenargen auf einer Landzunge wird der Blick auf das Wasser und die Alpen wieder frei.
Das Schloß Montfort (maurischer Stil, 1866 gebaut) wird heute als Kurhaus benutzt. Als Besonderheit für Motorradreisende Ende Juli/Anfang August sei das am 1. Sonntag in jedem August stattfindende »Fischerstechen« erwähnt.

Wen es dann nach dieser Runde nach einem guten Abendessen verlangt – der sollte diese Rundtour in Ailingen bei den alten Motorrädern und bei einer guten Brotzeit in der »Gerbe« beschließen.

Jugendherbergen am Wege:

Fiedrichshafen:
»Graf Zeppelin«, Lindauer Straße 3, Telefon 07541 / 92104.

St. Gallen – Schweiz:
Jüchstraße 25
Telefon (071 Vorwahl in der Schweiz) 243444.

Bregenz – Österreich:
Belruptstraße 16, Telefon (05574 in Österreich) 23024.

Lindau:
Herbergsweg 11a, Telefon 08382 / 5813.

Bootshafen von Langenargen am Bodensee

3. KAPITEL

Der Reiz der kleinen Straßen

Seitab von den Straßen

Wer von uns hat es nicht endlich einmal satt, im 40 km/h-Trott der »erholungssuchenden« Sonntagsfahrer auf größeren Straßen mitzukkeln zu müssen, wenn kilometerlange Baustellen Einbahnverkehr und Überholverbote zur Folge haben? Oder wenn man unmittelbar neben der Straße oder gar auf stinkenden Autobahn-Parkplätzen inmitten von Papier, Dosen und sonstigem Unrat die »Naturgenießer« beim Picknick antrifft?

Dann überkommt einen doch immer wieder das Verlangen, auszureißen. Und zwar auszureißen dorthin, wo die Welt nicht mit Schildern, Radarfallen, Baustellen und Fahrzeugschlangen beschränkt und geordnet ist. Dorthin, wo man noch fahren kann, und wo die Leute nicht mit unfreundlichen Gesichtern auf Fragen Auskunft geben. Dorthin, wo es kaum Verbotsschilder gibt, und – wenn man irgendwo nach dem Weg fragt – von der ganzen Familie auf dem Feld eine

herzliche Antwort und eine Einladung zum Mittagessen bekommt.
Ja, wir haben einmal eine Frau auf einem Motorroller getroffen, die einen 5 km langen Umweg machte, um uns nur die richtige Ortschaft zu zeigen. Dieser Umweg war aber gar nicht für normale Motorroller und ihre Fahrer geeignet, denn er führte über Waldwege der Größenordnung und der Marke Sechstage-Fahrt. Das war in der Gegend westlich von Passau zwischen Arnstorf – Aidenbach – Pfarrkirchen nördlich der Rott und südlich des Bayerischen Waldes und der Isar. Da, wo Fuchs und Hase sich »Gute Nacht« sagen und die Menschen noch alles glauben, was in der Zeitung steht und im Fernsehen kommt. Dort, wo der Briefträger mit seinem Fahrrad oder Moped die Post bringt.
Einige Motorradfreunde von uns haben daraus einen regelrechten Feriensport gemacht. Sie haben Italien, Spanien und sonstige ferne Kulturgüter genug genossen – die Wanderkarte 1 : 50 000 oder die Generalkarte 1 : 200 000 sind ihr Handwerkszeug. Keiner von uns soll glauben, daß er seine Heimat, die vielen Landschaften, die vielen Wälder, Dörfer und Menschen so gut kennt, daß ein solches Unternehmen kein spannender Sport ist: abseits der Straßen eine Landschaft erforschen! Wer Abenteuer sucht, braucht nur eine solche Reise zu unternehmen, er findet in Hülle und Fülle alles das, was er bis heute gesucht und nicht gefunden hat. Sollte jemand dabei ein Tagebuch führen, wird er nach der Fahrt erstaunt sein, was er alles erlebte.
Wenn der Urlaub, die Sommerferien, die Sehnsucht nach fernen Zielen, nach dem Wind über den Straßen und nach Motorradfahren unmittelbar vor der Tür stehen, dann liebe Freunde, wollen wir doch überlegen, ob wir nicht auch einmal ein Abenteuer abseits der großen Fernstraßen in den Ferien suchen sollten. Es lohnt sich! Da gibt es den Bayerischen Wald, das Land zwischen Donau und Isar, die Rhön, die Eifel, die Moor- und Heidegebiete in Norddeutschland und noch viele, viele andere Landstriche, in denen sich eine Expedition ins Unbekannte lohnt.
Wer derartiges vorhat, sollte sich vielleicht einen leichten Geländereifen für das Hinterrad besorgen. Die Straßen und Wege, Walddurchfahrten und sumpfige Stellen bedingen solches Profil. Mit abgefahrenen Straßen-Latschen würden wir eine Expedition dieser Art nicht wagen. Außerdem macht es sich bezahlt, wenn man sein Motorrad etwa wie eine Geländesportmaschine herrichtet, wenn man nicht schon ein Enduro-Modell hat. Bodenfreiheit ist Gold wert. Gute

Filterung der Ansaugluft Voraussetzung (besonders bei Zweitaktern), wasserdichte Licht- und Zündanlage wünschenswert. Reserveschlauch und Flickzeug bei Schlauchreifen sowie ausreichendes Bordwerkzeug Bedingung.

Bevor man sich in die Wildnis begibt, sollte man auch noch einmal volltanken, besonders bei Enduromaschinen, die so oder so keinen besonders großen Tank haben. Man wird zwar immer wieder auf größere Ortschaften mit Tankstellen stoßen, schließlich leben wir ja nicht in der Sahara, aber ob das immer die Hausmarke ist, möchte ich bezweifeln.

Etwas besonders Reizvolles ist es, sich nun auf seiner Karte eine Luftlinie zwischen zwei größeren Orten zu machen und zu versuchen, daran entlang zu fahren. Bei einem solchen Unternehmen zwischen Pfarrkirchen an der Rott und Landshut erlebten wir vor Jahren einmal so ein schönes Abenteuer.

Auf halber Strecke in der Gegend des Dörfchens Rimbach bei Reichenbach nordöstlich von Gangkofen war die Welt allerdings zu Ende. Denn hier waren wir gutgläubig einigen Wegweisern auf einem Feldweg nach dem Dorf Uttendorf gefolgt und landeten plötzlich in einem Waldstück, wo der Weg praktisch im Unterholz sein Dasein beendete.

Also bis zum nächsten Wegweiser zurück. Siehe da – er war nur in die Astsprosse einer Tanne gelegt. Daraus schlossen wir, daß es nicht rechts in Richtung des Wegweisers sondern links gerade entgegengesetzt weiter gehen würde. Auf der Karte war diese »Piste« zwar nicht eingezeichnet, dafür aber die Kirche von Dietring, die wir auch gar nicht weit von hier passiert hatten. Das blieb unser Richtungspunkt.

Aber auch dieser Weg endete auf einer Wiese, braune Kühe schauten uns neugierig an und bedeuteten uns, daß wir wohl verkehrt seien. Nach der Karte mußten wir jetzt in westlicher Richtung fahren, aber dahin ging kein Weg. Es war nur eine Wiese da, ein Waldstück, ein Bach.

Da erinnerten wir uns an ein Kruzifix, unter dem in einem Waldstück unter einer Wegegabelung einige Milchkannen auf den Abholer warteten. Wo war das gewesen? Auf alle Fälle bestimmt während unserer Fahrt bis hier irgendwo.

Ein alter Waldschrat hatte mir früher einmal erzählt, daß man in unbekannten Gegenden auch einmal einen Blick rückwärts auf den Weg werfen solle, den man ginge, um sich später auf der Rückkehr an

diese Blicke erinnern zu können und markante Punkte des Weges auch auf dem Rückweg wieder zu finden. Das ist ein uraltes Hausmittel uralter Waldläufer und bewährte sich prächtig.
Wir fanden die Milchkannen und das Kruzifix, und in der Weggabelung die beiden Wegweiser, die wir kaum entziffern konnten. Und siehe da – auch sie waren der Einfachheit halber nur an einen Ast des Baumes angelehnt.
Wo Milchkannen sind, muß auch ein Haus sein. Hier ein Blick in die Karte: Ja, hier war das Haus! Diese Wegweiser stimmten, also mußten wir dahinter irgendwo eine Abzweigung übersehen haben.
Also noch einmal zurück in den Wald. Diesmal ganz langsam, vielleicht, daß eine Schneise sich plötzlich als der richtige Weg entpuppte. Ein paar Rehe wechselten etwa 50 m vor uns über den Weg und schauten uns nur neugierig an. Sie waren aus einer Schneise gekommen.
Nach ein paar Minuten Herumstreifen fanden wir doch tatsächlich da im hohen Gras den Wegweiser nach Rimbach und eine schmale Spur, gerade so breit, daß man mit einem Fahrrad oder einer Solomaschine fahren konnte. Der Geländereifen bewährte sich. Zweimal mußten wir an einer sumpfigen Stelle die Maschine aus einem Loch schieben, und dann erreichten wir eine Staubstraße, die nach Rimbach führte. So ähnlich ging das weiter. In vier Stunden erlebten wir auf den wenigen Kilometern mehr als sonst in vier Tagen.
Solche Staubstraßen lassen sich auch noch mit einer Straßenmaschine gut fahren. Nur muß man auf einzeln herumliegende Steinbrocken, Querrillen und Löcher aufpassen. Die Maschine läßt man am besten ganz scharf an einer Wegkante laufen, so hat man genügend Bodenfreiheit und einigermaßen Sicherheit, daß der Boden fest ist. Die mit Gras bewachsene Erhöhung zwischen den beiden Spurrillen sollte man vielleicht nicht benutzen, denn trotz Verbreitung der Trecker in der Landwirtschaft gibt es immer noch Landwirte, die mit einem Pferdegespann unterwegs sind. Und gerade hier auf so einer Grasschiene sammeln sich dann Hufnägel.
Obwohl die Beschilderung der Straßen und Wege heute nicht schlecht ist, muß man aber damit rechnen, daß man zu 80% auf die Orientierung nach der Karte angewiesen ist. Hier ist ein Beispiel aus dem Bayerischen Wald, wenn man sich vornimmt, von Karlsfein nach Frauenzell zu fahren. Das ist nördlich der berühmten Walhalla bei Regensburg über dem Donautal.

Oben: Ab hier – so hat man das Gefühl – ist die Welt wieder in Ordnung. – Folgende Doppelseite: Hinter jeder Biegung ist auf dem kleinen Weg etwas Besonderes zu finden. Alte Wirtshäuser, Verkehrszeichen und Wegweiser ortsgebundener Art.

Fritz Schmid

Klingen 2Km
Käsbach 0,6Km

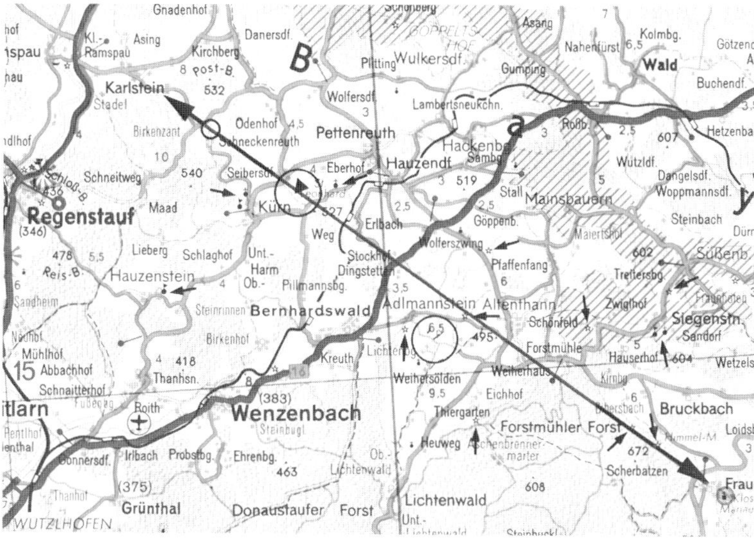

Zuerst sucht man sich möglichst viele markante Geländepunkte (Pfeile in unserem Kartenbeispiel der Deutschen Generalkarte 1:200 000, Blatt 20) wie Mühlen, Kirchen, Kapellen, Burgen, Schlösser oder Ruinen usw. Denn wenn die Einheimischen oder dort lebende Ausländer unsere »preußische« Sprache nicht verstehen sollten, dann verstehen sie zumindest doch die Namen der Kirchen, Schlösser und Burgen.

Dann überlegen wir uns, wieviele Wasserläufe den voraussichtlichen Weg kreuzen werden, wieviele Steigungen, undurchdringliche Wälder, Sümpfe, Schluchten, Täler vorhanden sind und wieviele Verbotsschilder oder unpassierbare Abschnitte das Abenteuer erschweren oder ganz verhindern können.

Wir brauchen zum Beispiel eine Verbindung von Karlsfein nach Schneckenreuth. Man sieht eine kleine Straße, aber bis zum Ort fehlt ein Stückchen, das wahrscheinlich aber ein Wiesenweg ist, der hoffent-

Ruine Reußenstein am Albrand

lich nicht zu naß oder gar gesperrt ist. Von Schneckenreuth nach Kürn müssen wir an einer Kirche oder Kapelle und in Kürn an einem Schloß oder einer Burg vorbeikommen, und weiter ist unser nächster Punkt die Kirche oder Kapelle von St. Leonhard.
Von da ab wird es spannend bis nach Erlach und dessen Bahnhaltepunkt und schließlich bis an die Bundesstraße 16 (Roding – Regensburg). Von dieser B 16 aus möchten wir auf dem kürzesten Weg die Mühle östlich von Adlmannstein erreichen, und die Frage ist, ob das durch das Gelände (Wiesen?) möglich sein kann. Mensch, tolle Sache! Wir müssen das untersuchen. Ehre dem, der es schafft, wenn nicht Verbotsschilder seinen Weg hemmen. *Aber bitte, lieber eine Umgehung fahren, als Wiesen-, Pflanzen-, Wald- oder Flurschaden machen!*
Der Umweg wäre über die Häuser von Wolferszwing zu suchen, um nach Altenthann, Bruckbach und Frauenzell zu kommen. Nun, wie sieht es damit aus?
Es sind einige kleinere Mühlen in einer Talmulde zu finden, die letzte am Wege dürfte die Himmelsmühle sein. Also wagen wir es.
Auf diese Art haben wir nun schon den Reiz einer solchen Fahrt. Bei Frauenzell ist übrigens das Kloster Maria-Himmelfahrt zu sehen, und der Forstmühler Forst mit den Häusern von Aschenbrennermarter und Scherbatzen soll wunderschön sein.
Aber nicht nur in bergigen und einsamen Gegenden kann man solche Forschungsreisen unternehmen. Auch in der Heide haben wir einmal nach dem buchstäblich im Unterholz eines Waldstückes versunkenen und vergessenen Schlößchen eines alten Fürstengeschlechtes gesucht (und gefunden), das ungefähr genau in der Karte verzeichnet war. Aber das dauerte länger als eine Stunde von unserem Ausgangsort aus, bis wir endlich vor dem alten verwunschenen Gemäuer standen. Und das mitten in unserem so engen und industrialisierten Land!
Seit diesen Erlebnissen gehören solche Abenteuer, die man nur mit einem Motorrad genießen kann, zu fast jeder Urlaubsfahrt, die wir planen. Versuchen Sie es auch einmal!

Schleichwege durch Deutschland

Natürlich möchte mancher so schnell es geht in seinen kostbaren Urlaubstagen an den Ferienort kommen. Also werden alle möglichen Tricks überlegt, wie man der zu erwartenden Autoflut auf den Autobahnen ein Schnippchen schlagen kann. Nachtfahrten oder Starts noch zur Stunde des Arbeitsschlusses am letzten Arbeitstag ist nur einer dieser Gedanken.

Und dann werden möglichst Kilometer und Kilometer gemacht, bis der erste Stau dann wieder alles auf langsam bügelt –!

Wieso muß das sein? Wieso können wir beispielsweise mit unseren viel wendigeren Motorrädern nicht viel leichter und unbeschwerter zum Süden kommen? So eine Maschine hat nur einen ganz geringen Verkehrsraum nötig und glänzt immer wieder durch ihr Temperament und durch ihr günstiges Leistungsgewicht. Man kann Ballungen und Verkehrsdichte ganz einfach auf und davon fahren.

Von der Autobahn kommt man nur schlecht auch mit einem Motorrad aus einem Stau heraus, schließlich ist das Wegfahren längs der Feldränder von der Bahn herunter nicht erlaubt. Warum also überhaupt erst auf die Autobahn rauffahren?

Auf Landstraßen kann man immer aus dichten Pulks herauskommen, und durch die guten und besseren Möglichkeiten, sich vorwärts zu bewegen, ist man immer in der Lage zumindest zu *fahren*! Auf die Dauer ist man unter Umständen schneller am Ziel als die vierrädrige Konkurrenz.

Lassen Sie uns einmal zwei »Schleichwege« durch Deutschland in den Richtungen Nord-Süd oder Süd-Nord ansehen. Der eine soll aus dem östlichen Niedersachsen und Schleswig-Holstein bis in den südbayerischen Raum gehen, der andere vom Ruhrgebiet aus etwa zur Schweiz führen. Anhand dieser Beispiele wäre es dann doch eine Kleinigkeit, sich dann selbst bis zum jeweiligen Start- und Zielort besser passende Wege zu erarbeiten und zum guten »Franzen« aufzuschreiben.

SCHLEICHWEG 1

Treffpunkt Lüneburg – dann B 4 bis Melbeck – Ebstorf – Uelzen – Celle – Uetze – Umgehungstraße Peine – Ilsede – Gr. Lafterde – Hoheneggelsen – auf der B 1 durch Hildesheim bis Elze – B 3 bis Einbeck – Edemissen – Moringen – Hardegsen – Adelebsen – Münden – Witzenhausen – Bad Sooden-Allendorf – Sontra – Bebra – Bad Hersfeld – Hünfeld – Umgehungstr. Fulda – Bad Brückenau – Hammelburg – Arnstein – Würzburg – B 13 über Ochsenfurt – B 13 über Ansbach – B 13 über Gunzenhausen, Weißenburg – Eichstätt – Neuburg a. d. Donau – Schrobenhausen – Aichach – Friedberg b. Augsburg – Mering – Landsberg – B 17 bis Schongau. Von da entweder nach Füssen oder Garmisch.

SCHLEICHWEG 2

Köln-Brühl – B 51 bis Bad Münstereifel – Schönau – Schuld – Nürburgring – Ulmen – Cochem – Ernst – Beilstein – Mittelstrimmig – Kappel – Gemünden – Sobernheim – Odernheim – Meisenheim – Odenbach – Reipoltskirchen – Hefersweiler – Schallodenbach – Otterberg – Mehlingen – Enkenbach-Alsenborn – Hochspeyer – B 48 bis Bad Bergzabern – Kandel – Karlsruhe – B 36 über Rastatt, Kehl bis Dinglingen – B 3 bei Lahr bis Freiburg und weiter Basel.

So kann man natürlich auch gute Querwege finden, und die berüchtigte Autobahn Augsburg – München – Salzburg kann man ebenfalls sehr schön auf guten und schnellen kleinen Straßen umgehen. Hauptorte dieser Umgebung sind beispielsweise nördlich davon Wasserburg, Dorfen, Erding, Freising, Pfaffenhofen, Schrobenhausen, Meitingen, Dillingen, Günzburg. Bei einem Vergleich zum Ferienbeginn im letzten Sommer waren wir mit der Maschine von Günzburg aus auf diesem Umgehungskurs eher in Salzburg als Freunde im 280. Unterschied: 32 Minuten. Also, warum Autobahn? Das *muß* mit einem Motorrad nicht sein!

Und wer das ein paar Male praktiziert hat, der wird in Zukunft (oder sogar immer ?!) mit dem Motorrad auf Parallel-Schleichwegen zur Haupt- und 08/15-Route seine Strecke wählen und fahren.

4. KAPITEL

Alles über Karten und Orientierung

Was man von Karten und Kartenlesen wissen sollte

Natürlich kann man eine Motorradreise auf blauen Dunst hin starten. So allgemein Richtung Süden, Norden, Osten oder Westen – wohin es einen gerade zieht. Und man kann sich auf die Autobahn-, Orts- und Straßenschilder verlassen – irgendwie kommt man schon hin. Und wer in der Lage ist, die Himmelsrichtungen einigermaßen im Kopf und im Richtungsgefühl zu haben, der wird auch meist einen groben Kurs bis in die Nähe seines Zieles einhalten können. So ganz in der Wüste leben wir im mitteleuropäischen Raum ja nun doch nicht.
Außerdem: wer die Leute fragt, kommt auch hin.
Also sind Karten überflüssig? – Nein, sie sind es nicht.
Denn gerade mit einem Motorrad kann man anhand von guten Karten sehr viele Schönheiten und Besonderheiten entdecken, und eine Kartenorientierung erleichtert eine Abenteuer-Reise ungemein. Ohne Kartenmaterial machen wir überhaupt keine Urlaubsreise.

Nun mag man der Ansicht sein, daß es ein Auto-Atlas am besten tut. Da gibt es schon eine ganz große Auswahl, bei der natürlich auch sehr viele praktische Hinweise zu den Landschaften, Sehenswürdigkeiten, Routen usw. geboten werden. Sozusagen hat man damit das ganze Land mit allen seinen wichtigen Punkten und Gebieten, Straßen und Städten vollständig versammelt im Bücherschrank.
Ja, Bücherschrank – das ist richtig. Und im Auto, wo man jeder Menge Platz und Möglichkeiten zum Studium unterwegs hat, ist ein Atlas auch nicht schlecht.
Aber auf einem Motorrad ist das Dings viel zu unpraktisch. Es frißt Raum und kostet Gewicht. Es sei denn, daß so ein Werk nicht größer im Format als DIN A 5 ist und speziell für Motorradfahrer gedacht und hergestellt wurde (siehe »52 schöne Motorrad-Touren« von Honda).
Einen Atlas kann man zu Hause gut brauchen, wenn man eine Ferienreise richtig planen möchte. Aber unterwegs sind für den Normal-Gebrauch Kartenblätter am besten.

WELCHER MASS-STAB SOLLTE SEIN?

Mehr als zwei Maßstäbe sollte man vielleicht nicht in Betracht ziehen. Einen größeren zwischen 1 : 500 000 oder höchstens 1 : 750 000, um das Gebiet weiträumig vor Augen haben zu können, durch das man bis zu der Gegend fährt, in der man sich dann länger aufhalten will.
Danach wären Maßstäbe zwischen 1 : 250 000 und nicht kleiner als 1 : 100 000 das Gegebene. Nur wer im Zielgebiet ausgedehnte Forschungsfahrten unternehmen will, sollte sich mit Karten ausrüsten, die unterhalb des Maßstabes 1 : 100 000 liegen.

WICHTIGER ALS EIN KLEINER MASS-STAB IST EIN GUTES KARTENBILD!

Beim Einkauf soll man sich Kartenbilder sehr genau ansehen. Wenn wir hier Empfehlungen geben, dann wollen wir dies aus unserer Erfahrung heraus machen. Natürlich könnte es sein, daß es auch noch

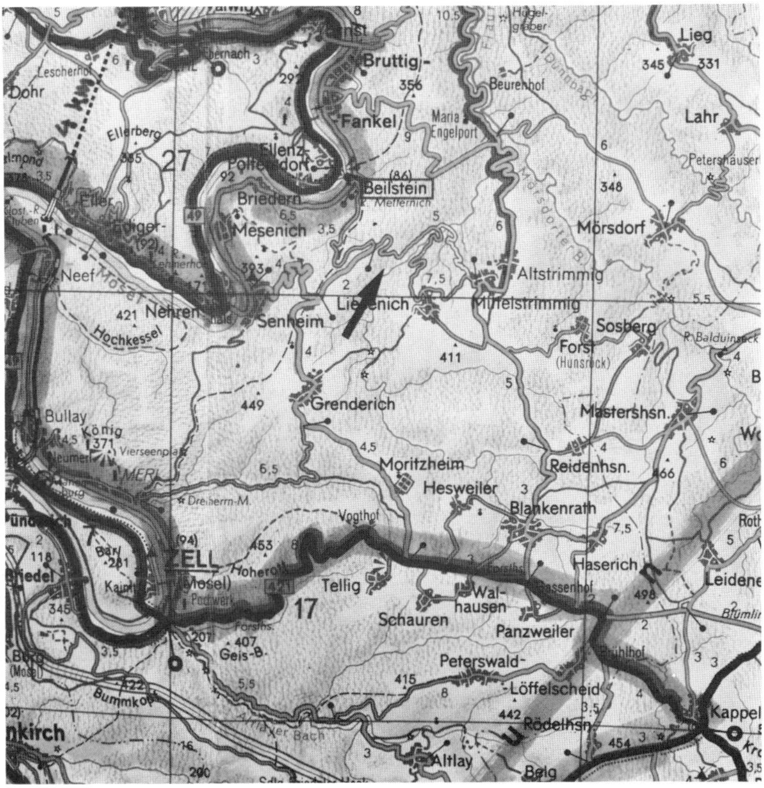

Bild 1

bessere Kartenbilder gibt, als die hier gezeigten. Doch haben wir sie in diesem Falle noch nicht vor Augen haben können und sind also nicht in der Lage, darüber etwas auszusagen.

Es gibt so eine Art Karten-Standardwerk, das wir seit Jahrzehnten benutzen und das von Jahr zu Jahr ergänzt, korrigiert und ziemlich gut auf dem neuesten Stand für Deutschland ist. Das ist die Deutsche Generalkarte 1 : 200 000 aus Mairs Geographischem Verlag, Stuttgart.

Dieser Maßstab ist sehr gut für Nahorientierungen, das Bild ist klar, übersichtlich und stimmt mit der Wirklichkeit sehr genau überein *(Bild 1)*.

Alle hier gezeigten Ausschnitte sind im gleichen Abstand reproduziert,

Bild 2

um vom gleichen Gebiet (siehe die eingezeichneten Pfeile, die die kleine Straße zwischen Beilstein an der Mosel und Mittelstrimmig angeben) immer den gleichen Karteneindruck zu vermitteln.

Etwas kleiner im Maßstab und daher fast genauer noch ist das Blatt des Städte-Verlages E. v. Wagner & J. Mitterhuber, Stuttgart-Bad Cannstatt. Maßstab 1 : 75 000 *(Bild 2)* oder 1 : 100 000. Das sind sehr gute Karten zur genauen Erforschung der Gegend, aber sie haben erstens den Nachteil, daß sie nicht weiträumig genug sind, und außerdem gibt es nur sehr wenige Blätter aus dem norddeutschen Raum.

Natürlich kann man sich von den Landesvermessungs-Ämtern unserer Länder topographische Blätter im Maßstab 1 : 50 000 kommen lassen,

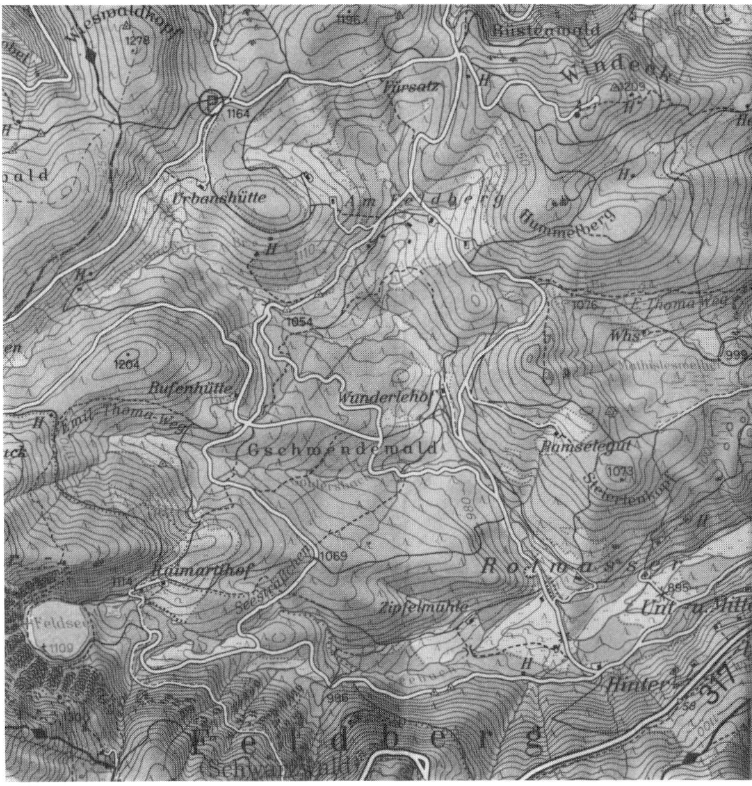

Bild 3

wenn man etwas ganz genau erkennen will. Aber so etwas ist zum Motorradfahren kaum geeignet, eher zum Wandern (*Bild 3,* Schwarzwald-Gebiet beim Großen Feldberg).

Einen etwas größeren Maßstab, aber mit fast dem gleichen Bild, gibt es bei den Karten aus Mairs Geographischem Verlag in 1 : 250 000 (*Bild 4*).

Das mag im Auto noch gehen, aber unter dem durchsichtigen Deckel der Tanktasche auf dem Motorrad ist das für eine Nahorientierung doch schon zu groß.

Nun gibt es noch die sogenannten Freizeit-Karten, auf denen nicht nur die üblichen Landkartenbilder gedruckt, sondern noch sehr deutliche Hinweise für viele Freizeit-Möglichkeiten sind. Diese verdecken aber

Bild 4

meist den Straßenverlauf *(Bild 5)*, auch wenn der Maßstab wie hier klein 1 : 150 000 ist. Für eine Planung am häuslichen Eßtisch ganz gut, für unterwegs fast nicht brauchbar.

Bei großen Maßstäben für weiträumige Reisen muß man auch sehr wählerisch sein, wenn es einigermaßen mit der Orientierung klappen soll. Die Zeichen und Bilder des Maßstabes 1 : 550 000 wieder aus Mairs Geographischem Verlag *(Bild 6)* sind noch gut für eine schnelle und genaue Übersicht. Bei der Michelin-Karte 1 : 1 000 000 *(Bild 7)* reicht es auch noch, aber da muß man engere Querverbindungen schon erraten.

Bild 5

KARTENBILD TESTEN

Natürlich kann man sich darüber informieren, wie genau und wie vollständig ein Kartenbild ist. Allerdings gehört dazu, daß man sich in der Umgebung gut auskennt, in der man lebt.
Wir nehmen für eine Probe das Blatt der Karte 1 : 200 000 *(Bild 1)* und fahren auf der besagten kleinen Straße von Beilstein an der Mosel hinauf bis Liesenich. Vom südwestlichen Rand dieses Dorfes muß laut. Karte ein Weg zu den Mühlen zwischen Liesenich und Grenderich gehen. Kommt man nun zu der südlicheren Mühle, der Altenwegs-Mühle leichter als zu der nördlicheren Mühle? (Hierzu studieren wir auch das Kartenbild *Bild 2*).

Bild 6

Wer sich nun dort in dem kleinen Tal des Flaumbaches auskennt und über die Lage und Wegführung der Mühlen Bescheid weiß, kann leicht sagen, ob das Kartenbild gut ist oder fehlerhaft.

An den eingezeichneten Positionen von Ruinen, Kapellen, Aussichtstürmen, Schleusen, Fähren, Brücken u. a. wird man es merken. Man wird auch sehen können, ob irgendein Kartenmerkmal überbetont ist und wo etwas Wichtiges vergessen wurde.

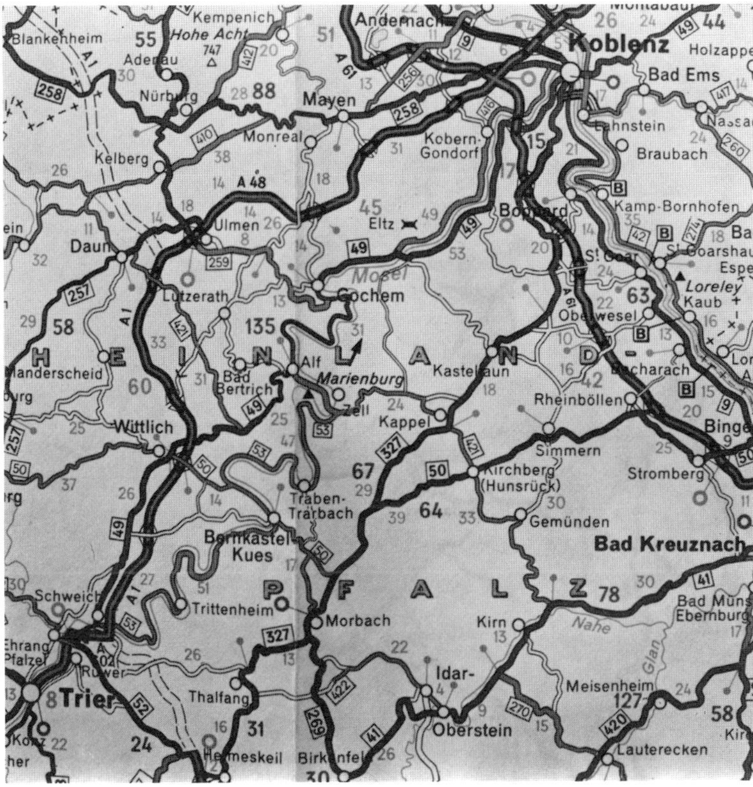

Bild 7

DIE RICHTIGE KARTENWAHL

Ohne eine richtige, gebrauchsfähige Landkarte entdeckt man am Ende einer Urlaubsreise, daß man so manche schöne Straße gar nicht gefahren ist, daß man Sehenswürdigkeiten, die charakteristisch für ein Land oder eine Gegend sind, überhaupt nicht finden konnte, und daß man ausgerechnet nur auf den langweiligsten Strecken seine Reise hinter sich gebracht hat.
Das heißt also, daß man sich vor Antritt einer Reise im Kartenangebot umsehen sollte. Aber wo? Nun, die meisten großen Buchhandlungen haben eine Kartenabteilung, sogar nach Ländern geordnet, man kann sich das Material anschauen und entscheiden, welche der vielen

angebotenen Blätter in Frage kommen. Auch auf den passenden Maßstab kommt es an.
Nochmals (wie schon erwähnt): Für weite Strecken genügt ein Maßstab von 1 : 1 000 000. Für genaue Übersicht und einzelne Gebiete und das Fahren auf kleinen Straßen sollte man etwa einen Maßstab zwischen 1 : 200 000 und 1 : 400 000 vorziehen. Da braucht man dann mehrere Gebietsblätter und muß öfter einen neuen Kartenabschnitt unter die Sichtfolie des Tankrucksacks falten.
Um die Wahl etwas einfacher zu machen, haben wir eine Auswahl der Karten notiert, die unserer Meinung nach für die einzelnen Länder am Nützlichsten sind.
Wer versäumt hat, daheim eine Kartenauswahl zu treffen, findet natürlich auch im Reiseland »home made«-Informationen, aber oft muß man sich dann erst in ein ungewohntes Kartenbild hineinlesen.

Hier eine Auswahl guter Karten, die für Reisen unerläßlich sind:

Bundesrepublik Deutschland:
Deutsche Generalkarte 1 : 200 000 (26 Blätter)
Ravenstein, Deutschland in 4 Blättern 1 : 400 000

Alpen:
RV 87 1 : 800 000 Schweiz, Österreich, Oberitalien, Südostfrankreich
IRO Alpenländer 1 : 750 000

Benelux:
IRO Benelux 1 : 400 000
RV 86 1 : 500 000
Polyglott-Reisekarte Belgien/Luxemburg 1 : 500 000
Ravenstein Nr. 873 (Niederlande) 1 : 400 000
Ravenstein Nr. 874 (Belgien/Luxemburg) 1 : 400 000
RV 103 (Belgien) 1 : 250 000

Frankreich:
RV 89 (doppelseitige Gesamtkarte) 1 : 800 000
Michelin-Karte Nr. 989
Michelin-Teilkarte (Teil Nord) Nr. 998
Michelin-Teilkarte (Teil Süd) Nr. 999
Michelin-Teilkarten Nr. 51–86, 1 : 200 000
Ravenstein Nr. 251–265 (15 Blätter) 1 : 250 000

Griechenland:
RV 84 (Griechenland) 1 : 800 000
Ravenstein Nr. 884 (Griechenland) 1 : 1 Mill.
Shell-Reisekarte (Griechenland) 1 : 1,5 Mill.

Großbritannien:
Michelin-Karte Nr. 986
Ravenstein Nr. 891 (England) 1 : 630 000
Ravenstein Nr. 892 (Schottland) 1 : 630 000

Irland:
Ravenstein Nr. 893 (Irland) 1 : 570 000

Italien:
RV 88 (einschl. Alpengebiet) 1 : 800000
Kümmerly & Frey (Norditalien) 1 : 500000
Kümmerly & Frey (Süditalien) 1 : 500000
IRO (Oberitalien) 1 : 400000

Jugoslawien:
Hallwag 1 : 1 Mill.
Ravenstein (Jugoslawien) 1 : 800000

Österreich:
Generalkarte (8 Blätter und Südtirol) 1 : 200000
IRO (Österreich) 1 : 450000
ÖAMTC (Österreichischer Automobilclub) 1 : 625000
RV 82 (Österreich) 1 : 400000
Ravenstein Nr. 871 (Österreich) 1 : 625000

Schweiz:
ACS (Automobil Club Schweiz) 1 : 250000
Hallwag (Schweiz) 1 : 300000
RV 70 (Schweiz, Tirol, Oberitalien) 1 : 400000
Ravenstein Nr. 872 (Schweiz) 1 : 500000

Skandinavien:
Ravenstein Nr. 876 (Dänemark) 1 : 500000
Ravenstein Nr. 887 (Norwegen/Schweden) 1 : 800000
Ravenstein Nr. 877 (Finnland) 1 : 800000
RV 91 (Südskandinavien) 1 : 800000
Kümmerly & Frey (Nordeuropa) 1 : 2,75 Mill.
Kümmerly & Frey (Südskandinavien) 1 : 1 Mill.
Polyglott-Reisekarte (Norwegen) 1 : 1,5 Mill.

Spanien:
Michelin-Teilkarten Nr. 42 und 43
RV 85 (doppelseitig) 1 : 800000
Michelin Nr. 990 (gesamt)
IRO 1 : 1 Mill.

Portugal:
Michelin (Portugal) 1 : 500000
Polyglott-Reisekarte Spanien/Portugal 1 : 1,7 Mill.

Türkei:
Polyglott-Reisekarte Türkei 1 : 2 Mill.

Ostblockländer
Bulgarien:
Autokarte Bulgarien 1 : 800000
F & B Bulgarien/Rumänien 1 : 1 Mill.

Ungarn:
F & B Ungarn 1 : 600000

Tschechoslowakei:
F & B Tschechoslowakei 1 : 600000
Ravenstein (CSSR) 1 : 600000
Polyglott-Reisekarte Tschechoslowakei 1 : 800000

Polen:
Ravenstein Nr. 886 (Polen) 1 : 1 Mill.

Die Preise der hier aufgeführten Reisekarten liegen alle zwischen DM 6,– und DM 9,80. In unserer Zeit kann man sich beim Schreiben eines Buches natürlich nicht genau festlegen, denn die Preise verändern sich

ja ziemlich häufig. Was heute gilt, ist morgen vielleicht schon wieder überholt. Darum möchten wir keine Gewähr dafür übernehmen und haben wir zu den einzelnen Blättern keine Preisangaben gemacht.
Für eine schöne Urlaubsreise sind aber Straßenorientierungsmöglichkeiten unerläßlich, und in der gesamten Urlaubsplanung macht der Preis für einige gute Karten bestimmt den kleinsten Kostenfaktor aus.

Schnelles Orientieren – keine Zauberei

Über Karten ganz allgemein haben wir eben gesprochen. Nun wenden wir uns mit dem Beispiel über schnelle Orientierungsmöglichkeiten einer uns unbekannten Landschaft zu.
Als Beispiel nehmen wir hier wieder unsere gute Landkarte im Maßstab 1 : 200 000.
Diese Aufgaben bringen uns aber – besonders zu Beginn einer Saison – auf ein uraltes Thema. »Er«, der beste Pfadfinder aller Zeiten, mosert seine Sozia (also »Sie« hinten auf der Sitzbank) an, sie solle doch im Kindergarten der Kinderschwester das Händchen geben, aber nicht ihn, einen alten Motorradfahrer, durch unmögliche Hinweise auf die falsche Straße und in die Heide schicken – pipapo usw. usf. Natürlich sagt sie dann, wenn es wieder einmal um eine solche Reise gehen soll: »Schau' Dir Deine Gegend selbst an – ich bleibe zu Haus und suche mir einen flotten und freundlicheren Burschen!«
Booing –!
Da dürfen wir Ihnen, sehr geehrte, natürlich mißverstandene und darob sehr geschlagene, Herren einen feinen Tip geben. Reden Sie doch mal recht nett mit dem Mädchen und zeigen Sie ihr doch, daß die schnelle Orientierung kein Problem ist, wenn Sie *unbedingt* darauf bestehen, daß *sie* die Navigation übernimmt, damit der Reiter ohne Anhalten zu müssen einen zünftigen Schnitt herausfahren kann.
Ganz abgesehen davon – man kann ja sich und seine Fähigkeiten überprüfen, ob man überhaupt selbst in der Lage wäre, richtig schnell zu navigieren, wenn es ins Unbekannte geht, oder wenn die offiziellen Richtungsschilder von dem abweichen, was man sich als Kurs gedacht hat.

Große Diskussion, wohin es weitergehen soll? – Wie wär's mit einer guten Karte?

Was man eigentlich zuerst wissen sollte: Die Sonne steht um 12 Uhr mittags im Süden, geht im Osten auf und im Westen unter. Auf der Generalkarte ist die obere Kante immer genau Norden. In den meisten Fällen sind freistehende Straßenbäume von Winden aus westlicher Richtung gebogen, und Straßen die auf gelben Schildchen eine Nummer tragen, sind meist Hauptrichtungen.
Nachts: Die fünfmalige Verlängerung der letzten Kante des »Großen Wagens« nach oben ergibt die Lage des Polarsternes – also Norden. Man verzeihe mir, daß ich diese alten Kinderkamellen aufwärme, aber es gibt tatsächlich Motorradfahrer, die das nicht wissen –! Vor allem, die nicht wissen, wie man sich bei der Orientierung danach grob richten könnte.

Fahren wir auf einen kleinen Berg, und schauen wir uns einmal das Panorama in Natur und dann auf der Karte an: Wie es draußen aussieht, das zeigt unsere Aufnahme, und wo das ist und welcher Ausschnitt im Blick sich ergibt, ersehen wir auf dem Original-Kartenbild der Deutschen Generalkarte 1 : 200 000. Von dem kleinen Ort Bürg auf dem Berg droben wollen wir nach Hertmannsweiler fahren, das an der Bundesstraße 14 liegt. Da wir eine kurvenfreudige Solomaschine haben, planen wir, dem großen Spaß an der Freude Rechnung zu tragen und bei der Auswahl der Strecke einen Weg zu berücksichtigen, der möglichst viele schöne Ecken aufweist. In Bürg finden wir am Ortsausgang ein Schild mit den Worten »nach Höfen 2 km«. Es fragt sich, ob diese Ortsausfahrt richtig ist. Ein Blick auf das Kartenblatt: Ja, es muß richtig sein, denn Höfen ist der nächste größere Ort in unserer geplanten Hauptrichtung.

Wenn man rechts in den Weinberg hinuntersieht, dann kann man ganz hinten im Dunst den Ort in der Sonne liegen sehen. Das ist die Richtung etwa WSW. Ein Blick auf die Karte: Stimmt! Also fahren wir die Straße nach Baach hinunter. Da unten müßte man dann nach rechts ab.

Diese notwendige Abzweigung liegt aber mitten in dem Ort Höfen – wer zu schnell hinsieht und nicht aufpaßt, dirigiert seinen Mann

Burgstall
Burg-
stetten
Erbstetten
Heidenhof
Nellmersbach
Weiler
Leuten-
bach
31
MAUBACH
HEININGEN
Weissach
Cotten-
wlr.
im Tal
WALDREMS
Stiftsgrundhof
Horbach
Allmers-
bach i. Tal
Heutensbach
HERTMANNSWLR.
Stöckenhof
Königsbronnhof
Degenhof
Öschelbronn
BÜRG
BAACH
Linsenhof
Forsths.
Kieselhof
Lindental
HÖFEN
BIRKMANNSWLR.
Rettersburg
Oberwlr.
Oppelsbohm
Necklinsbg.
Haselstein
448
Bretzenacker
Krehwinkel
Lehnenbg.
Berglen
Birken-
weißbuch
Ödernhardt
Korb
Roß-B.
Spechtshof
Kottweil
Reichen-
bach
Steinach
Streich
Steinreinach
Buoch
(506)
Gundelsb.
460
Hößlinswart
Unter-
brüden
283
Wald
Unter-
weissach

womöglich schon bei Baach rechts ab. Also aufpassen – die Rechtsabzweigung bei Baach ist an einer Linkskurve, die Rechtsabzweigung in Höfen aber mitten im Ort. Die Letztere ist die richtige. Dort müßten wir ein Schild finden »nach Hertmannsweiler 2 km« oder so ähnlich.
Nun wird aber einer leicht verwirrt, wenn er jetzt auf der Maschine den Berg abwärts um Rechts- und Linkskurven herumfährt oder mit Tempo von hinten getrieben wird. Da sind dann schnell die Gedanken weg, die man sich merkte: Baach – Linkskurve (nicht abzweigen) – Höfen – Ortsmitte – rechts abbiegen.
Drehen wir uns einmal um. Siehe da, da gibt es oben auf dem Berg in Bürg einen weithin sichtbaren Aussichtsturm irgendeiner alten Burg oder einer alten Befestigung.
Und in der Karte? Da ist er genau eingezeichnet. Etwas in der Richtung NWN kann man halb von einem Hügelrücken verdeckt die Häuser von Hertmannsweiler sehen. Quer vor unserem Standpunkt müßte auch ein Stück der B 14 zu erkennen sein. Die Straße nach Hertmannsweiler von Höfen aus muß hinter dem Buckel entlang gehen.
Ist das nun wirklich Zauberei? Der auf der Karte erkennbare Haselsteinberg (448 m) muß immer links und dann hinter uns bleiben. Das ist noch ein Orientierungspunkt für schnelles Beobachten.
Der Trick ist also, daß man auf der Karte besondere Zeichen sucht (Bergspitzen, Burgen, Ruinen, Flußwindungen, Brücken, Bahnhöfe, Eisenbahnlinien, Autobahn-Kreuzungen usw.) und diese in der Natur feststellt. Dazu braucht man wahrhaftig kein besonders trainiertes Gedächtnis. An Hand der eingehaltenen Hauptfahrtrichtung kann man sich nämlich zu der Lage der ausgesuchten Orientierungspunkte zurechtfinden.
Große Strecken mit hohem Durchschnitt ohne Orientierungshalt zu fahren, das ist wohl das Ziel der meisten schnellen Motorradwanderer. Dafür gibt es einen so einfachen Trick, daß wir es kaum wagen, ihn weiterzugeben. Aber er gehört in dieses Buch hinein. Immerhin haben wir einmal einen Fahrer damit verblüfft, daß wir ihn bei einem recht schwierigen Sprung durch einen Teil uns völlig unbekannten Englands mit einem 70er Schnitt ohne Pause und ohne falsche Straßen zu fahren nach Dover brachten. Er wunderte sich sehr über unsere sagenhaften Orts- und Straßenkenntnisse. Aber als er seinen Sturzhelm abnahm, erkannte er das Geheimnis.
Da hatten wir mit einem japanischen Filz-Dia-Schreiber (das sind die kleinen Schreibstifte, mit denen die Schrift nicht perlt oder verläuft)

Ist das nun der richtige Weg links in den Wald? Es sieht nicht nach öffentlicher Verkehrsverbindung aus, eher nach einer Hofzufahrt. Aber ein Hof ist da überhaupt nicht auf der Karte eingezeichnet. Also versuchen wir's mal.

auf die Rückseite seines Helmes den ganzen Streckenplan aufgeschrieben: Billinghurst – Pettworth – Mitthurst – Kirche/rechts ab – Haslemere – usw.

Dort konnte man bequem ablesen und ihm von hinten immer sagen, wann er die Maschine auf einen anderen Kurs bringen sollte. Heute haben wir das alles etwas kultiviert, weil die Schreibereien auf dem Helm nicht immer ideal sind. Man klebt einen mit Schreibmaschine geschriebenen Notizzettel mittels Tesafilm auf. Fertig, Punkt! Die Schrift vom Helm haben wir aber immer mit einem Radiergummi wieder wegbekommen.

Allerdings gehört dazu ein vorheriges Kartenstudium und die Festlegung der geplanten Reiseroute. Wenn man davon unvorhergesehen abweicht, hat man jedoch immer die Gedächtnis- und Namensstütze

der alten Richtung vor Augen und kann entsprechend dieser Orientierungspunkte seinen Fahrer nachher wieder richtig dirigieren.
Wer ohne Navigator ins Unbekannte fährt, der kann sich einen solchen Richtungszettel auf dem Deckel des Tankrucksackes oder – wenn vorhanden – unter der durchsichtigen Kartenhülle des Tankrucksackes befestigen. Aber das hat schon einen Bart, gegen den der besonders große vom Förster Hubert wie eine miese zwanzigjährige Zahnbürste wirkt. Nur die Idee, diesen Spickzettel dem Fahrer hinten auf das Haupt zu nageln, ist u. E. neu. Entsprungen dem gehetzten Wesen einer armen Motorradbraut.
Man kann sich natürlich in einem Seitenwagen besser helfen, wenn man sich die Route auf der Karte mit einem farbigen Stift aufmalt. Doch haben wir festgestellt, daß Zettel mit Ortsnamen noch immer das beste Mittel sind, die wütigen Kilometerfresser zufriedenzustellen. Es braucht ja nicht ein Autopilot à la Rallye Monte Carlo zu sein.
Die Karten-Orientierung mit *einem* schnellen Blick ist auch nichts Besonderes: Bundesstraßen, Autobahnen, Flüsse, Eisenbahnen, größere Ortschaften, Flugplätze usw. kann man immer sofort erfassen. Auch weiß man anhand der Sonne oder anderer Hilfsmittel doch gleich, in welcher Hauptrichtung man sich bewegt. Es ist durchaus möglich, während der Fahrt eine ungefähre Ortsbestimmung anzustellen – und wer es kann, eine Karte während des Rittes hinten auf einem Motorrad flatterfrei zu lesen, der ist ganz obenauf. Schwierig ist nur, die Geschwindigkeit zu den Entfernungen auf dem Kartenbild richtig zu erkennen. Ehe man es sich versieht, ist man schon über einen wichtigen Punkt hinausgekommen. Also lieber immer 5 km als nur einen im voraus sein. Da wird es dann wieder zu einem Problem guter Beobachtungsgabe.
Was hier geschrieben steht, ist also in erster Linie für unsere Navigatoren auf dem Rücksitz – und das sind ja meist die mitfahrenden Damen – und für einen guten Reise-Durchschnitt ohne vieles Anhalten gedacht.
Im übrigen aber rechne man zu allem immer noch 10 Minuten Orientierungspausen für jede wichtige Straßenkreuzung hinzu, wenn man einen Reisedurchschnitt im voraus festlegen möchte. Und wer in völliges Neuland auf abgelegenen Straßen und Wegen vorstößt, der sollte auf alle Fälle die Uhr daheim lassen. Dort gilt immer der alte Spruch: »Die Götter haben die Zeit erfunden, aber von Eile haben sie nichts gesagt.«

Fahrpläne

Um eine – mehrere Tage dauernde – Tour als Erlebnisfahrt richtig genießen zu können, machen sich alte Reise-Experten mitunter eine Art Fahrplan.
Hier ein Beispiel.
Drei Tage sind eingeplant, um von dem Ort A (oben links) zum Ort B (unten rechts) zu fahren. Und während man sich die Landkarte ansieht, findet man in weiterer oder näherer Entfernung von der Hauptroute einige interessante Besonderheiten.
Da ist gleich am ersten Tag die Möglichkeit, ein Motorrad-Rennen zu sehen. Weiter gibt es eine alte Dampfeisenbahn, die zum Mitfahren reizt, und irgendwo in einsamen Waldbergen findet man einen Landgasthof. Eine Burg ist in der Nähe der Strecke, ein Bade-See und schließlich eine alte romantische Stadt mit Mauern und vielen Sehenswürdigkeiten.
Ein Motorrad-Rennen dauert mindestens drei bis vier Stunden an einem Nachmittag, das Besichtigen und Mitfahren auf einer alten Dampfeisenbahn nimmt vielleicht drei Stunden in Anspruch. In einer alten Burg kann man sich auch zwei Stunden aufhalten.

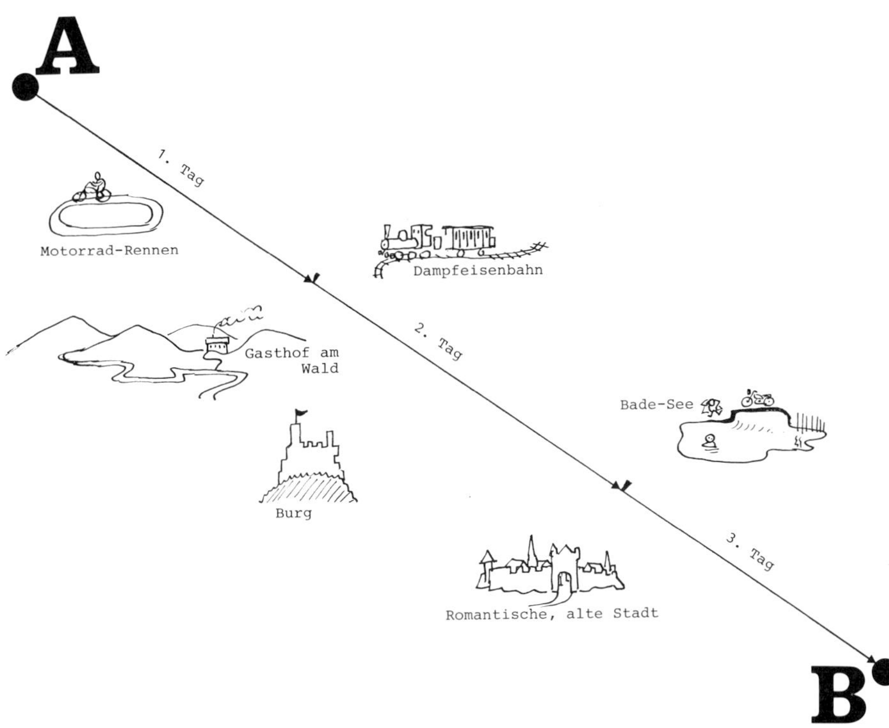

Der einsame Landgasthof könnte mehr Zeit mit seiner Umgebung notwendig machen, eine alte mittelalterliche Stadt wäre fast ein halber Tag, und das Ausruhen und Baden am und im See könnte auch einen halben Tag in Anspruch nehmen.
Zu diesen Zeitaufwänden kommen die zu fahrenden Kilometer, die man ja auch richtig genießen möchte.
Also: erst einmal feststellen, welche Ereignisse und Sehenswürdigkeiten, welche Landschaft und welche Aktivitäten uns am meisten reizen.
Danach kalkuliert man ungefähr den Zeitbedarf. Da man zweimal übernachten muß, wäre es schon möglich, einmal den Landgasthof in schöner Landschaft als erste Übernachtung und dann die mittelalterliche Stadt als zweite Übernachtung einzuplanen. Dafür gehen also höchstens die Abendstunden drauf, so lange es noch hell ist, wenn man sich umsehen und die Umgebung ansehen möchte.
Zum Fahren rechnet man pro Tag jeweils drei Stunden ein, danach bleibt Zeit genug, alles Angebotene zeitgerechnet einzuplanen oder bis zur nächsten Fahrt zu verschieben.
Auf diese Weise wäre es schon möglich, ein Motorrad-Wochenende lohnend zu planen. Das braucht man nun natürlich nicht mit tierischem Ernst und mit der Uhr in der Hand zu verwirklichen, denn wir wollen uns ja erholen. Aber als kleinen Leitfaden kann man solche überschlägige Planung schon benutzen.
Damit kommt man dann auch zu solchen Rundtouren, wie wir sie beispielsweise im folgenden vorstellen möchten. Schön ist es, wenn man sich ein Reisethema auswählt. In unseren Beispielen sind es Windmühlen, eine spannende Geschichte aus der Ritterzeit und eine ganz spezielle Landschaft.
Das richtige Gefühl für benötigte Zeit, für Entfernungen und Geschwindigkeiten wird man mit der Zeit bekommen, wenn man geplante Touren und die dabei verwirklichten Punkte gegeneinander stellt. Dann wird einem auch später bei großen Fahrten und Unternehmungen so leicht keine Überraschung aus dem Konzept bringen können. Und Verabredung mit Freunden wollen wir auf einer Urlaubstour sowieso nicht auf die Stunde genau machen. Man sollte es tolerieren, wenn jemand meint, daß man sich dann »sicher abends irgendwann vor dem Abendbrot im Gasthof Löwen in Oberhinterbach trifft«.

5. KAPITEL

Motorradtechnik für die Reise

Pannen im Urlaub?

Natürlich ist das Motorrad topfit, wenn die große Urlaubstour anfangen soll. Erstens ist die Maschine in den letzten Monaten ja fast jeden Tag ohne Ärger gelaufen, und zweitens liegen ja keine Sahara-Durchquerungen vor uns. Und außerdem war sie ja auch erst zur Inspektion, und das Händlernetz im In- und Ausland ist sehr dicht und steht überall mit Ersatzteilen und Werstätten zur Verfügung.
Damit wäre das Thema erledigt.
So denken bestimmt viele unserer Motorradfreunde, die zwar gern fahren, die aber ungern Werkzeug in die Hand nehmen oder deren technisches Verständnis für etwaige Schwierigkeiten nicht ausreicht.
Trotzdem – wir sollten uns vor Antritt einer Reise doch einmal um die Maschine kümmern und ein wenig von den Notwendigkeiten wissen, die den Urlaub schön erhalten können und uns vor unliebsamen Pannen (und Geldausgaben dabei) schützen.
Also: ist das Motorrad *wirklich* topfit?

Es ist natürlich etwas verwirrend, wenn man hört, was alles zu untersuchen ist. Wenn man sich aber an eine bestimmte Reihenfolge hält, wird die Aufgabe nicht so schlimm.
Wir teilen die Sache in die Gruppen Fahrwerk, Motor und Getriebe, Zubehör ein. So weit es wichtig ist, beginnen wir immer vorn am Motorrad und hören am Heckteil auf.
So sieht also unsere Checkliste ganz einfach wie folgt aus:

I. FAHRWERK

① Reifenluftdruck prüfen. Vorn 1,8 und hinten 2,0 bar als Faustregel. *(Bild 1)*

② Räder drehen, auf seitlichen Felgenschlag und auf Unwucht achten. Gleichzeitig schauen wir das Profil der Reifen an, Mindesttiefe = 2 mm *(Bild 2)*. Beim Drehen der Räder wird man auch feststellen können, ob die Radlager noch in Ordnung sind. Das kann man sogar hören. Wenn sie ein deutliches Knirschen erzeugen, sind sie erledigt. Allgemein sollten Radlager länger als 20000 km halten, doch sind sie nicht immer sehr gut gegen feinen Schmirgelstaub und Feuchtigkeit abgedeckt. Defekte Radlager sind unterwegs jedenfalls eine üble Sache (siehe auch *Bild 8*). Sie dürfen also nicht poltern und knirschen und das Vorderrad muß sich zum Beispiel bei kräftigem Anstoßen länger als 20 Sekunden (Faustregel!) mindestens sauber weiterdrehen. Ansonsten müssen neue Lager eingebaut werden, das – wenn man es nicht selbst kann – eine Werkstatt schnell machen kann.
Bei Speichenrädern schlägt man mit einem Schraubenzieher oder Schraubenschlüssel die Speichen leicht an *(Bild 3)*. Ein hoher gleichbleibender Ton bei allen Speichen bedeutet, daß die Speichenspannungen ziemlich gleich sind, somit alles in Ordnung ist. Ein höherer Ton bedeutet dazwischen, daß eine Speiche zu stramm angezogen ist. Ein tieferer Ton weist auf eine zu locker sitzende Speiche hin. An den Nippelköpfen in der Felge kann man die Spannung richtig einstellen *(Bild 4)*. An diese Sache gehen wir aber erst dann heran, wenn es sich um erheblich unterschiedliche Tonhöhen beim Anschlagen handelt.

Bild 1

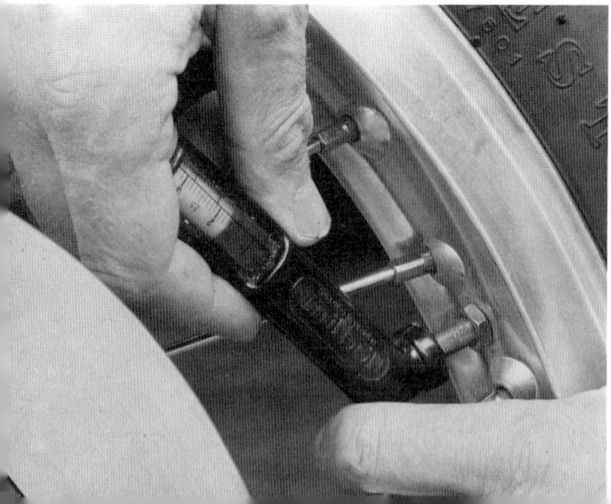

Bild 2

Bild 3

Bild 4

Wir sehen, daß eine Untersuchung die andere nach sich zieht. Da wir also bei den Rädern, Reifen und Felgen sind, machen wir da gleich weiter.

③ Der seitliche Schlag des Rades wäre der nächste Kontrollpunkt. Das geht ganz einfach: Maschine ist noch von der ersten Untersuchung aufgebockt, und so ist das Rad immer noch frei drehbar. Dabei halten wir ein Stück Kreide in genau gleichem Abstand so an die Reifenwand, daß eine nur leichte Berührung stattfindet. Bei einem seitlichen Schlag wird in dessen Bereich ein starker Kreidestrich sichtbar *(Bild 5)*. Ob ein Reifen richtig montiert ist, haben wir vorher daran kontrolliert, daß die Markierungslinien auf den Reifenflanken ringsum auf beiden Seiten in genau gleichem Abstand zum Felgenrand sitzen *(Bild 6)*.

Bei einigen Decken finden wir an den Seiten einen roten oder andersfarbigen Punkt, der die Stelle bezeichnet, an der das Schlauchventil sitzen muß. Auf diesen Punkt wurde der Reifen in der Fabrik ausgewuchtet *(Bild 7)*.
Beim Drehen des Rades zeichnet die leicht angehaltene Kreide dann einen dickeren Strich auf die Reifenflanke, wenn die Felge dort eine Ausbeulung hat. Das kann von losen Speichen, falsch montiertem Reifen oder auch defekten Radlagern herrühren. Noch zu den Radlagern: wenn man mit der einen Hand oben das Schutzblech festhält oder – bei Fahrzeugen mit Kunststoffkotflügeln – an der Gabelbrücke die Gabel anpackt, während

Bild 5

Bild 6

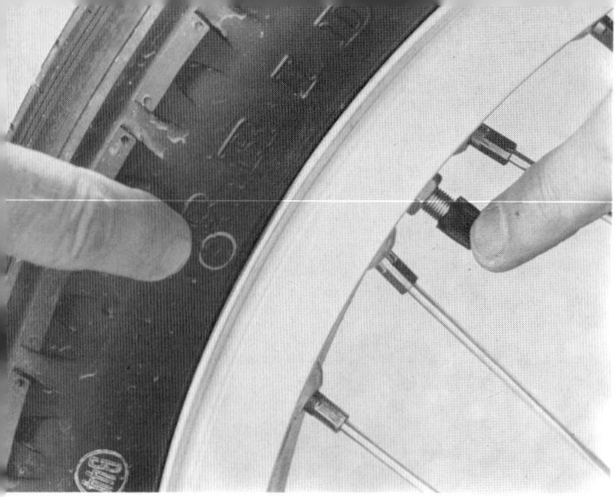

Bild 7

Bild 8

man mit der anderen Hand versucht, das Rad quer zur Fahrtrichtung hin und her zu drücken, kann man ein Radlagerspiel deutlich feststellen *(Bild 8)*.
Schwierig wird die Sache, wenn ein Gußrad einen starken Seitenschlag hat oder wenn bei einem Speichenrad mehrere Speichen hintereinander zu lose oder zu fest sitzen. Dann die meist die Felge erneuerungsbedürftig.
Damit sollten wir nicht zögern, denn eine schwer belastete Urlaubsmaschine reagiert auf defekte Räder unglaublich kriminell, wenn sie richtig ausgefahren wird oder im Gebirge bewegt werden soll. Und bei Beulen in der Felge ist ein Rad so oder so erneuerungsbedürftig *(Bild 9)*.

④ Als nächstes nimmt man sich die Lenkungs- und die Lagerung der Hinterradschwinge vor. Wir lassen dazu die Maschine weiter aufgebockt, daß sich das jeweils kontrollierte Rad frei über dem Boden hält. Mit den Fingern der einen Hand fühlen wir an den Trennfugen der Lager am Lenkkopf zuerst nach, ob Spiel vorhanden ist, wenn wir das untere Gabelende in Fahrtrichtung vor- und zurückdrücken. Dazu muß ein eventuell vorhandener Lenkungsdämpfer weit aufgedreht werden *(Bild 10)*.
Lenkungslager lassen sich nachstellen, aber die Lenkung muß frei und leicht beweglich bleiben. Knacken oder Rucken bei der Lenkerbewegung zeigt beschädigte Schalen oder Kugeln an. Dann muß man das Lager gegen ein neues ersetzen.
Die Lagerung der Hinterradschwinge kontrolliert man ähnlich, indem man mit den Fingern einer Hand an der Trennfuge fühlt, wenn man mit der

Bild 9

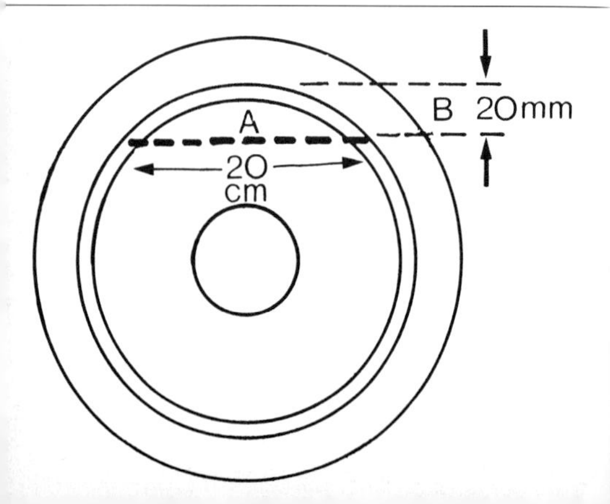

Bild 10

Bild 11

Bild 12

anderen Hand das Rad und die ganze Schwinge quer zur Fahrtrichtung hin und her bewegt *(Bild 11)*.
Das Spiel dieser Lagerung ist meist vom Werk schon festgelegt (bei manchen Maschinen kann man es sogar außen einstellen), doch geht man besser damit zur Werkstatt, wenn man es nicht selbst machen kann.

⑤ Vorderradgabel. Es empfiehlt sich vor Antritt der Reise ein Ölwechsel der Dämpfung. Die Ölsorte steht fast immer im Handbuch (z. B. Viskosität SAE 10 oder 20). Die Gleitbuchsen können noch bis zu 0,4 mm Spiel haben, aber das sind schon spitzfindige Edelschrauberfragen. Wenn die Gabel Ölspuren zeigt, muß man unter allen Umständen danach sehen! Denn eine mit viel Gepäck beladene Maschine braucht eine sehr saubere Führung des Vorderrades.

Eine Gabel muß auch in der Befestigung der Holme durch die Gabelbrücken in Ordnung und nicht verspannt sein, außerdem müssen die Klemmungen fest sein *(Bild 12)*. Unter den Verschlußschrauben der oberen Gabelbrücke befinden sich die eigentlichen Befestigungsschrauben der Holme. Man sollte sie auf festen Sitz überprüfen.

⑥ Bremsen. Bei Trommelbremsen schaut man zuerst nach dem einwandfreien Gang der Bremshebelachse *(Bild 13)*. Nicht zu viel Fett eindrücken! Aber auch nicht trocken lassen. Gegen starke Hitze gefeites Fett benutzen! Die Bremsringe und die Bremsbeläge müssen in Ordnung sein, eine unrunde Trommel bringt gerade bei schwerer Belastung des Motorrades nicht nur eine Beeinträchtigung des Radumlaufes son-

Bild 13

Bild 14

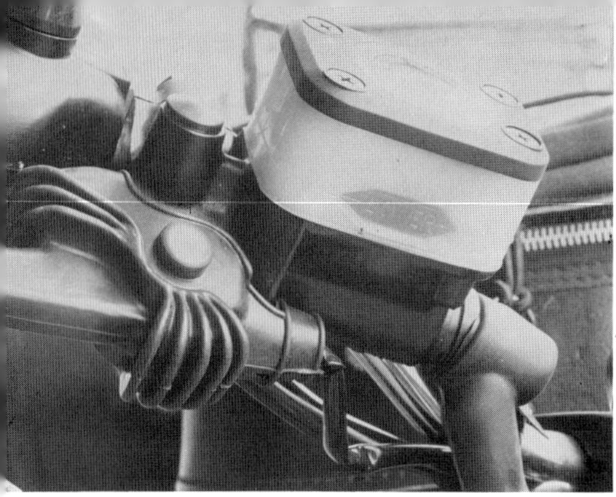

Bild 15

Bild 16

dern auch Gefahren beim Bremsen mit sich. Ein Ausbau von Bremshebel und -schlüssel, dessen Säuberung und Nachfetten, Ausbau und Kontrolle von Bremsbacken lohnt bestimmt. Neue Beläge lassen sich einfach – notfalls in der Werkstatt – montieren.
Bei den Scheibenbremsen schaut man nach einwandfrei schlagfreiem Lauf der Scheibe, nach der Stärke der Beläge in den Bremszangen und nach deren sattem Anlegen *(Bild 14)*.
Die Bremsseilzüge, Bremsflüssigkeitsbehälter *(Bild 15)*, Druckleitungen *(Bild 16)* und das Gestänge sind ebenfalls für eine Kontrolle dankbar.

⑦ Radspur und Rahmenzustand. Wissen Sie, ob die Räder Ihrer Maschine genau in der Spur laufen? Wenn nicht: zwei Spuren bedeuten zwei Gleichgewichtslagen, das Motorrad schaukelt zwischen zwei Richtungen hin und her – es »schwimmt«. Das ist natürlich unter Belastung mit zwei Personen und viel Gepäck – also mit etwas leichterem Vorderteil – unter Umständen eine sehr gefährliche Angelegenheit.
Wir nehmen ein etwa zwei Meter langes genau gerades Brett oder eine Latte, deren Kante schnurgerade verläuft. Die Latte legen wir – vielleicht über gleich hohe Öldosen – vorn und hinten an die Reifen an. Das Vorderrad wird so lange hin und her bewegt, bis die Latte die äußeren Reifenkanten im vorderen und hinteren Bogen berührt. Die Spur der Maschine stimmt dann, wenn die Bogen vorn und hinten gleich berührt werden *(Bild 17)*.
Wird der Hinterradreifen nur an einem Bogenteil berührt, muß das Rad mit den Kettenspannern neu gerich-

Bild 17

Bild 21

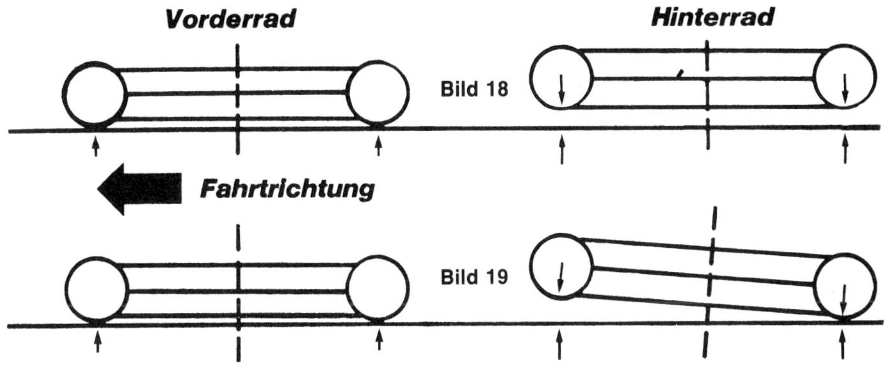

Bild 18

Bild 19

tet werden *(Bild 18)*. Ist aber ein Abstand zwischen der Latte und dem Hinterradreifen im vorderen und hinteren Bogenteil gleichmäßig vorhanden, dann ist der Rahmen verzogen *(Bild 19)*.

Ich glaube nicht, daß man mit einem verzogenen Rahmen eine Urlaubsreise beginnen sollte.

Allerdings muß man bei der Spureinstellung berücksichtigen, daß ein Hinterradreifen 4.00–18 oder –17 breiter (z. B. 99 mm) als ein Vorderradreifen 3.25–19 (z. B. 89 mm) ist. Die Spurlatte oder der zum Einspuren gespannte und angelegte Faden wird also um diese größere halbe Breite (also um 5 mm) des Hinterradreifens am Vorderradreifen gleichmäßig vorbeigehen müssen. Um den Breitenunterschied der Reifen festzustellen, bedient man sich einer Schublehre *(Bild 20)*.

Bei der Spurkontrolle mit einem Faden kommt es darauf an, daß dieser straff gespannt ist und vorn und hinten in gleicher Höhe angelegt werden muß *(Bild 21)*.

Nun gibt es noch eine Reihe von Möglichkeiten, schief stehende Räder festzustellen, die auf weitere Mängel des Rahmens hinweisen. Das aber sprengt den Rahmen unserer Urlaubsvorbereitung. Es wäre aber nicht schlecht, wenn man solche Untersuchung allgemein vor Saisonbeginn unternimmt.

Bild 20

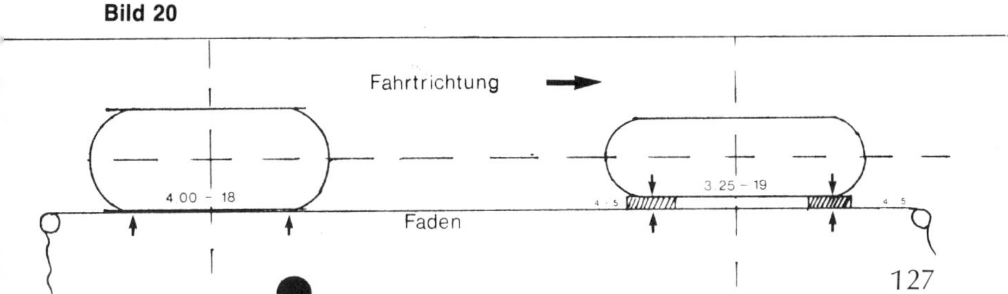

Regel:

Reifenbreite hinten (mm)
– Reifenbreite vorn (mm)
= Breitenunterschied (mm) : 2 = Anlageabstand vorn (mm)

① Ölwechsel machen. Es gibt einen uralten Spruch »Wer gut *schmeert,* der gut fährt«. Doch dies darf nicht auf die Quantität von Schmiermitteln sondern auf deren Qualität bezogen werden. Zum Ölwechsel gehört auch das Erneuern des Öles im Getriebe und bei Kardanmaschinen im Hinterradgetriebe und im Hinterradantrieb.
Wer in sehr südliche Länder mit höherenußentemperaturen reisen will, sollte vielleicht daran denken, unterwegs ein dickeres Öl einzuwechseln. (Im Handbuch stehen dafür meist wertvolle Hinweise auf die notwendige Viscosität).
Aber aufpassen: nicht plötzlich von unlegierten »offenen« Ölen auf HD-Öle wechseln! Denn HD-Öle können Schmutzteilchen lösen, die dann Leitungen oder Bohrungen (trotz Ölfilterung) verstopfen.

② Kontrolle des Ventilspiels.

③ Kontrolle der Zündeinstellung.

④ Vergaser säubern, aber die Einstellung und Düsenbestückung nicht ändern.

⑤ Motor auf Laufruhe hin beobachten. Wer mißtrauisch bei irgendwelchen polterartigen Geräuschen, bei einem Schlagen, lautem Klappern und Schleifen ist, sollte den Weg zur Werkstatt nicht scheuen, falls er nicht selbst ein handwerklicher Könner ist. Geräusche haben natürlich schon manchen armen Motorradfahrer völlig grundlos verrückt gemacht, man sollte also deswegen nicht gleich nervös werden. Doch ist ein gesundes Mißtrauen besser als ein defektes Pleuellager mitten in Andalusien –! Und wenn der Gang zur Werkstatt nur beruhigende Wirkung hat, besser ist besser (wenn es sich um eine *gute* Werkstatt mit ausgezeichneten Fachleuten handelt!).
Die Frage bleibt, wie weit man diese Untersuchungen ausdehnt. Natürlich spielt das Wissen um das eigene Motorrad und dessen Eigenheiten eine sehr große Rolle. Trotzdem: eine Liste von Kundendienststellen und Werkstätten der gefahrenen Marke kann von Wert sein. Die sollte man für die Länder, die man besuchen möchte, unbedingt haben.
Faustregel: dumpfe, polternde und schlagende Geräusche deuten auf häßliche Folgen hin.
Ölverbrauch: ein Viertaktmotor kann – ohne daß man um sein Leben fürchten muß – bis zu einem Liter Öl auf 1000 km verbrauchen.

⑥ Das Getriebe könnte nur Ärger machen, wenn die Gänge nicht halten. Sollte so etwas schon einmal vor der geplanten Reise passiert sein, dann muß nachgesehen werden. Dazu muß man an die Eingeweide, denn ein Spiel der Wellen, die Funktion der Schaltwalzen oder -scheiben, der Zustand der Räder oder der Schaltgabeln usw. läßt sich von außen nicht kontrollieren.

Bei Maschinen unterhalb einer Leistung von 15 kW (ca. 20 PS) könnte man bei extremer Belastung – zwei Personen und Gepäck am Rande des zulässigen Gesamtgewichtes – daran denken, die Gesamtübersetzung zu vergrößern (»kürzer« zu machen), um im Gebirge an sehr starken Steigungen mehr Durchzugskraft zu haben. Dazu sollte man ein kleineres Getrieberitzel oder einen um einige Zähne größeren Zahnkranz am Hinterrad vorsehen.

III. ZUBEHÖR

Zu dem Begriff ›Zubehör‹ müssen wir der Einfachheit halber alles zählen, was nicht direkt zum Fahrwerk oder zu Motor und Getriebe gehört.

① Schrauben, Bolzen und Muttern kontrollieren. Schutzbleche, Schutzblechhalterungen, Fußrastenbefestigungen, Schalthebel- und Bremshebel-Arretierungen, Bremsgestänge-Nachstellung am Hinterrad (!), Achsmuttern, Klemmschraube der Achsfaust, Tankbefestigung und noch eine ganze Menge mehr sind nachzukontrollieren und festzuziehen. Vielfach kann man auch durch Federringe Sicherungen unterlegen, und bei einigen Muttern lohnen sich sogar Drahtsicherungen (durch den Sechskant gebohrtes Loch, Draht durchgezogen und in der Nähe befestigt d. h. verzwirbelt). Unbedingt sind die Befestigung des Gepäckträgers und der Packtaschen im Auge zu behalten.

② Wenn man sich um den festen Sitz von Schrauben, Bolzen und Muttern kümmert, gelangt man bei der Durchsicht auch an verschiedene andere Details, die sozusagen ›am Wege liegen‹. So sind bestimmt alle Seilzüge eine Kontrolle wert. Kluge Leute machen sich schon vor der Reise die Mühe und verlegen parallel zu den vorhandenen Zügen bereits Ersatz. Gaszug, Seilzug der Vorderradbremse und Kupplungszug werden – mit wetterfestem Klebeband am vorhandenen Zug festgehalten und verlegt – fertig zum Einhaken an die Hebelei mitgenommen.
Ein weiterer wichtiger Punkt ist die einwandfrei funktionierende Tankbelüftung *(Bild 22)*, die dafür sorgen muß, daß genügend Luft in den Tank gelangt, um den Kraftstoff immer gleichmäßig zu den Vergasern abfließen zu lassen. Wird diese Belüftung unterbrochen – z. B. durch einen zu straff und dicht aufgelegten Tankrucksack auf den Tankdeckel, in dem sich der Belüftungskanal befindet – dann fließt der Kraftstoff nicht mehr ungestört nach. Damit magert das Gemisch ab, und die Folge ist dann immer ein plötzlicher Ärger wie klemmende Kolben oder ein Loch im Kolben. Das passiert dann besonders gern, wenn der Motor richtig schuften muß und viel Kraftstoff braucht, also an langen Steigungen oder auf der Autobahn.
So sollten wir uns also um die Belüftungsbohrung im Tankdeckel und natürlich um saubere Kraftstoffleitungen kümmern.

③ Elektrik. Das ist ein ganz besonderes Kapitel und macht vielen Leu-

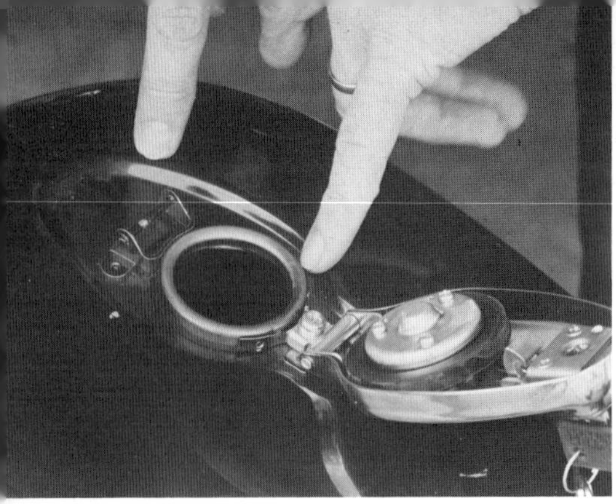

Bild 22

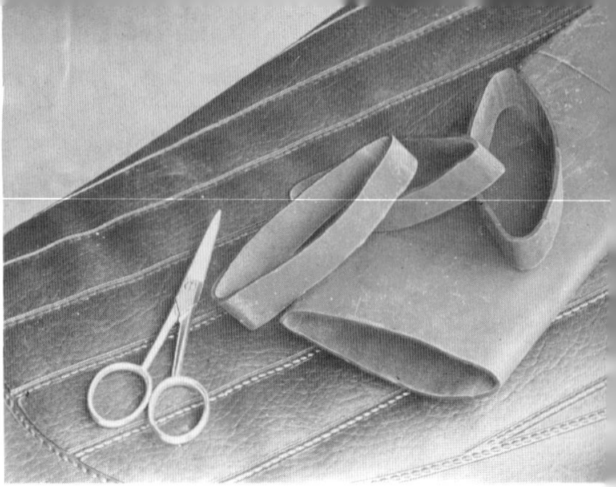

Bild 23

ten Kopfzerbrechen. Daß wir kontrollieren, ob die Batterie topfit ist, sollte man nicht erst erwähnen, doch bei der Untersuchung von Schalterkontakten auf Korrosion wird es komplizierter. Man sollte auch nachsehen, ob nicht irgendwo Kabelabschnitte eingeklemmt sind und scheuern. Ersatzbirnen, Sicherung und andere Kleinteile verpackt man – schön in Schaumstoff gepolstert und zusammengefaßt – am besten im Scheinwerfergehäuse. Es schadet auch bestimmt nichts, wenn man elektrische Kleinteile mitnimmt (z. B. Unterbrecher, Kondensator, Zündkerze, ein Stück Kabel und sogar einen Kerzenstecker.

④ Werkzeug und Ersatzteile. Bei vielen Motorrädern ist das serienmäßig vorhandene Bordwerkzeug nichts anderes als gestanztes Blech, mit dem man vielleicht werfen aber nicht schlossern kann. Es lohnt sich bestimmt, so einen Pofel gegen gutes Werkzeug zu tauschen (notfalls das Bordwerkzeug in die Werkzeughandlung mitnehmen und dort Stück für Stück auswählen und tauschen). Aber man sollte auch probieren, was man für folgende Pannen und zu deren leichter Behebung vielleicht zusätzlich braucht:

a) Radaus- und -einbau (bei Reifenpannen). Ist der Radmutternschlüssel groß und *lang* genug? Montierhebel für Schlauchreifen, oder Teile für schlauchlose Reifen.

b) Kerzenwechsel. Kommt man mit dem Kerzenschlüssel leicht an die Kerze?

c) Vergaser-Reinigen. Ist dafür alles vorhanden, auch zum Erreichen versteckt angeordneter Muttern?

d) Gerissene oder aus dem Nippel

Bild 24

Bild 25

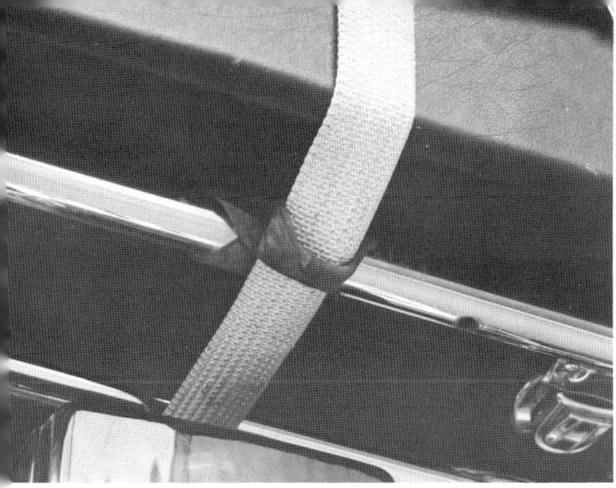

Bild 26

Bild 27

gelöster Seilzug. Schraubnippel oder Ersatzzug mitnehmen. Werkzeug!
e) Elektrik. Ist ein kleiner Schraubenzieher, sind kleine Maulschlüssel oder Steckschlüssel vorhanden? Ersatzkabel?
f) Ist die Kombizange stark genug zum Abkneifen auch von stärkeren Drähten? Ist eine kleine starke Schere im Bordwerkzeug?
g) Zum etwaigen Ausbeulen von Blechteilen oder anderen Handgriffen braucht man einen mittleren Kunststoffhammer.
h) Aus einem alten Luftschlauch schneiden wir uns Gummiringe *(Bild 23)*, die man überall zum Befestigen oder Halten von Teilen oder als Ersatzrückholfederung *(Bild 24)* gebrauchen kann (damit kann man zum Beispiel den Kunststoffhammer irgendwo am Rahmen oder Gepäckträger separat befestigen, wenn anderswo kein Platz mehr für so ein sperriges Werkzeug ist *(Bilder 25–29)*.
i) Bei Schlauchbereifung gehört ein neuer Reserveschlauch unbedingt zum Gepäck, ein neues Felgenband, ebenfalls frisches (nicht zu lange abgelagertes) Flickzeug und ein neuer Ventileinsatz.
Nun könnte man vielleicht Reservehandhebel(!) und auch noch eine Reservekette mitnehmen, wenn die Maschine Kettenantrieb zum Hinterrad hat. Aber das wird dann schon problematisch, wenn man mit dem Gewicht und dem Platz bei zwei Personen geizen muß. Aber ein Reservekettenschloß, ein paar Kettenglieder und die Ausdrückvorrichtung zum Öffnen endloser Ketten wären vielleicht nützlich. Genauso wie der Speichenschlüssel, wenn man eine Maschine mit Drahtspeichenrädern fährt.

Bild 28

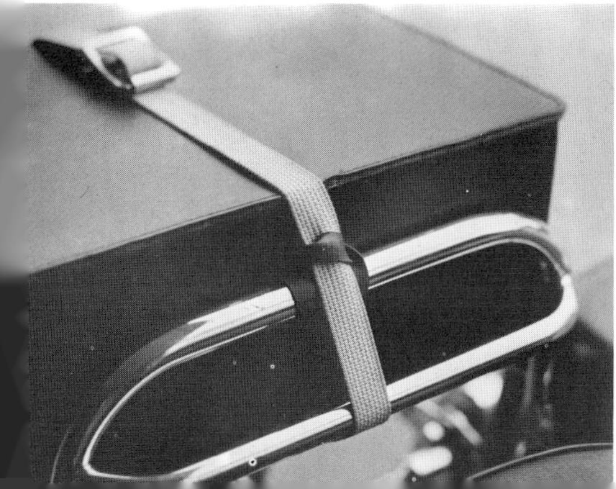

Bild 29

Der handwerklichen Phantasie sind natürlich keine Grenzen gesetzt, jeder wird da so seine Erfahrungen machen oder schon gemacht haben. Doch wird sich die Beschäftigung mit dem Motorrad *vor* einer Reise immer lohnen, damit man im Falle eines Falles weiß, wohin man, womit man und wie man hinlangen muß, wenn sich ein Pannen-Abenteuer ergeben sollte.
Dieses Kapitel kann natürlich auch nicht in diesem Buch eine Anleitung zum Schlossern sein, denn dafür fehlt der Platz. Aber es soll unseren Lesern bei der Überlegung helfen, was alles bei guter Reisevorbereitung zum Thema »Maschine« berücksichtigt werden kann.

In eine stabile Tanktasche (hier Ernst Harrs »Elefantenboy«) packt man Zusatzwerkzeug unten ein. Vorausgesetzt die Tasche ist zerlegbar.

Wenn die Luft raus ist

Sage uns niemand, daß Reifenpannen kaum noch vorkommen! Wer sich hauptsächlich auf normalen Straßen bewegt, der wird vielleicht das Glück haben, auf eine Reifenpanne lange warten zu können. Wer jedoch auf Abenteuer in unwirtliche Gegenden aus ist, der sollte doch schon darauf gefaßt sein, daß seinen Rädern einmal die Luft ausgeht.
Zum Beispiel wäre so etwas in den skandinavischen Ländern, auf dem Balkan, in Spanien durchaus möglich.
Und es passiert dann garantiert, wenn die nächste handfeste Hilfe meilenweit entfernt ist –!
Bei schlauchloser Motorradbereifung muß man sich dann mit einem mitgeführten Füllmittel helfen, das durch das Ventil eingefüllt wird und ein normales Loch so abdichtet, daß man bis zur nächsten Hilfsmöglichkeit kommen kann (hoffentlich sind das nicht mehr als 100 Kilometer und hoffentlich hat man dort schon einmal etwas von schlauchlosen *Motorrad*reifen gehört –!!). Allein kann man sich deswegen kaum helfen, weil man das dazu gehörende großdimensionale Werkzeug gar nicht mitnehmen kann.
Meistens wird der Hinterradreifen zuerst platt, weil das Vorderrad einen Nagel erst aufstellt, in den das Hinterrad dann hinein fällt.
Ein gewitzter Motorradtourist weiß, daß von allen vorkommenden Pannen eine Reifenpanne noch zu den wahrscheinlichsten gehört. Deswegen beherrscht er auch den Aus- und Einbau der Räder – vor allem des Hinterrades – seiner Maschine perfekt.
Oder nicht – ?! – Nun, dann lohnt es sich aber, das einmal vor Antritt der Reise zu üben (wobei man übrigens feststellen wird, ob die Konstrukteure der Maschine praxisnahe Motorradhasen waren oder nicht).
Unterwegs ist es dann nur halb so schlimm.
Wichtig ist es, die Maschine auf einem festen Grund aufzubocken. Deswegen gehört unter das Gepäck auf den Gepäckträger ein Holzbrett von der ungefähren Größe 45 × 20 cm, das man auf weichem Boden unter die Füße des Ständers legt, bevor man das Motorrad aufbockt. So ist die Gefahr, daß sie einsackt und wacklig steht, geringer. Man kann das auch auf Zeltplätzen gebrauchen.
Bevor man das Rad ausbaut, nimmt man noch eine Regenplane oder sonst irgendwelche geeigneten Unterlagen, auf die man Teile legen

Bild 1

Bild 2

kann und auf denen man nachher den Reifen montiert. Denn sauber muß es sein, damit nicht Dreck, Sand oder Steinchen zwischen Schlauch und Felge geraten.
Auf diese Unterlage legt man das ausgebaute Rad.
Und nun wollen wir einmal zeigen, wie man einen Reifen demontiert. Helmut Dähne höchstpersönlich macht es uns vor.
Dabei ist es nicht wichtig, daß man einen Montagetisch hat, aber zur Demonstration der Handgriffe ist es besser.
Zuerst lösen wir die Rändelmutter des Ventiles, was vielleicht etwas schwerer geht, wenn die Luft völlig aus dem Schlauch entwichen ist.
Dann markieren wir außen auf der Reifenflanke die Stelle, an der der Nagel eingedrungen ist.
Danach drücken wir die Reifenflanken auf beiden Seiten des Rades tief in das Bett der Felge von den Felgenrändern ab *(Bild 1)*. Wenn das mit den Fingern nicht zu machen ist, dann drücken wir vorsichtig mit dem Fuß. Bitte, keinen Hammer dazu nehmen!

Bild 3

Bild 4

Normalerweise beginnt man mit der Demontage der Reifendecke direkt beim Ventil (bei den Rädern der modernen BMW fangen wir *gegenüber* dem Ventil an), mit dem Montiereisen vorsichtig den Deckenrand über das Felgenhorn zu heben *(Bild 2)*.

Sehr gut funktionierende und für die Mitnahme im Gepäck nicht zu große Montiereisen gibt es u. a. auch bei der Reifenfirma Metzeler und deren Niederlassungen.

Das Montiereisen wird zwischen Felgenhorn und Decke geschoben, bis das aufgebogene Ende unter den Wulst der Reifendecke faßt. Aber bitte, das Eisen nicht so weit einschieben, daß der Schlauch verletzt werden kann!

Das Eisen wird nun zur Innenseite des Rades bewegt, so daß das greifende Ende den Reifenwulst über das Felgenhorn hebt.

In dieser Lage halten wir das Eisen fest und fassen mit dem zweiten Montierhebel etwas weiter daneben nach. Auch hier wird der Deckenwulst über das Felgenhorn gehoben *(Bild 3)*.

Bild 5

Bild 6

Mehrere Male setzen wir diese Hand-über-Hand-Hebelei fort, bis der Reifen nicht mehr in die Felge zurückspringen kann und bis wir die ganze Seite der Decke aus der Felge heraus haben.
Nun können wir vorsichtig das Ventil aus dem Ventilloch nach innen drücken und den Schlauch vorsichtig zwischen Felge und Decke herausziehen *(Bild 4)*. Dabei merken wir uns die Stelle nach der Lage des Schlauchs, die wir vorher als Nagel-Loch auf der Reifenflanke markiert hatten. An dieser Stelle wird der Schlauch kaputt sein.
Wer nun meint, daß er die ganze Decke von der Felge herunternehmen sollte, um nach weiteren Fremdkörpern zu suchen, die Reifen und Schlauch beschädigten oder noch weiter beschädigen könnten, der drückt mit der Hand den Reifen von der Felge herunter *(Bild 5)*.
Wer das Loch im Schlauch nicht gefunden hat, pumpt ihn jetzt auf. Die Stelle, aus der die Luft entweicht, ist dann leicht zu finden.
Das Reifeninnere tasten wir ganz vorsichtig nach eventuellen Fremdkörpern ab. Bei ganz dicken Löchern oder Rissen ist natürlich die

Decke hin. Dann sollte man, bis zu dem Punkt, an dem man eine neue Decke kaufen kann, zwischen Schlauch und Decke eine Unterlage legen (Segeltuchstoff, Lappen o. ä.). So kann man vorsichtig wenigstens bis zur nächsten Hilfsmöglichkeit weiterfahren. Alte Hasen haben solche Unterlegeflicken für alle Fälle dabei.
Nun ein Wort zum Felgenband in der Tiefbettzone der Felge, womit die Speichenenden abgedeckt werden. So ein Felgenband sollte aus Gummi sein und ohne Verdrehungen, Falten oder Risse gut an der Felge rundum anliegen. Ist es beschädigt, dann muß man es unbedingt erneuern, und wenn man kein neues Felgenband mitgenommen hat, dann sollte man aber zur Not die Speichenenden im Felgentiefbett mit einem durchgehenden, sauber angedrückten und faltenlos verlegten Streifen Isolierband abdecken.
Bitte, möglichst kein Kunststoffband nehmen! Bei Erwärmung kann Kunststoff weich werden, er kann sich im Tiefbett über den Speichenenden verschieben und Falten bilden. Faltenkanten von Kunststoff aber können sehr spitz und scharf sein und den Schlauch anreiben oder aufschneiden!
Wir warnen deswegen davor, weil einer unserer Freunde durch ein verrutschtes Kunststoffband auf dem Vorderrad seiner BMW eine Reifenpanne hatte und dabei fast sein Leben verlor!
Also, es empfiehlt sich immer, auf Reisen nicht nur einen neuen Reserveschlauch, sondern auch ein neues Felgenband mitzunehmen.
Wir machen weiter mit unserer Montage.
Die Decke wird zuerst mit einem Wulst über die Felge gebracht und diese ins Tiefbett gedrückt. Dabei achten wir darauf, daß die Punktmarkierung auf der Reifenflanke am Ventilloch der Felge liegt. Der geflickte oder der neue Schlauch wird so eingelegt, daß wir zuerst das Ventil vorsichtig von innen nach außen durch das Ventilloch in der Felge schieben und lose mit ein paar Gewindegänge der Rändelmutter arretieren. Danach wird der Schlauch sorgfältig rundherum unter die Decke geschoben und ganz leicht durch ein paar Pumpenschläge etwas mit Luft gefüllt. Dann wird der Schlauch in der Felge solange verschoben (wenn nötig), bis das Ventil gut senkrecht und mit Spiel in seinem Loch sitzt *(Bild 6)*.
Bei den BMW-Felgen soll man direkt am Ventil beginnen, die Reifenkante über das Felgenhorn und in die Felge zu bringen, bei anderen Felgen beginnen wir gegenüber dem Ventil.
Jetzt heißt es aufpassen, daß wir den Schlauch nicht einklemmen, wir

Bild 7

Bild 8

müssen also mit den Montierhebeln sorgfältig zufassen und immer beobachten, wie der Reifenrand über das Felgenhorn rutscht oder springt *(Bild 7)*.
Damit der Reifenrand gut über das Felgenhorn geht, befeuchten wir ihn kräftig mit Wasser. Im Übrigen gibt es (z. B. bei Honda) Felgenrand-Schoner für diese Montage.
Gerade beim letzten Abschnitt der Decke, die schließlich selbst oder sehr leicht über den Felgenrand springt, passen wir auf, daß der Schlauch nicht eingeklemmt wird.
Nachdem die Decke auf der Felge rundum sitzt, schauen wir uns noch einmal die Lage des Ventiles an. Es darf nicht schräg sondern muß genau mit etwas Spiel senkrecht stehen.
Mit den Fingern kann man im Falle eines Falles Decke und Schlauch zusammen hin und her schieben, bis das Ventil senkrecht steht. Außerdem empfiehlt es sich, ringsum mit den Daumen die Reifenflanke vom Felgenhorn weg leicht nach innen zu drücken. Ist der

Schlauch dabei sichtbar, dann wird er garantiert beim Luftaufpumpen eingeklemmt *(Bild 8)*.
Also in diesem Falle noch einmal montieren! Sorry. Sir –!
Wenn alles gut sitzt, dann pumpen wir den Reifen auf. Während dieser Arbeit können wir das Rad ringsum gelegentlich auf dem Boden aufspringen lassen und dabei beobachten, ob die Reifenflanken richtig an die Felgenränder anliegen. Wir pumpen bis etwas über 3,0 bar (atü) auf, dann muß die Decke gut in der Felge sitzen und die Randmarkierung ringsum sauber gleichmäßigen Abstand zum Felgenrand haben (siehe auch Seite 123, Bild 6).
Zum Luftaufpumpen haben wir die Rändelmutter des Ventils fest angezogen, nun lockern wir sie wieder um etwa einen Gewindegang.
Übrigens: es lohnt immer, dem Ventil einen neuen Einsatz zu spendieren. Und es ist immer wichtig, daß die Staubkappe einen Schraubsteg zum Drehen des Ventileinsatzes hat.
Das wär's, und wir wünschen allen unseren Freunden, daß sie sich nunmehr bei Reifenpannen oder bei der Montage von neuen Reifen (die ja auf den Hinterrädern vieler schneller Maschinen mindestens alle 5000 km, wenn nicht in kürzeren Abständen, nötig sind) immer selbst helfen können, soweit es sich um Reifen mit Schläuchen handelt.

6. KAPITEL

Bekleidung für große und kleine Touren

Eine Reise ist so gut wie das Zeug zum Anziehen

Seit die Menschen sich mit Motorrädern durch die schöne Welt bewegen, gibt es die immer aktuelle Frage der richtigen Bekleidung. Da wir in diesem Buch nicht über Kurzstrecken-Betrieb rund um die Häuserblocks sprechen oder über eine aktive Beteiligung an Straßenrennen, Moto Cross oder Geländefahrten reden, und weil auch Disco-, Milchbar- oder Eisdielen-»Rallies« hier keine Rollen spielen, ist der Kreis des Bekleidungsbedürfnisses schon enger festgelegt: wir wollen möglichst gegen Wasser, Dreck, Kälte (oder Hitze) gefeit sein und viele hundert Kilometer bequem fahren können.
Das Ideal für viele Motorradfahrer – modischen Schick mit 100% Zweckmäßigkeit verbinden zu können – bleibt in diesem Falle aber problematisch. Es gibt zwar eine Menge guter Ansätze auf dem Weg zu diesem Ziel, aber über Kompromisse ist bis heute noch niemand hinweggekommen. So bleibt der alte Lehrsatz noch immer erhalten,

Motorradanzüge aus Kunststoff gibt es in jeder Art und Ausführung. Was man dabei beachten sollte, wird in diesem Kapitel erklärt. Natürlich ist es nicht nötig, unbedingt Leder zu tragen.

der besagt, daß modischer Schick immer auf Kosten absoluter Zweckmäßigkeit geht, und daß absolute Zweckmäßigkeit modischen Schick abtötet.

Da aber jeder Motorradfahrer lieber möglichst sauber, möglichst trocken und möglichst warm nach 500 gefahrenen Kilometern bei jeder Witterung am Ziel des Tages ankommen will und sich so bestimmt am wohlsten fühlt, sollten wir lieber über zweckmäßige als über schicke Dinge berichten. Den schicken Hütten-Après-Ski holt man am Ziel aus dem Seitenkoffer und zieht sich dafür um –!

So wäre das erste Thema das Lederzeug.

Wonach sollte man sehen?

Es sollte kein enger Straßendreß, sondern ein bequem sitzender und gefütterter Anzug sein, dessen Jacke und Hose durch einen kräftigen Rundumreißverschluß verbunden sind. Das brachte zuerst Ende der

Links: Die »Tourenkombi« von Ernst Harr in Rohrdorf bei Nagold im Schwarzwald leitete schon zu Beginn der 60er Jahre eine neue Zeit in der Technik der Motorradbekleidungen ein. Diese Lederkombination – Jacke und Hose durch Rundum-Reißverschluß verbunden und in bester Handarbeit gefertigt – fand danach viele Nachahmer. – Rechts: Zu Lederzeug gehört aber ein Regenüberanzug. Dieser hier (ebenfalls von Ernst Harr in Rohrdorf) hat verschweißte Nähte. Sein Material ist PVC-beschichtetes Nylon. Wichtig ist der breite Überlappschutz vor dem Reißverschluß.

50er Jahre die Lederwarenfabrik Ernst Harr in Rohrdorf bei Nagold/ Schwarzwald auf den Markt; heute bieten diese Art Anzüge eine Menge Firmen an. Es ist fast schon ein Normentwurf für Tourenfahrer.

Wichtig ist dabei die Qualität des Leders und seine Verarbeitung. Wir ziehen da die alte Hand-Maßarbeit vor, gegen industrielle Massenanfertigung haben wir alle viel Mißtrauen. Also: erst einmal fragen, ob

Der Becker-Regenanzug hat viele Jahre Erprobung hinter sich. Er gehört zu den Spitzenmodellen dieser Bekleidungsart und entstand nicht am Zuschneidetisch eines cleveren Bekleidungsmachers, sondern während vieler tausend Versuchskilometer auf dem Motorrad. Bezugsquelle: Noller, Schwieberdingen. Man trägt ihn über gewöhnlicher Reisekleidung.

man maßgeschneiderte Handarbeit bekommen kann! Die ist vielleicht etwas teurer als billigere Industrieware, aber das macht sich gerade bei Leder bezahlt. So einen Anzug trägt man bestimmt vier Jahre, einen billigeren muß man unter Umständen bereits nach einer Saison völlig verbraucht in die Ecke feuern!
Nun werden neben Original-Leder-Anzügen auch solche – mit ähnlichem Schnitt und ähnlichen Finessen – aus Kunststoffen angeboten. Da gibt es lt. Werbesprüche sogar solche, die absolut verschleiß- und reißfest sind. Auf alle Fälle sind sie meist wesentlich billiger als Leder.

Bei Kunststoffen aber muß man sehr wählerisch sein. Viele sind nicht wie Leder atmungsaktiv mit isolierender, anschmiegsamer und wärmender Wirkung. Sie sind weich bei Hitze und hart bei Kälte, ihre Oberflächen altern schnell und sind oft so dicht, daß man zwar von außen trocken bleibt aber innen naß geschwitzt ist. Das verhindern auch Futterstoffe nicht.
Außerdem muß man die Reißfestigkeit an den Nähten, die bei Kunstsstoffen vielfach verschweißt sind, unter die Lupe nehmen, und manches Material kann auch – im Falle eines Sturzes mit Schürfwunden – recht unangenehme Folgen für den Träger haben.
Es sollte also niemand den Fehler machen, seine Einkäufe zu 80% nur von seinen Augen bestimmen zu lassen!
Keine Angst, liebe Freundinnen und Freunde: *so* triste sieht ein guter moderner Tourenanzug aus Leder oder gut geeignetem Kunststoff auch nicht aus. Doch werden wir bei Leder nicht um eine regelmäßige und sorgfältige Pflege herumkommen. Auch kann man unter Lederzeug keine andere Tages- oder »zivile« Bekleidung tragen. Und – wir brauchen für Leder- oder lederähnlich getragene Kunststoff-Anzüge unbedingt zusätzlich eine schnell überziehbare Regenhaut.
Diese Regenschutz-Bekleidung sollte möglichst lange wasserdicht sein, man sollte sie ganz eng zusammenrollen und leicht mit schnell überziehbaren Gummistiefeln so fix greifbar wegpacken können, daß die übrige Gepäckmenge davon nicht berührt wird. Im Falle eines plötzlich nahenden Gewitterschauers wäre so eine dritte Haut dann in Sekunden angezogen.
Hier scheiden sich manche Geister. So ein Klamottenaufwand ist vielen Fahrern zu viel und zu unpraktisch, und da es – wie in den 30er bis zu den 50er Jahren – keine praktischen Fahrmäntel mehr gibt, schaut man sich nach guter Zweckmäßigkeit um, die geeignet ist, staub-, wasserdicht und warm über eine normale Wander- oder Alltagsbekleidung getragen zu werden.
Da gibt es sehr schnell anziehbare, warme und leichte Gesamt-Anzüge, deren Trick aus langen und geschickt angeordneten Reißverschlüssen besteht. Aber sie sind kaum wasserdicht und eigentlich nur zum Fahren in großer Kälte geeignet.
Die meisten brauchbaren Anzüge haben Jacken und Hosen getrennt, und man sollte darauf achten, daß der obere Hosenrand unter der Jacke möglichst weit hinauf bis zum Brustbein reicht. ›Klassisch‹ könnte man die dunklen englischen Fahranzüge nennen, die fast 100%

Eine Regenhaut für Lederanzüge. Auch hier ist die weite Überlappung gut zu erkennen. Bezugsquelle: Noller, Schwieberdingen.

wasserdicht und gut atmungsaktiv sind, und die es schon zur Zeit von Nepomuk, dem Uralten, gab. Allerdings ist ihr Segeltuchstoff mit einer Art Tran imprägniert, mit dem wir ungern in zivilisierte Kaffees oder Hotelhallen gehen würden und bei dem man immer schwarze Fingernägel und »traurige« Hände hat. Aber dafür ist das Angebot von Nylon- oder anderen Kunststoffanzügen ziemlich groß.

Wichtig ist immer, daß die Verschlüsse möglichst weit und mittels von Labyrinth-Schnitten überdeckt sind. Denn bei den während des Fahrens herrschenden Windgeschwindigkeiten, Winddruck und Wasserdruck, bei dem in Leeseiten aufkommenden unheimlichen Luftsog müssen Verschlüsse und Nähte entsprechend abgedeckt und geschützt sein – sonst sitzt man nach einer halben Stunde noch in einer Badewanne –!

Die Größe sollte man probieren, indem man so einen Anzug vor dem Kauf über die normale Bekleidung zieht.

Der Jackenrand muß gut lang sein und darf beim Fahren durch den Rückenwind nicht angehoben werden können. Der Kragen muß ganz dicht geknöpft werden oder aber so viel Raum bieten, daß man sich darunter zur Abdichtung ein kleines Handtuch umlegen kann. Die Ärmelenden sollten so bemessen sein, daß Handschuhe unter ihnen weit hinaufreichen und gegen eindringliche Sog-Feuchtigkeit geschützt sind.
Auch bei Handschuhen gibt es einiges zu beachten: Fingerhandschuhe nicht zu eng wählen! Wasserabscheide-Rillen sind gut, und eine Faustregel besagt, daß bei Kälte ein Fausthandschuh deswegen gut ist, weil sich die Finger zur Wärmeisolation des größeren Raumes bedienen können.
Über Stiefel zu schreiben dürfte sich fast erübrigen. Aber beim Aussuchen sollte man sich nicht nach Stiefelchen umsehen, wie sie bei Straßenrennfahrern üblich sind. Wasserdichtheit, Geschmeidigkeit, ausreichend lange Schäfte sind wichtig.
Sollen wir nun noch über Sturzhelme sprechen?
Hier vielleicht ein Tip: ob Integral- oder »Jet«-Helm – wichtig ist, daß

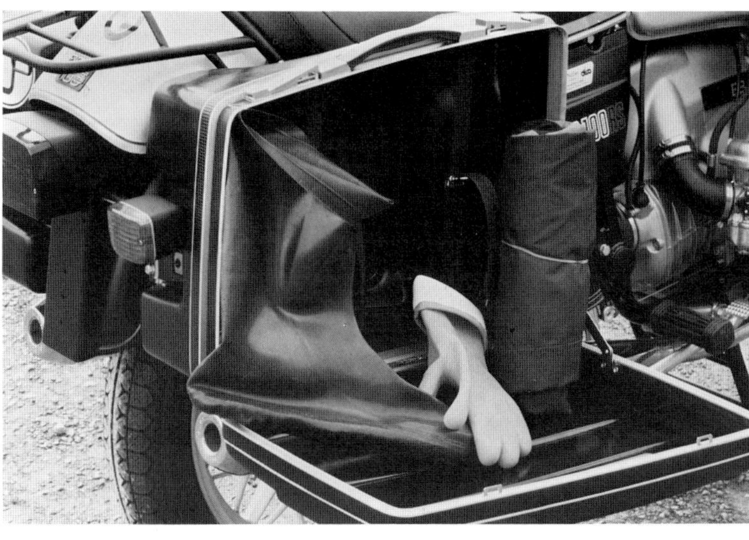

Überschuhe aus Gummi, wasserdichte Handschuhe, Regenüberanzug – alles kann man sehr eng zusammendrehen und als »GWA« (= Gewitternotausrüstung) prima und schnell greifbar im Gepäck unterbringen.

man ihn einfach aufsetzen und absetzen kann, daß nach einem Unfall aber auch Dritte in der Lage sein können, diesen Helm ohne Komplikationen zu entfernen, wenn man selbst dazu nicht in der Lage sein sollte. Und: nichts ist auf langen Reisen schlimmer als ein drückender Sturzhelm! Also bei der Anschaffung unbedingt lange genug probieren. Eine Helmschale muß im übrigen so gebaut sein und aus einem solchen Material bestehen, daß sie bei einem Sturz auftreffende Stöße in sich selbst absorbieren und dämpfen kann.
Sturzhelme aber sind keine absolute Lebensversicherung!
Noch ein Wort zum Nierenschutz. Oftmals ist man der Meinung, daß ein Nierenschutzgürtel diese Organe in erster Linie und nur ausschließlich vor mechanischer Beschädigung schützen soll. Das ist nicht ganz richtig. Ein Nierenschutzgürtel soll dem Bau der rückwärtigen Körperpartie eine Unterstützung geben, und er ist sehr gut dazu geeignet, den Rücken wärmer zu halten. Aber gegen die innere Erschütterung der Nieren durch schlechte Federung und grobe Fahrbahn kann ein Nierengürtel nicht viel ausrichten. Ob man ihn tragen will oder nicht, sollte man selbst entscheiden. Gelände- und Moto Cross-Sportlern ist er unbedingt zu empfehlen, beim Reisen mit einem Motorrad wäre eine sehr gute Federung der Maschine zunächst einmal wichtiger.

7. KAPITEL

Wohin mit dem Gepäck?

Die wichtige Geschichte über Lastenverteilung, Gepäckmenge und Lage des Schwerpunktes

»Sie« möchte bestimmt den halben Haushalt mitnehmen, vor allem auch etwas Nettes zum Anziehen.
»Er« will unbedingt seine spezielle Werkzeugauswahl zusätzlich zum Bordwerkzeug einpacken (was nebenbei gesagt sehr nützlich sein kann!), dazu die Fotoausrüstung mit zwei Teleobjektiven, dann den Kassettenrekorder und noch einen Ersatzschlauch für die Reifen.
Natürlich soll auch das Zelt mit, dazu Spritkocher, sonstiges Camping-Rüstzeug und alle Badesachen.
Wenn dann alles beisammen ist, geht die Doktorarbeit los, was man davon *nicht* mitnehmen kann, weil der Platz und die Unterbringungsmöglichkeiten an der Solomaschine dafür nicht ausreichen.
Bei dem Motorrad mit Seitenwagen stellen sich solche Probleme kaum, weshalb wir im folgenden nur die Solomaschine im Auge haben.

Hier hat einer sein NSU-Konsul-Gespann – für eine Rallye der Motorräder der 50er Jahre – so beladen, daß die Frage aufkommt, wie weit das zulässige Gesamtgewicht wohl überschritten ist. Keine Frage – auf dem Campingplatz fehlte es ihnen an nichts, aber wie sich das Ding noch fahren ließ, ist eine Frage der Relativität! – Fazit: Man kann alles übertreiben!

Ob es dann zu einem befriedigenden Kompromiß kommt?
Meist ja – aber fast immer auf Kosten der Belastungsfähigkeit der Maschine.
Und davon soll nun die Rede sein.

Was nehme ich mit?

Eine Allround-Fahrbekleidung, die für ziemlich alle Wetterlagen ausreicht, gibt es heute schon überall zu kaufen. Dabei richten sich alte Hasen nach der Zweckmäßigkeit (siehe den Abschnitt über Ausrüstung und Bekleidung, Seite 140–147). Der letzte Modeschrei, bei welchem meist schon in der ersten Minute Regenfahrt das Wasser durch alle Ritzen kommt, dürfte da eine sehr untergeordnete Rolle spielen. Urlaubsfahrten und Motorradreisen sind keine Disco- oder Milchbar-Runden. Schon bei 60 km/h haben wir bei leichtem Regen auf dem Motorrad Wind- und Wasserdruck (durch die Nähte und auf dem Gewebe) wie bei einem satten Sturm auf hoher See auf der Brücke eines Seenot-Rettungskreuzers. Daran sollte man denken.
Wer gewohnt ist, mit Lederzeug zu fahren, sollte an einen leichten – über dem Leder tragbaren – Überanzug denken. Es gibt sehr praktische und gut im Gepäck unterzubringende Modelle, aber sie gehören so in den Tankrucksack oder in eine Gepäcktasche, daß sie schnell greifbar sind und nicht erst gesucht und kompliziert herausgefischt werden müssen (inzwischen ist man bei einem schnell aufkommenden Gewitter schon gebadet –!).
Über Sturzhelme, Handschuhe, festes Schuhwerk, Brillen und Halstücher brauchen wir an dieser Stelle kein Gespräch führen. Das Schuhwerk sollte aber so beschaffen sein, daß es einige Zeit Regenfahrt übersteht, ohne daß sich ein Fußbad ergibt, denn zusätzliche Gummistiefel benötigen kostbaren Raum. Nochmals: wir haben keine kurze Schönwetter-Fahrt vor uns, sondern eine mehrtägige oder mehrwöchige Reise durch alle möglichen Wetterlagen.
Für Wochenend-Touren über einen oder mehrere Tage braucht eine Person nicht mehr als einen Tankrucksack, in dem man Nachtzeug, Waschzeug, Wechsel-Strümpfe und -Wäsche sowie einige Kleinigkeiten bequem unterbringt. Das ist überhaupt kein Problem.
Interessanter aber wird die Sache schon, wenn zwei Personen über einen oder mehrere Tage mit dem Motorrad ins Land hinaus wollen. Reicht ein Tankrucksack dann aus?
Mit etwas Geschick ohne weiteres – aber man wird hier schon Kompromisse schließen müssen. Eine Zusatztasche auf dem Gepäckträger wird aber solche Fragen lösen helfen. Natürlich auch etwaige Packtaschen neben dem Hinterrad.

Links: Gepäckträgertasche (Krauser), in Abteilungen trennbar durch Rundumreißverschlüsse. Eine sehr praktische Lösung. Gepäckträger aus Profilteilen (Krauser). – Rechts: Krauser Tanktasche mit vielem ›Gewußt-Wie‹.

Es scheint hier wichtig zu sein, daß ein Tourenfahrer unbedingt auch die Wissenschaft der Schnallriemen, Gummihakenzüge, »Spinnen« usw. studieren sollte, wenn er sich praktisch ausrüsten möchte.
Nun aber geht es weit über die Zeit eines Wochenendes hinaus auf die richtige Urlaubsreise. Eine, zwei, drei oder gar vier Wochen. Und jetzt wird es mit dem Gepäck richtig dramatisch.
Viele Fahrer werden unter Umständen lachen und das Ganze überhaupt nicht ernst nehmen. Mit Plastikbeutel und Matchsack scheinen sie ausreichend gerüstet zu sein. Das wird einfach alles umgehängt oder irgendwie auf die Maschine draufgeladen und mehr schlecht als recht festgebunden. In der Tat sehen wir in der Ferienzeit oftmals abenteuerlich bepackte und verschnürte Motorräder, Turmbauten zu

Links: BMW-Tanktasche mit Magnethaftung und vielen Ideen zur Unterbringung von Utensilien. – Rechts: Der Vater moderner Tanktaschen war in den 60er-Jahren der »Elefantenboy« von Ernst Harr in Rohrdorf. Grundidee: auf einem stabilen Unterteil sind Abteilungen für Wochenend-Gepäck und Ausrüstung trennbar aufgebaut.

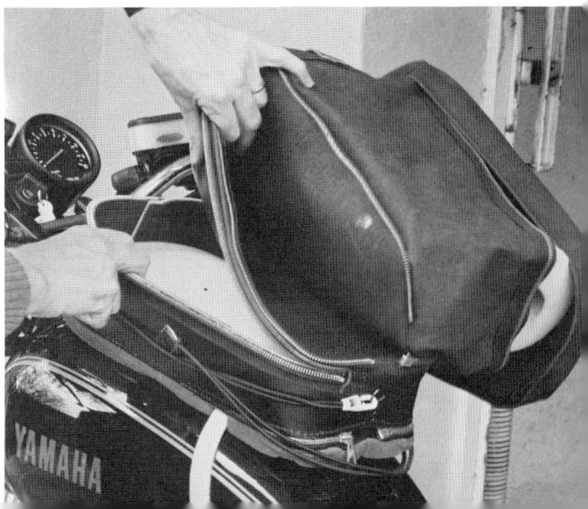

Babel, vergleichbar mit Pack-Kamelen langer Karawanen. Da hat man vor nichts Respekt, und selbst um die Lenkachse des Vorderrades herum und über dem Vorderrad dazu wird noch draufgeschnallt, was sich irgendwie festmachen läßt.
Ganz abgesehen davon, daß solche asiatischen Einspur-Lastwagen bestimmt keine Fahrfreuden mehr vermitteln, sind sie in ihrem Spurverhalten in brenzlichen Situationen sogar lebensgefährlich, besonders auf Gebirgsstraßen. Und – woran wohl keiner ihrer Mahouts denkt – sie überschreiten das Gewichtslimit erheblich. Damit entsprechen sie nicht mehr der StVZO (Straßenverkehrs-Zulassungs-Ordnung) und könnten ohne weiteres aus dem Verkehr gezogen werden (!).
Also: das »zulässige Gesamtgewicht« (steht im KFZ-Schein) darf nicht überschritten werden.
Das ist bestimmt keine blöde Schikane des Gesetzgebers oder des Herstellers der Maschine. Wir können einfach nicht unbegrenzt und überall an unserem Fahrzeug irgendwelche Kilogramm befestigen und verladen.
Für zwei Personen Wechselwäsche, zum Wechseln auch Oberbekleidung, Schuhe, Strümpfe und anderes benötigen allerhand Raum. So ist es logisch, daß man für die Maschine passende seitliche Packtaschen aus Leder oder Kunststoff besorgt. Bei einigen Marken ist so etwas, individuell für jedes Modell angepaßt, im Angebot. Diese Taschen gibt es außerdem in den verschiedensten Versionen im Fachhandel.
Auch einen Gepäckträger brauchen wir, um hinter der Sitzbank noch einiges unterbringen zu können.
Wer sich Gepäck-Kombinationen zulegen will, bei denen alles aufeinander abgestimmt ist, wird am günstigsten und ohne große Basteleien und Schraubereien dabei wegkommen.
Aber man achte sehr darauf, daß die Lasten dann auch fest mit der Maschine verbunden werden können und nicht hin und her schwanken, weil vielleicht Verstrebungen zu leicht sind.
In den Packtaschen kriegt man sehr viel unter. Dabei sollten Strümpfe, Taschentücher und leichte Wäschestücke dazu benutzt werden, Hohlräume und Ecken gut auszustopfen. Sperrige Gegenstände (wie zum Beispiel Schuhe) sollte man so einpacken, daß man mit ihren Vorsprüngen die Ecken derTaschen und Koffer ausfüllt. Gegenstände, die öfter und schneller gebraucht werden, gehören oben in das Gepäck (natürlich auch das Verbandszeug).

GEPÄCK-ZUSAMMENSTELLUNG FÜR GRÖSSERE WOCHENENDTOUREN ODER KLEINERE URLAUBSREISEN

Zunächst ist zu beachten, daß eine Ausrüstung mit einem kleinen Zweimannzelt natürlich Platz und Gewicht kostet. Aber in diesem Falle erübrigt es sich wohl, besondere Bekleidung mitzunehmen, wie man sie vielleicht abends in einem Gasthof oder Hotel anziehen möchte. Dadurch entsteht dann ein Ausgleich. Diese Zusammenstellung kann auch nur eine Anleitung sein, von der aus man dann seine ganz persönlichen Vorstellungen verwirklichen wird.

Tanktasche: Nachtzeug für zwei Personen, Waschzeug mit zwei kleinen Handtüchern, Rasierzeug, Kamm, Hautcreme, Ersatzbrille, Ersatzbrillengläser für Fahrbrille oder Ersatzscheibe für Helmvisier, Sonnenbrillen, Nähzeug, Filme, durch das Nachtzeug gegen die Tankfläche gut abgepolstert die Kamera, Lesestoff, Kartenspiel, Landkarten, Fahrzeug- und persönliche Papiere einschließlich Krankenschein, Adressenverzeichnis, Notizbuch mit Bleistifte.

Seitentasche 1: Eng zusammenlegbares Regenschutzzeug, überziehbare dünne Gummistiefel, großes Handtuch (für eventuellen Kragenschutz bei Regen und für Baden), Badezeug, für jede Person ein Paar leichte Halbschuhe oder Sandalen, Motorrad-Verbandkasten und Reisemedikamente (z. B. Schmerzmittel, Mittel gegen Durchfall), Zusatzwerkzeug (Hexenzange, Seitenschneider, Isolierband, Markierungskreide, Kerzen, Kerzenstecker, Reserveschlauch, Flickzeug, Felgenband, Montierhebel, Kettenspray, einige Ersatzspeichen und Speichenschlüssel, Ersatzseilzüge, Blumendraht).

Seitentasche 2: Zwei leichte Pullover, zwei Oberhemden, für jede Person zwei Paar leichte Socken, genügend Unterwäsche zum Wechseln (nicht sparsam sein), für jede Person leichte Hose.
Natürlich kann man mit dem Verteilen der einzelnen Gepäckstücke variieren – also, was in die eine Seitentasche nicht hineingeht, geht in die andere. Wäsche kommt natürlich in einen Extrabeutel, auch für andere Gepäckarten – z. B. Zusatzwerkzeug – nimmt man Extra-Behälter. Wird kein Zelt und keine Schlafausrüstung auf dem Gepäckträger mitgenommen, steht dieser natürlich für eine weitere – möglichst wasserdichte Tasche oder Kunststoffbox zur Verfügung.

Gepäckträger: Leichtes Zweimann-Biwakzelt, das nicht mehr als 2 kg wiegt (Bergsteiger-Zelt); zwei Daunenschlafsäcke von je 1,5 kg Höchstgewicht; zwei Isolier-Liegematten pro Stück nicht mehr als 0,5 kg. Alles eng und fest zusammengedrückt und in wasserdichte Plastikhaut eingerollt. Mit Gummizügen festgehalten. Obendrauf ebenfalls mit Gummizügen festgemacht die Kochausrüstung.

Folgende Utensilien wären vielleicht als praktisch noch festzuhalten: Kochproviant (u. U. in eine der Seitentaschen), Taschenlampe, Ballistol-(Waffen-)Öl (für allerlei

Schmierstellen und auch zur Wundbehandlung), Taschenmesser mit vielen Finessen (zum Flaschen- und Büchsenöffnen!), Bindfaden, Brustbeutel für Papiere und Notgeld.

Unter der Sitzbank, hinter die Seitendeckel oder ins Scheinwerfergehäuse:
Unterbrecher, Kondensator, Ersatzbirnen, Ersatzsicherung, Ersatz-Schlauchventil, Flickzeug.
Reserve-Schlüssel für die Maschine kommen in den Brustbeutel zum Notgeld (je nach Entfernung von daheim bemißt man dies etwa nach der Höhe des Fahrpreises für Schnellzug weitester Ferienort-Heimatort).

Ganz bestimmt haben wir jetzt einige Dinge und Finessen vergessen, doch erhebt diese Aufstellung keinen Anspruch auf Vollständigkeit und ist – wie schon oben erwähnt – nur eine Anleitung.
Wer länger mit der Maschine unterwegs sein will, braucht etwas mehr Überlegung beim Verstauen aller wichtigen Sachen. Man bedenke aber: gebrauchte Wäsche kann man von unterwegs nach Haus schicken, damit wird Platz frei für Mitbringsel, Überhaupt sollte man sich der Möglichkeit bedienen, wichtige Dinge per Post oder Bahn nach Haus zurückschicken oder auch an den Ferienort nachsenden zu können. Per Expreßgut funktioniert das immer sehr gut. Es sei denn, daß man ein Ersatzteil am Polarkreis braucht.
Wenn man zusätzliche Wäsche- oder Bekleidungsstücke unterwegs benötigt, dann ist es ratsam, für die kurze Zeit nach billigen »Wegwerf«-Sachen Ausschau zu halten, die das Rückgepäck nicht belasten.

Wohin mit dem ganzen Zeug?

Die Tanktasche auf dem Tank, die beiden Packtaschen rechts und links neben dem Hinterrad und das Zusatzgepäck auf dem Träger hinter der Sitzbank kennzeichenen die Packzonen.

Links: Thema Gepäckträger: Hier sollte man unbedingt darauf achten, daß das Material gegen Schwingungen stabil genug ist. Die Auflagefläche darf nicht zu klein sein für Zelt oder Koffer. – Rechts: Tanktaschenriemen müssen unbedingt unter Seilzüge und Druckschläuche gelegt werden.

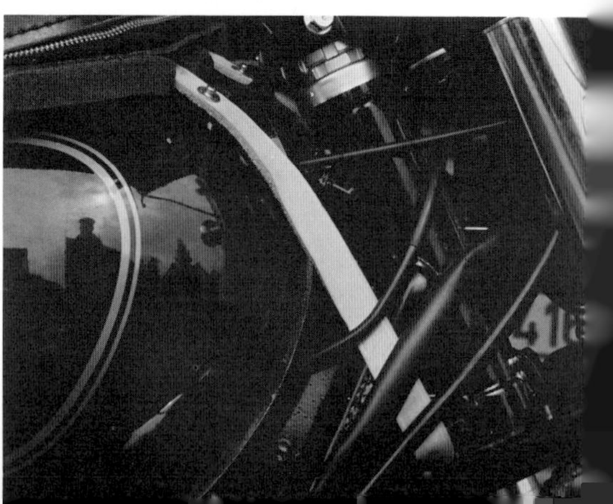

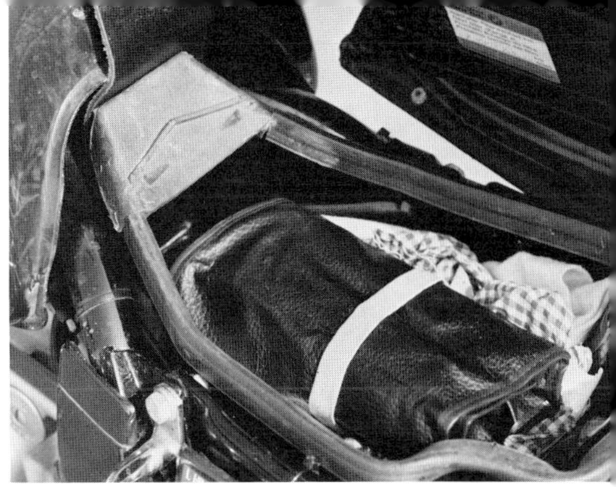

Links: Seitenkoffer – Innentasche zum Herausnehmen und Tragen (Krauser). – Rechts: BMW: Gute Idee zur Unterbringung von Bordwerkzeug und Kleinteilen.

Man könnte vielleicht noch mit etwas Geschick und nicht zu groß seitlich aufgebläht rechts und links neben den Tank vor den Knien des Fahrers noch etwas unterbringen (zum Beispiel in Stauräumen von Verkleidungen), damit sind dann aber auch alle Packräume ausgenutzt.
Grundsätzlich wäre zu merken: *der Gepäckträger hinter der Sitzbank (und damit hinter der Hinterachse) darf niemals als Haupt-Stauraum vorgesehen werden,* nur für leichtes Zusatzgepäck sollte er verwendet werden. Warum, das sagt der folgende Abschnitt über die Schwerpunktlage.
Niemand darf auch auf den Gedanken kommen, Gepäck vorn im Bereich der Lenkachse etwa neben dem Vorderrad oder auf dem Schutzblech darüber zu befestigen. Denn das dort befindliche, ungefederte Gewicht gefährdet Lenkverhalten und Spursicherheit erheblich, besonders in gefährlichen Situationen beim Bremsen. Leicht kommt es zu Lenkerpendeln, das nicht mehr korrigierbar ist.

Seitentasche aus festem Kunststoff. Abschließbar, abnehmbar (BMW) mit Innentasche. Eine zweckmäßige Lösung.

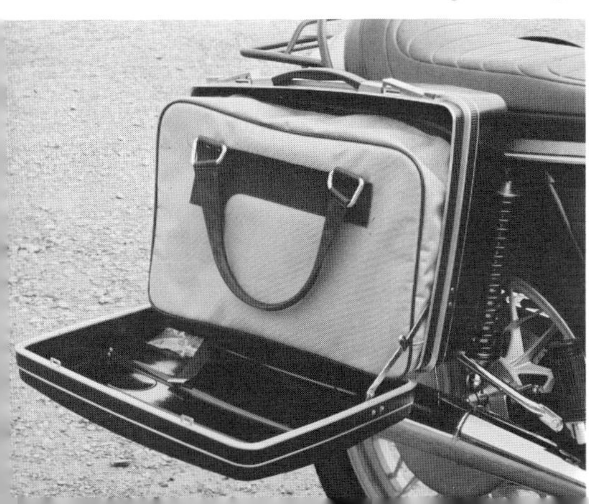

Ebenso – siehe vordem und das Foto unten– darf nicht zu viel Gewicht *hinter* der Hinterradachse liegen. Diese Achse ist der Drehpunkt einer Waage, und wenn wir zu viel Belastung auf dem Waagebalken hinter der Achse bekommen, dann wird der Balken vor der Achse angehoben. In unserem Falle verliert das Vorderrad den Bodenkontakt, was zum Beispiel beim Beschleunigen lebensgefährlich werden kann (besonders an Steigungen).
Das Motorrad verliert dann die sichere Spurhaltung.
Bei einer größeren Maschine sieht die Verteilung der zulässigen Achslasten etwa wie folgt aus:

160 kg auf dem Vorderrad 245 kg auf dem Hinterrad	bei einer Person
178 kg auf dem Vorderrad 270 kg auf dem Hinterrad	bei zwei Personen

Die Verteilung des zulässigen Gesamtgewichtes sollte mit 45–47% auf der Vorderradachse und 55–53% auf der Hinterradachse liegen. Zum Beispiel 45 : 55% oder 47 : 53%. Ergibt sich jedoch ein Verhältnis von z. B. 20 : 80%, dann ist das Motorrad kaum noch fahrbar.

In unserem Foto haben wir die Belastungszonen dargestellt.
a = gute Zonen,
b = zur Not noch benutzbar,
c = absolut gefährliche Zonen.

Bild 1

Bild 2

Ungünstige Schwerpunktlage ist lebensgefährlich!

An einem kleinen Versuch wollen wir einmal darstellen, was passiert, wenn man zu viel Gepäck hinter der Hinterachse auflädt.
Zuerst ermitteln wir den Schwerpunkt des Motorrades ohne Gepäck. Das kann man übrigens auch ganz leicht an der eigenen Maschine machen, wenn in einer Werkstatt eine Aufhängevorrichtung (mit Flaschenzug) zur Verfügung steht. Der vordere Aufhängepunkt (v) befindet sich am Lenkkopf, der hintere (h) unter der Sitzbank an den Federbeinen. Das gilt auch für unser Pappmodell (*Bild 1* der Bilderreihe).
Zuerst wird das unbelastete Motorrad vorn am Lenkkopf aufgehängt. Der Schwerpunkt befindet sich dabei auf der Linie senkrecht unter dem Aufhängepunkt v *(Bild 2)*. Danach wird das Ganze am hinteren Aufhängepunkt h befestigt, und wieder befindet sich der Schwerpunkt auf der Linie senkrecht unter Punkt h *(Bild 3)*.
Wo die beiden Senkrechten unter den jeweiligen Aufhängungspunkten v bzw. h sich schneiden, ist die genaue Schwerpunktlage – mit S 1 bezeichnet – für das unbelastete Motorrad *(Bild 4)*.

Bild 3

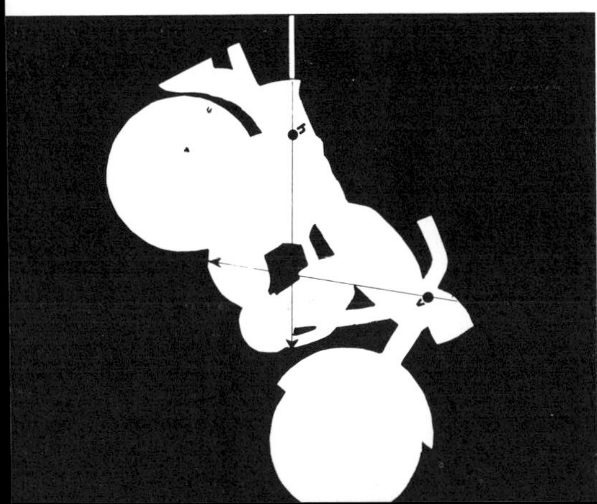

Bild 4

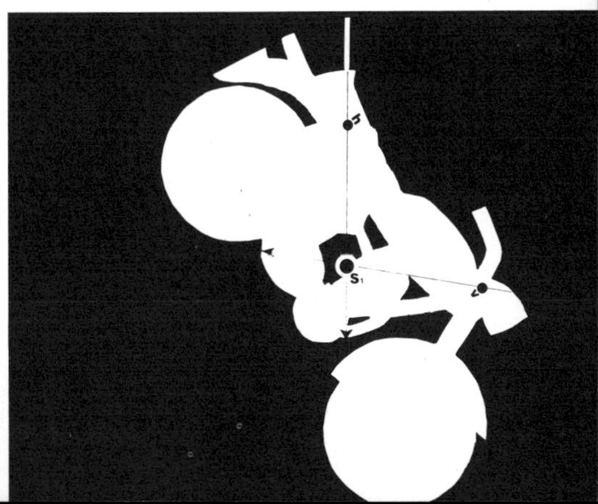

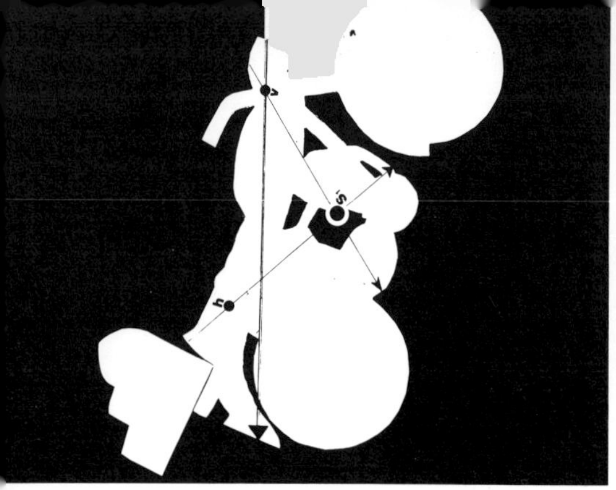

Bild 5

Bild 6

Nun wird eine Menge Gepäck auf den Gepäckträger am Heck der Maschine geladen (an unserem Experimentiermodell aus Pappe lassen wir eine Wäscheklammer dort angreifen, um das im Verhältnis dieser Demonstration hohe Gewicht zu haben), und nun wird das Motorrad wieder zuerst vorn bei Punkt v aufgehängt *(Bild 5)*.

Das Gepäckgewicht zieht das Fahrzeug in eine mehr senkrechte Lage, und wieder liegt der Schwerpunkt auf der senkrechten Linie unter dem Aufhängepunkt v *(Bild 5)*.

Bei Aufhängung an Punkt h wirkt das Gepäckgewicht als Last, die die Maschine mehr waagerecht ausrichtet, und wenn man die Linie senkrecht unter diesen Punkt verfolgt, kommt man zu dem Schnittpunkt mit der Last-Linie vom Aufhängepunkt v *(Bild 6)*. An diesem Schnittpunkt befindet sich der Schwerpunkt des so ungünstig belasteten Motorrades, Punkt 2 *(Bild 6)*.

Wir können aus diesem Modellversuch deutlich erkennen, wie durch unsachgemäße Lastenverteilung der Schwerpunkt von S 1 nach S 2 wandert *(Bild 7)*. Und das bedeutet, daß das Motorrad nicht nur hecklastig, sondern auch kopflastig geworden ist. Besonders beim Anfahren auf steilen Bergstraßen oder -wegen wirkt sich das unter Umständen verhängnisvoll aus.

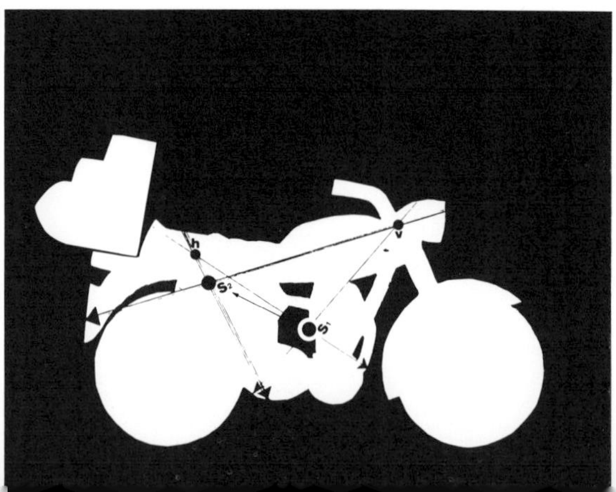

Bild 7

Beim Fahren in der Ebene ist eine solche Schwerpunktlage ebenfalls in den Kurven, auf schlechten Wegen, beim Beschleunigen und sogar beim Bremsen sehr unglücklich und beeinträchtigt das Fahrverhalten auf alle Fälle negativ.
Nun sind keine mitfahrenden Personen bei unserem Versuch einbezogen worden. Doch ist das Verhältnis der ungünstigen Schwerpunktverlagerung mit zusätzlicher Personenbelastung das Gleiche, ganz bestimmt aber keineswegs günstiger.
Fazit aus diesem Versuch: es ist absolut dumm und gefährlich, eine große Gepäcklast nur hinter der Sitzbank auf dem Gepäckträger unterzubringen!
Überhaupt muß man sehr genau wissen, wieviele Kilogramm Gepäck einem Motorrad zumutbar sind. Für jemanden, der sicher und ohne Verlust der Spurtreue und aller guten Eigenschaften der Straßenlage seiner Maschine eine lange Reise machen will, sind solche Überlegungen mehr als wichtig. Denn ein Motorrad hat nun mal nur ein beschränktes Limit für Belastung mit Personen und Gepäck.

Wieviel können wir mitnehmen?

»*Zulässiges Gesamtgewicht*« – diese Angabe in kg finden wir KFZ-Schein oder in der Allgemeinen Betriebserlaubnis bei Kleinkrafträdern (bis 50 cm^3).
»*Leergewicht*« = auch diese Angabe in kg findet man im KFZ-Schein, manchmal auch in Prospekten oder in den technischen Daten der Betriebsanleitung. Bitte, darauf achten, ob es sich bei der Nennung des Leergewichts um »betriebsfertig/mit vollem Tank« handelt. Wenn nicht, müssen Tank- und Ölfüllung hinzugerechnet werden.
»*Nutzlast*« = zieht man das Leergewicht vom zulässigen Gesamtgewicht ab, erhält man die mögliche Nutzlast in kg. Mehr Belastung als diese ist (mit Recht) nicht zulässig und beeinträchtigt das gute Fahrverhalten negativ bis zur Gefährdung anderer (siehe auch den vorhergegangenen Modellversuch mit der Schwerpunktlage).
Beispiel: Ein Motorrad hat laut der Unterlagen ein Leergewicht von 165 kg. Das zulässige Gesamtgewiccht wird mit 335 kg angegeben. 335 kg – 165 kg = 170 kg Nutzlast.

(Angenommenes Personengewicht =
75 kg nach Norm)

50 ccm Kleinkrafträder

Nutzlasten ca. 158 – 180 kg

von ca.	1 Pers. + 105 kg
bis	1 Pers. + 83 kg
von ca.	2 Pers. + 30 kg
bis	2 Pers. + 8 kg

Motorräder bis 10 und bis 17 PS

Nutzlasten ca. 150 – 190 kg

von ca.	1 Pers. + 115 kg
bis	1 Pers. + 75 kg
von ca.	2 Pers. + 40 kg
bis	2 Pers. + 0 kg (!)

Motorräder bis 27 PS

nutzlasten ca. 145 – 200 kg

von ca.	1 Pers. + 125 kg
bis	1 Pers. + 70 kg
von ca.	2 Pers. + 50 kg
bis	2 Pers. + 0 kg (!)

Motorräder bis 50 PS

Nutzlasten ca. 145 – 205 kg

von ca.	1 Pers. + 130 kg
bis	1 Pers. + 70 kg
von ca.	2 Pers. + 55 kg
bis	2 Pers. + 0 kg (!)

Motorräder über 50 PS

Nutzlasten ca. 160 – 250 kg

von ca.	1 Pers. + 175 kh
bis	1 Pers. + 85 kg
von ca.	2 Pers. + 100 kg
bis	2 Pers. + 10 kg

Die Maschinen wurden nach Versicherungsklassen in der Bundesrepublik Deutschland aufgeteilt.
Je nach Personengewicht sind natürlich noch Möglichkeiten vorhanden, wenn die Fahrer 75 kg Normgewicht nicht über – sondern unterschreiten(!).

Nimmt man eine Person mit Fahranzug in der Norm mit 75 kg an, so können wir dieses Motorrad entweder mit einer Person (75 kg) + 95 kg Gepäckzuladung oder mit zwei Personen (150 kg) + 20 kg Gepäckzuladung belasten.
Will man die Reise ohne Passagier nur mit einer Person machen, kann man also 95 kg Gepäck mitnehmen. Das sind fast zwei Zentner Zuladung, also gewichtsmäßig bestimmt ausreichend für eine lange Urlaubstour mit jeder nützlichen Ausrüstung, einschließlich Zelt und Sonderwerkzeug. »Lange« Urlaubstour = sagen wir als Zeitbegriff vier Wochen.
Bei zwei Personen wird es aber schon schwieriger, mit nur 20 kg Zuladungsmöglichkeit vier Wochen auf eine Urlaubstour mit Zelt und in weniger zivilisierte Gegenden zu gehen. Hat natürlich jemand als Mitfahrerin ein »Hundertpfund«-Mädchen, dann hätte er noch etwa 25 kg mehr Zuladung in seinem Gepäcklimit und wäre günstiger dran.
Wo es aber knapp mit der Zuladungsmöglichkeit wird, kann man sich natürlich mit besonders leichten Ausrüstungs- und Gepäckstücken helfen (z. B. ein superleichtes Bergsteiger-Zelt), ansonsten sollte man vielleicht dringend notwendige Wäsche schon auf eine Zwischenstation mit der Post in einem Paket schicken und gebrauchte Wäsche auf dem gleichen Wege wieder heimsenden.
Hierher gehört eine Tabelle mit möglichen Nutzlasten (Durchschnittswerte nach dem z. Z. technischen Stand unserer Motorräder). Dabei wird übrigens klar, daß nicht immer die großen, schweren und starken Maschinen auch die meiste Nutzlast schleppen können. Also: beim Kauf eines Motorrades sollte man auch einmal einen Blick auf die möglichen Nutzlasten werfen.

8. KAPITEL

Fahrtechnik und fit bleiben

Gepäck = verlagerter Schwerpunkt Verlagerter Schwerpunkt = neue Fahrtechnik

Wie wir im Gepäckartikel (Seite 148 ff) gesehen haben, wird der Schwerpunkt der Maschine durch die Belastung mit zwei Personen und viel Gepäck am Heckteil ungünstig nach oben und nach hinten verschoben.

Das hat natürlich zur Folge, daß sich das Motorrad ganz anders fahren läßt, als wenn man nur allein ohne Gepäck am Sonntag-Nachmittag die heimatlichen Kurven testet.

Schon beim ersten Anfahren während des Starts zur großen Reise wird mancher überrascht sein, wie die Maschine nun mit einemmal so hecklastig wackelt. Logischer Weise gibt man dann natürlich zugleich mit ein paar Ausgleichsbewegungen vorsichtig Gas, um in Fahrt zu kommen.

Denn ›Fahrt‹ – so fühlt man bald – ist hier die stabilisierende Rettung. Sind die nunmehrigen (zulässigen, aber oft auch mehr!) 400 Kilo-

gramm mit ihrem Großteil weit oberhalb der Achsen erst einmal nach vorn in Bewegung, dann läuft das Ganze auch problemlos geradeaus. Auch in langgestreckten Kurven, die noch ein gutes Tempo zulassen, wird der Fahrer keine Unregelmäßigkeiten fühlen.
Doch unterhalb einer Minimalgeschwindigkeit wird es wacklig, besonders z. B. bei Stadtdurchfahrten an den Ampeln oder bei langsam zu umfahrenden Ecken. Sitzt das Mädchen hintendrauf dann nicht ruhig wie gegossen, wird der Fahrer manche unangenehme Ausgleichsbewegung machen müssen.
Hartes Beschleunigen sollte man wohlweislich unterlassen, denn der Bodenkontakt des Vorderrades mit seiner Führungsaufgabe für saubere Spurhaltung darf nicht verloren gehen oder zu leicht werden. Beim Anfahren an starken Steigungen muß man noch mehr aufpassen, damit das Vorderrad nicht den Bodenkontakt verliert.

In Kurven, die mit geringer Geschwindigkeit durchfahren werden, kommt es meist kurz vor dem Scheitelpunkt gern zu einer Gewichtsüberlagerung zur Innenseite. Dabei kann es gut sein, daß sich das nicht langsam und sanft sondern ruckartig bemerkbar macht. Da hilft dann nur Gas geben und Fahrt aufnehmen, und auch hier kann der Fahrer froh sein, wenn sein Passagier hinter ihm nicht nervös ist und herumzappelt.
Bei allen Manövern muß man also mit der hohen Lage des Gewichts rechnen. Das bringt besonders für diejenigen Fahrer unter Umständen ungewohnte Überraschungen, die nur selten oder zum ersten Male mit einer solchen Belastung unterwegs sind. Daher wäre es immer richtig, sich erst langsam bei Beginn der Reise auf diese veränderten Verhältnisse einzufahren.
Was beim Anfahren bemerkbar ist, das kommt auch beim Bremsen zum Ausdruck. Ganz deutlich merkt man, daß das große Gewicht über den Radachsen liegt, und da ab einer gewissen verringerten Geschwindigkeit dieses Gewicht nicht nur nach vorn schiebt, sondern auch Auswege zur Seite sucht, sollte man auch hier als Passagier einer Solomaschine möglichst keine plötzlichen und unkontrollierten Bewegungen machen.
Jedes Überhängen wirkt wie ein zentnerschweres seitliches Gewicht, das das Bestreben hat, das Motorrad auf seiner Seite stur nach unten zu ziehen. Der Fahrer ist gezwungen, entweder wie ein Trialsportler im Gelände sich gegenzulehnen oder aber das Bein als Stütze zu benutzen. Dadurch wird die ganze Fuhre natürlich unsicher.
So sollte jeder versuchen, ein so stark belastetes Motorrad möglichst lange ruhig in der Senkrechten zu lassen. Beim langsamen Überlegen nach einer Seite zu bremsen, bedeutete sicheres Umfallen.
Gut und schön. Das alles passiert bei geringer Geschwindigkeit. Bei höherem Tempo merkt man dagegen nichts und könnte sich sicher fühlen.
Richtig. Aber über den längeren Bremsweg sollte man schon Bescheid wissen; und darüber, daß ein labiles Fahrwerk unter Umständen beim Durchfahren von Bodenwellen in Kurven unter solch ungünstiger Schwerpunktlage anfängt, Schlangenlinien zu produzieren, sollte man auch etwas wissen. Aber nicht erschrecken, schön langsam Gas wegnehmen, notfalls leicht bremsen, im Scheitelpunkt wieder vorsichtig Gas aufziehen und, so schnell es geht, schon im Kurvenausgang die Maschine wieder in die senkrechte Lage bringen!

Irgendwelche Kurven-Kratzereien mit den Fußrasten am Boden sollte man bei ungünstiger Schwerpunktlage auf keinen Fall riskieren.
Ein weiterer kritischer Punkt ist das schnelle Durchfahren von Bodensenken zwischen einer Ab- und einer Auffahrt. Dabei geht das Motorrad an der Schwelle der Auffahrt voll in die Federung. Je größer das Gewicht, umso vollständiger die Einfederung.
Beim Ausfedern kommt es nicht nur auf eine sehr gute Dämpfung an, sondern auch auf ein stabiles Rahmenrückgrat. Und – auf die richtige Schwerpunktlage.
In unserem Falle ist sie eben durch die Belastung nicht mehr so günstig, als wenn wir allein ohne Gepäck auf dem Motorrad sitzen würden. Und nun neigt das höher liegende Gewicht dazu, seitliche Ausweichbewegungen zu fabrizieren. Ganz besonders spürbar ist das, wenn diese Senke auch noch innerhalb einer Kurve auftaucht und die Maschine etwas Schräglage hat.
Also dann nicht erschrecken! Hoffentlich sitzt das Mädchen ungerührt und stur dicht hinter dem Fahrer und macht keine dummen Bewegungen!
Kurz Gas wegnehmen, notfalls die Bremsen antippen, und dann gleich wieder Gas aufziehen, wenn es geht, auch die Maschine wieder in senkrechte Lage bringen oder diese unter allen Umständen beibehalten. Dann muß sich ein Aufschaukeln verhindern lassen.
Im Gebirge an sehr starken Steigungen bei geröllartigem Untergrund und in Kehren lohnt es sich, wenn der Fahrer so weit nach vorn rutscht, wie er nur eben kann. Der Passagier sollte das gleiche machen. Den Oberkörper ebenfalls so weit nach vorn legen, wie nur eben möglich. Dann aber mit Gefühl an das richtige Tempo heran! Etwaiges seitliches sprunghaftes Rutschen der Reifen auf dem Untergrund sollte uns nicht stören, so lange die Maschine die gewollte Richtung einhält. Aber der Motor muß drehen, drehen – und ziehen, ziehen – das Tempo für die Spurstabilität *muß* erreicht oder gehalten werden, und das Vorderrad *muß* am Boden bleiben und die Spurhaltung sichern.
Wenn ein minimales Solltempo nicht erreicht oder gehalten werden kann, dann ist eine solche Steigung mit einem solchen Untergrund nichts, um Mutproben oder falschen Ehrgeiz zu zeigen. Je nachdem wie lang sie ist, muß man dann eben allein hinauffahren oder stückchenweise die Strecke bewältigen. Wir haben es da einmal so gemacht, daß der eine die ersten 300 Meter fuhr, während der andere zu Fuß nachkam, und daß wir dann umwechselten. So wurde die

Prüfung gleichmäßig verteilt (es lohnt sich immer, wenn auch der Passagier oder die mitfahrende Sozia das Motorrad beherrscht).
Bei der veränderten Schwerpunktlage – wir glauben, es ist das fahrerische Hauptproblem bei Motorrad-Ferienreisen – muß man sich auf verändertes Verhalten des Motorrades umstellen: Beim Anfahren, Beschleunigen, Kurvenfahren, beim langsamen Stadtbummeln und beim Bremsen.
Man muß sich umstellen vom sprintartigen Drauflos-Toben zum gefühlvoll angesetzten zügigen, aber zähen Dauerfahren. So lange jede Tankfüllung reicht.

Die unglaublichen Reiseschnitte

Ja, ja – die glaubt eben keiner. Der eine tippt auf die Stirn und sagt »Renn-Spinner«, der andere lächelt nachsichtig im Hinblick auf sonstige Qualitäten des Erzählers, wenn der berichtet, er habe mit der und der Maschine von Pusdorf nach dem 400 km entfernten Buxtehude einen Durchschnitt von genau 100 km/h – etwa vier Stunden einschließlich Tankpause – auf normaler Landstraße gefahren.
Man sollte sich die Fahrer, die so etwas berichten, genau ansehen. Es gibt eine ganze Menge unter ihnen, die tatsächlich aufschneiden, aber viele übertreiben nicht. Meist sind sie als Motorradfahrer im landläufigen Sinn nicht einmal erkennbar. Der Typ ist ganz anders. Zum Teil sind sie sogar älter und machen schon einen besonnenen Eindruck. Vor allem aber machen sie Angaben über die erzielten Reisedurchschnitte nicht zu Anfang ihres Berichtes. Nur wenn einer fragt, werfen sie ganz nebenbei die Zeiten und Kilometer hin. Aber in ihren Fahrberichten spielen sogenannte »Bummler« oder »Super-Porsches« eine große Rolle. Und ihre Maschinen sind Musterstücke an Zuverlässigkeit, Stehvermögen und Pflege.

Fährt man in einer Gruppe, dann ist ein großer Abstand von Maschine zu Maschine die beste Lebensversicherung.

Grundsätzlich wird man feststellen, daß es sich hierbei um Leute handelt, die über jeden Kilometer, den sie fahren, nachdenken und sich selbst kontrollieren. Es sind nicht nur Könner, sondern auch Strategen. Denn ausgesprochene Fahrstrategie gehört dazu.
Da wird zunächst eine Art Fahrplan gemacht. Auf der Karte wird die geplante Strecke untersucht, falls man sie noch nicht genau kennt. Zum Beispiel gibt es zuerst einmal 200 km Autobahn, dann folgen 120 km Bundesstraße, die im Kartenbild »schnell« aussehen. Des weiteren kommen noch 45 km kurvenreiches Bergland auf Nebenstraßen.
Unser Freund rechnet jetzt. Er weiß, daß seine Maschine bei Vollast etwa 6 l auf 100 km braucht, und daß in seinen Tank 16,5 l hineingehen. Natürlich wird er nicht einen so hohen Verbrauch haben – aber er rechnet mit ihm. Folglich schaut er auf die Karte, ob auf dieser Strecke eine größere Ortschaft passiert wird, in der er mit einer Tankstelle auf seine Art rechnen kann. Und jetzt kommt das Köpfchen mit Erfahrung: er wird nach den 200 km Autobahn tanken. Warum? – Wenn er 200 km auf der Autobahn schnell gefahren ist, braucht er eine gewisse Zeit zum Umschalten auf den dichteren und schwierigeren Verkehr auf der Bundesstraße. Das Geschwindigkeitsgefühl muß wieder normalisiert werden. Da ist die Tankpause gerade recht, da werden die nötigen Minuten nicht bloß mit Warten vertan. Außerdem hat er eine runde Zahl hinter sich gebracht und kann gleich kontrollieren, was der Motor bei der Autobahnjagd gebraucht hat. Bei größeren Tankstellen kann man auch, solange der Sprit gluckert, mal eben und ohne Verlustminuten hinter der besagten Tür verschwinden und braucht dann nachher hinter dem berühmten Äppelboom nicht noch mal das ganze Gummizeug auf – und wieder zuzuknöppeln – zwei, meist drei Minuten sind da immer weg.
Bis zum Ziel langt der Kraftstoff dann, und er braucht zum Tanken dann nicht mehr zu halten. Er sieht also von vornherein zu, daß er mit höchstens einer Pause auskommt. Überhaupt sind diesen Leuten Pausen zuwider. Selbst wenn sie vom Regen überrascht werden und erst halten müssen, um das Regenzeug aus dem Tankrucksack zu puhlen, ärgern sie sich. Deswegen ziehen sie das Zeug gleich von vornherein an, was in manchem Sommer sowieso nötig ist. Irgendwo sich unterzustellen, ist ihnen erst recht ein Greuel. Sie fahren glatt weiter, ziehen den Kopf in den Kragen, schützen die freie Sicht gegen das Wasser mit dem Sturzhelmschirm und denken nicht daran,

anzuhalten. Ihre Gedanken kreisen nur darum, möglichst schnell durch den Schauer durch und wieder herauszukommen.
Fahren wir mal hinter unserem Freund durch den Regen her – siehe da, mit einemmal wird's wieder trocken. Und wir werden feststellen, daß er sein Tempo keineswegs auch nur um eine Kleinigkeit verringert hat.
Nun, auf der Autobahn wird man – je nach Leistungsvermögen der Maschine – eine Geschwindigkeit um 120 km/h oder auch schneller halten. Wir werden uns wundern, wie stetig die echten Schnittfahrer dieses Tempo halten. Wenn unsere Maschine schneller ist, kann man sie ja spaßeshalber überholen und sie zu einer kleinen Jagd auffordern. Aber sie werden das nicht beachten. Kaum, daß so einer überhaupt Notiz von uns nimmt.
Aber wenn sie einen schnellgefahrenen Wagen erwischen, dann kann man sehen, wie sie vielleicht in einem 100-Meter-Abstand hinter diesem bleiben. Kommt dann ein noch schnellerer vorbei, dann nehmen sie vielleicht den als Schrittmacher, weil sie nämlich von hinten durch dessen Scheiben besser nach vorn hindurchsehen können. Sie sehen sich aber – mit einem kleinen Seitenblick – die Fahrer dieser »Schrittmacher« zuerst an. Vielleicht beobachten sie auch erst deren Fahrerei, bevor sie endgültig dahinter bleiben. Ich habe Motorradfahrer getroffen, die sich auf der Autobahn von Wagen zu Wagen vorarbeiteten, einen Schnellen ruhig ziehen ließen, und sich dann plötzlich an einen anderen dranhängten. Dieser andere fuhr eben genau den 120er Stremel, den sich der Motorradfahrer wünschte. Und da blieb er dann dran.
Nun darf aber diese Methode, mit »Schrittmacher« zu fahren, nicht verwechselt werden mit dem äußerst gefährlichen »Windschattenfahren«. Also 5 bis 15 m hinter einem anderen Fahrzeug.
So etwas gibt es bei guten Fahrern nie! Und wir hoffen nicht, lieber Freund, daß es Ihnen jemals in den Sinn kommt, auf der Autobahn hinter einem schnellen Wagen »Windschatten« zu fahren –!
Ob man es glaubt oder nicht – die Schrittmacherfahrt zaubert mehr Dreck auf die Sichtscheibe als man annehmen möchte. Wir haben an Tankstellen Fahrer gesehen, die eine zweite Brille oder eine zweite Sichtscheibe aus dem Tankrucksack holten, weil ihnen das Säubern der verschmutzten Gläser zu umständlich war. Das machten sie dann nachher am Ziel. Diese Kleinigkeiten machen den Kuchen süß: Regenkleidung, Brillen oder Sichtscheiben, wasserdichtes Schuhzeug, Lenkeruhr, Karte im Deckel des Tankrucksackes, Helm mit Schutz-

schirm nach vorn usw. Das Geld zum Tanken liegt griffbereit oben im Tankrucksack – ebenfalls die Papiere, der Kerzenschlüssel, Ersatzkerze, Schraubenzieher für die Schrägdüsen und der Putzlappen.
Hier eine kleine beobachtete Szene eines auf schnelle Reiseschnitte eingespielten Teams: an einer Tankstelle kamen wir gleichzeitig an. Eine große Solo-BMW und unser Gespann – ebenfalls eine BMW mit Seitenwagen. Die beiden auf der Solo-BMW mußten schon ein paar Kilometer an jenem Tag gefahren sein – dort, wo der Fahrwind ihre Gesichtshaut erreicht hatte, war alles etwas mit schwärzerem Staub bedeckt. Die Maschine war mit Tankrucksack, zwei Packtaschen rechts und links vom Hinterrad und mit einem Zeltsack quer hinten auf dem Gepäckträger beladen. Beide hatten sie Lederzeug an und darüber einen leichten Regenanzug. Sie waren recht vergnügt, der Mann und die junge Frau, und sie lachten dem Tankwart und uns fröhlich zu.
Keinem wäre etwas aufgefallen, der Motorradfahrer nicht kennt. Uns aber fiel auf, daß die zwei erstaunlich gut aufeinander eingespielt waren. Während er die Maschine zum Betanken aufbockte, war sie schon geschwind dabei, nach der Aufhängung der Packtaschen, nach den Schnallriemen für den Zeltsack zu sehen, und zauberte ruck-zuck aus dem Tankrucksack, den er etwas zurückgeschoben hatte, damit der Tankwart mit dem Hahn zur Tanköffnung kam, eine Thermosflasche heraus. Schnell hatte er einen offensichtlich noch warmen Schluck Tee erhalten, dann labte sie sich. Inzwischen hatte er schon den Ölmeßstab herausgezogen und kontrollierte, ob die Maschine Öl verbraucht hatte. Dann holte er den Luftschlauch und sah nach dem Reifenluftdruck. Noch während die Pumpe lief, hatte sie dann aus dem Deckel des Tankrucksackes eine kleine Geldtasche herausgezogen. Der Tankwart war fertig und drehte den Tankverschluß wieder drauf. »14,2 l«, sagte er.
Sie gab ihm einen Geldschein und bat um eine Quittung. Währenddessen schnallte er den Tankrucksack wieder fest und zog dann eine Streckenkarte aus dem Deckel. Der Tankwart kam wieder aus seinem Glashäuschen heraus und gab ihr Wechselgeld und Quittung. Sie verpackte alles wieder im Tankrucksack und ging dann zur Tür neben der Waschhalle. Er zog die Maschine vom Ständer, setzte sich in den Sattel und rollte etwas zur Seite von der Pumpe weg, um für den Nächsten Platz zu machen und um dort im Sattel sitzend, die Karte auf den Tankrucksack gelegt, offensichtlich die weitere Streckenführung

kurz zu studieren. Jetzt kam sie wieder, fix und fertig, Handschuhe an, Helm auf, Jacke zu. Er sagte zu ihr: »Also paß auf. Jetzt geht es erst Vaake-Weckerhagen-Gottstreu-Gieselwerder. Kannst Du das behalten? Vaake-Weckerhagen-Gottstreu-Gieselwerder.« »Ja«, sagte sie und nahm die aufgeschlagene Karte, die sie in die Regenkombi schob. Danach setzte sie sich hinter ihn auf die Sitzbank.
Augenschutz runter, Motor angelassen, Gang rein – ab ging die Post, wobei sie nicht vergaß, uns fröhlich zuzuwinken und »Hals- und Beinbruch« zu rufen. Das Ganze hatte tatsächlich kaum 15 Minuten gedauert. Der Tankwart kam zu uns und meinte: »Motorradfahrer sind schnelle Menschen«.
Das Team auf der Solo-BMW war in dieser Beziehung schon etwas Besonderes. Man merkte ihnen auf den ersten Blick an, daß dies nicht die erste Motorradreise war, die sie zusammen machten und an der sie Freude hatten. Im Gegensatz zu vielen, vielen anderen Motorrad-Beflissenen, bei denen Fahren und Reisen zu Zweit auf einem Motorrad zu einer Nervenprobe besonderer Art wird, und die es nicht fertig bringen, z. B. eine solche Tankpause so eingespielt zu verkürzen, wenn sie in Eile sind.
Wir sehen also, daß es darauf ankommt, keine Sekunde zu verschenken. Aber – nicht so, wie der kleine Moritz sich das jetzt vorstellt! Denn wer glaubt, daß diese Burschen jetzt wie die berühmten »Höllenhunde auf Rädern« durch die Ortschaften fegen, daß Kinder und alte Leute auseinander stieben, der irrt gewaltig.
Sie kennen ihre Maschinen und ihr Können ganz genau und wissen, wie auch das kleinste Mißgeschick sofort Zeit kostet – denn die Leute stieben ja nicht weg, sie rennen einem am liebsten in die Maschine, man kann nur um sie herumfahren.
Weil »Situationen« aber nicht immer mit dem Herumfahren zu retten sind, weiß jeder, der sich auf die Kunst der hohen Schnitte versteht, genau, ob zum Beispiel seine Bremsen in Ordnung sind, vor allem, wenn er sich zur Schrittmacher-Methode entschließt. Er kennt auch das Beschleunigungsvermögen seines Motors und weiß, wie lange der ein Tempo von 100 km/h z. B. im 3. Gang ohne Mucken aushält. Er weiß auch, daß ihm Rechtskurven vielleicht weniger liegen als Linkskurven, und daß seine Maschine auf diesem oder jenem Bodenbelag bei Feuchtigkeit sauer reagiert.
Dies und noch mehr setzt er bei den Kilometern ein, die er nach der Autobahn jetzt auf der Bundesstraße fährt. Die ersten 5 km fährt ein

schneller Mann wie Sherlock Holmes. Er versucht sich ein Bild zu machen von der Art des Verkehrs, der hier vorherrscht, damit er seinen weiteren Fahrstil danach richtet. Gefährlich – so denkt er, wenn der Zigarren-Sonntagsbummler vorherrscht. Aufpassen – wenn es viele Fernlaster gibt. Freie Jagd mit wachen Sinnen – wenn er das Glück hat, zu sehr früher Morgenstunde auf dieser Straße noch keinen weiteren Verkehr vorzufinden.

Apropos frühe Morgenstunde: die Leute, die so fahren, lieben diese Stunden und sie sind nach Möglichkeit darauf bedacht, nicht in der Nacht so zwischen 18.00 Uhr und Mitternacht fahren zu müssen. Nachher, nach Mitternacht, fährt man aber wieder erstaunlich schnell, weil da der Verkehr dünn ist und man jeden Gegenkommer durch das Licht sieht.

Die 120 Kilometer Bundesstraße stellen nun die größten Ansprüche an die Nerven. Und die Doktorarbeit für den Schnellen ist jetzt das Einhalten des gedachten Durchschnitt-Tempos. Wenn einer 15 Kilometer zwischen 80 und 100 km/h pendelt, braucht er dazu etwa 10 Minuten und fährt einen 90er-Schnitt auf diesem Abschnitt. Hätte er aber gepennt und wäre mit 70 dahingebummelt, dann hätte er für diese 15 Kilometer ganze 13 Minuten gebraucht, also 3 Minuten verloren. Das macht bei insgesamt 75 Kilometer »schnellen« Teilstrecken eine ganze Viertelstunde. Kann er das wieder einholen?

Auf den restlichen 45 Kilometern langsamer Nebenstrecke, die nur einen 50er Schnitt sicher zuläßt und in 54 Minuten gefahren wird, müßte nun ein 70er Schnitt zum Einholen erreicht werden – und das geht eben nicht!

Kann man denn eine verlorene Viertelstunde durch »Rasen« auf guter Strecke wieder einholen? –

Selbst wenn mit der Maschine dauernd 120 km/h riskiert werden, ist eine verlorene Viertelstunde erst nach 45 Minuten echter Raserei einzuholen, und es sind 90 Kilometer Strecke dafür nötig!

Darauf lassen sich diese alten Hasen gar nicht erst ein. Wenn sie freie und gute Straßen vor sich haben, dann drehen sie von vornherein auf, was der Bock laufen will und was das Gesetz zuläßt. Ob es sich um 10 oder um 55 km Teilstrecke handelt. Und sie fallen nicht ab im Tempo. Dann haben sie Zeit, schwierigen Situationen, engen Ortsdurchfahrten usw. mit Ruhe und Zeitreserven zu begegnen. Sie haben im Übrigen einen untrüglichen Sinn für versteckte Gefahren – denn sie sind mit Augen und Verstand immer 200 m vor der Maschine.

Ein besonderer Sport ist es, Reisewege auch auf Nebenstrecken abzukürzen. Autobahnhetze sollte gar nicht zum Urlaubsplan gehören.

Nun hat man aber nicht nur den Drehgriff und die Bremsen im Kopf. Der Schnelle spielt auch nach Kurven und Ortsdurchfahrten, bei Überholmanövern und anderen Hindernissen die Beschleunigung seiner Maschine aus. Hier gewinnt eben nicht allein das Motorrad, das oben – sondern auch »unten« was drin hat. Und dieses »unten was drin« macht ihn zum Meister der letzten 45 Kilometer seiner Reise auf den schlechten Nebenstraßen – ! Im Deckel seines Tankrucksackes hat er einen kleinen Zettel in der Kartentasche. Da steht gut leserlich vielleicht folgende Notiz: Autobahnabfahrt Kirchheim (Tankstelle – tanken), zur B 27 Richtung Fulda (Schilder »Fulda«), B 27 Richtung Hammelburg (Schilder »Brückenau«, Schilder »Hammelburg«) - - - usw. Für die wichtige Abzweigung zur letzten 45-Kilometer-Etappe hat folgende Notiz: Karlstadt (Schilder nach »Marktheidenfeld«, »Wertheim«, »Neunkirchen«, »Riedern« - - - usw.).

Damit braucht er nicht anzuhalten, um auf die Karte zu sehen, denn er braucht nur nach den Schildern zu fahren. Die Namen dieser kleinen Ortschaften hat er ganz dick in Blockbuchstaben gemalt, damit er sie beim Fahren ablesen kann. Sie nehmen den Hauptplatz auf dem Notizzettel ein, weil sie am Wichtigsten sind. Wer jetzt immer noch hinter ihm ist, der wird feststellen, daß unser Freund mehr kann als nur Autobahn und Bundesstraßen fahren. Plötzlich wird man feststellen, daß er jede Kurve sauber ausfährt, manche schneidet er – dann weiß er aber, daß er diese völlig übersehen kann – in bergigem Gelände fährt er Serpentinen ungeschnitten außen herum aus, und dauernd schaltet er. Hier spielt er sein ganzes fahrerisches Können aus – man wird darüber staunen. Und doch wird man merken, wie ungeheuer vorsichtig er ist. Man wird feststellen, daß er sich in verschiedenen Situationen immer gleich verhält und obwohl es nach Routine aussieht, ist doch jede Handlung genau überlegt. Dies ist der Punkt, wo sich die Geister scheiden. Jene, die prahlen, und jene, die nicht davon reden.

Jene, die glauben, sie könnten, die es laut sagen – und auch unangenehm mit ihrem »Können« auffallen – und jene, die wirklich können, es niemals erwähnen und niemals irgendwo auffallen, weil sie aus sich nichts machen.

Und hier wird man feststellen, daß letzten Endes zu einem hohen Reiseschnitt doch wieder mehr gehört. Es gehört das Erkennen der Grenzen dazu, die jedem von uns gesetzt sind. Und daß es nicht umsonst zu haben ist, ist bestimmt ja auch wohl klar. Nur wenn man das Fahren nicht als Jux betreibt, sondern als ernsthafte Wissenschaft, wird man ein schneller Mann.

Eines muß also jeder wissen, dem der Begriff »schnell auf einem Motorrad« im Kopf herumspukt: nicht das Sprintern ist hier gemeint, also das gelegentliche Aufdrehen über einen oder zwei Kilometer. Auf Reisen gilt der Mann oder das Mädchen als »schnell«, dem es gelingt, größere Entfernungen mit einem stetigen Durchschnitt zurückzulegen, wobei die Endgeschwindigkeit seiner Maschine nur eine untergeordnete Rolle spielt. Dafür spielen aber – wie schon oben gesagt – eine ganze Menge andere Faktoren mit, und nur wer in der Lage ist, die ihm von der Maschine her, von seiner körperlichen Konstitution her, von seinem Mut her, von seiner Erfahrung her, von seinen geistigen guten Fähigkeiten her gebotenen Möglichkeiten bis zum Letzten völlig richtig und wirkungsvoll auszunutzen, nur der macht im Endeffekt wirklich schnelle Reisen.

Zwei Fahrer fuhren über eine Strecke von etwa 180 Landstraßen- und 40 Autobahn-Kilometern. Gleicher Weg, gleiche Verkehrslage, gleiche Witterung, trocken und sonnig. Der eine fuhr eine Maschine mit 42 PS (31 kW), der andere bewegte ein Kleinkraftrad mit 5 PS (3,7 kW). Nun erraten Sie einmal die gefahrenen Durchschnitte dieser beiden?
Der Mann mit der 42 PS-Maschine war in 2 Stunden und 10 Minuten am Ziel = ca. 101 km/h Durchschnitt. Der Kleinkraftrad-Fahrer brauchte 3 Stunden 15 Minuten = ca. 6,76 km/h. Die Endgeschwindigkeit der Großen wird mit 175 km/h im Katalog angegeben, die des Kleinkraftrades mit 80 km/h. Danach ist der gefahrene Durchschnitt des Großen etwa 58% der offiziellen Endgeschwindigkeit seiner Maschine, und der gefahrene Durchschnitt des Kleinkraftrades ca. 84,5% der offiziellen Höchstgeschwindigkeit.
Aus vielen Nürburgring-Testrunden, die wir mit Maschinen verschiedener Hubräume, verschiedenen Leistungsgewichten und verschiedenen Literleistungen gemacht haben, ergibt sich das gleiche Bild: die starken Brummer erzielen zwar höhere Durchschnitte als die kleinen Flitzer, aber mit der Zunahme der Leistung vergrößert sich auch der Abstand zwischen den Endgeschwindigkeiten und erzielten Durchschnitten. Am größten ist diese Lücke bei den dicken Traum-Maschinen.
Dies sollte man erwähnen, um Fantasien, Spinnereien und falschen Einschätzungen entgegen zu wirken.
Wenn also einer berichtet, daß er mit einer 750 cm^3 – 60 PS-Maschine beispielsweise während 200 km auf der Reise von A nach B einen Durchschnitt von mehr als 140 km/h über normale kurvenreiche Landstraßen gefahren habe, so ist das nicht nur von der Straßensituation her, sondern auch von dem möglichen Verhältnis zwischen Endgeschwindigkeit und Durchschnitt eine unrichtige Aussage.
Über unsere gewöhnlichen Landstraßen (nicht Autobahn oder freie Schnellstraße) kann kaum jemand während eines normalen Arbeitstages ohne Gefährdung seines und anderer Leben einen Durchschnitt von 140 km/h herausholen. Nochmals sei erwähnt: »Durchschnitt« oder »Schnitt« ist in diesem Zusammenhang als Begriff die erzielte Gesamtgeschwindigkeit zwischen Start- und Zielort, nicht etwa die über längere oder kürzere Abschnitte auf dieser Reise gefahrene Tachometer-Geschwindigkeit.
Wenn aber der Fahrer einer kleinen, wendigen Maschine behauptet, er habe von A nach B über 200 km einen Durchschnitt von mehr als

70 km/h mit seiner 125er erzielt, so ist dieser Aussage schon eher Glauben zu schenken. So etwa liegen die Größenordnungen und Maßstäbe.
Noch etwas ist zu beachten, wenn Zahlen über Entfernungen und Durchschnitte fallen: je stärker und schneller Motorräder werden, umso schwieriger ist es, das Verhältnis von Durchschnitt zu Endgeschwindigkeit zu verbessern. Das zeigen wiederum unsere Testrunden auf dem Nürburgring. Bei kleinen Maschinen ist das Leistungsgewicht größer als bei stärkeren Modellen, und an der Spitze der Modell-Listen sind hier die Unterschiede auch immer geringer. Wesentlich beeinflußt einen guten Reisedurchschnitt nicht die erreichbare Höchstgeschwindigkeit, sondern das Beschleunigungsvermögen, die Wirkung der Bremsen, die Straßenlage und die bequeme Sitzposition des Fahrers. Es ist durchaus nicht gesagt, daß eine Maschine mit sagenhaften Leistungen und sagenhaften Endgeschwindigkeiten bei einer längeren Fahrt auch die schnellste ist. Es ist beileibe nicht so, daß ein Fahrer mit der stärksten Maschine auch den höchsten Durchschnitt bei Reisen erzielt. Wenn die Entfernungen einmal über 200 km hinausgehen, dann sieht es schon ganz anders aus als bei einer 50 km-Distanz oder bei einer Nürburgring-Runde.
Nach diesen Erklärungen wollen wir – wie schon oben – noch einmal vom Schnellfahren selbst sprechen. Auf einer Runde um die Nordschleife des Nürburgrings kann man sich körperlich und nervlich ebenso verausgaben wie auf einer größeren Distanz über Landstraßen und Autobahnen. Man sollte also den Kräftehaushalt überlegen, wenn man den Fahrplan macht. Hat man eine längere Fahrt vor, so fahre man das erste Drittel der Strecke zügig und gleichmäßig ohne nun gleich mit allem, was in dem Ofen steckt, durch die Gegend zu feuern.
Das Tempo und den Einsatz kann man dann nach dem Eingewöhnungs-Drittel steigern. Nun gibt es Fahrer, die noch mit voller Nervenfrische unerhörte Leistungen zeigen und das letzte Drittel langsam abreagieren. Es gibt aber auch Leute, die in der Lage sind, sich in der Mitte der Strecke in der Leistung zu steigern und diese Steigerung bis zum Ziel fortsetzen. Nur eines ist verkehrt: von vornherein jede nervliche Verausgabung.
Vor der Fahrt nicht zu viel essen und trinken! Der Spruch »ein voller Bauch studiert nicht gern« ist wahr. Die richtige Mahlzeit kann man am Ziel nachholen, und wer meint, ohne irgendetwas zu genießen, eine

Nur wer Gespannfahren nicht wirklich kennt, kann darauf kommen, daß es nicht Motorradfahren sei. Besonders auf Reisen.

Reise nicht antreten zu können, der soll etwas Schokolade oder Dextro-Energen mitnehmen.
Auch die Tankpausen sollen strategisch wie schon oben geschildert eingeplant werden. Dort kann man auch während der Tankpause sicherlich eben schnell etwas Erfrischendes trinken, die Sichtscheibe säubern, Handschuhe eventuell wechseln usw. Damit man nicht gleich nach dem Tanken wieder anhalten und pausieren muß, was man nicht mehr einholen kann.
Die gewitzten Leute haben oben auf im Tankrucksack nicht den Rasierapparat oder die Seife, sondern ein Paar Ersatzhandschuhe, Schal, Ersatzgläser und Wischtuch. Wenn man nämlich alle 50 km wegen irgendeiner Kleinigkeit anhalten muß, dann kann man hinterher noch so sehr am Quirl drehen – ein vernünftiger Reisedurchschnitt

kommt dabei nicht mehr heraus. Eine Fahrt wird endlos in die Länge gezogen.

Manchmal findet man solche andauernden Halts und Pausen bei gemeinsamen Club-Unternehmungen, und es ist eine Frage der Zeit und der Nerven, wann der erste in dieser Gemeinschaft die Nase voll hat und schließlich verärgert, unbeherrscht oder ungeduldig für sich allein lostobt. Deswegen mein Rat an Vereine: gemeinsame Kolonnenfahrten, die nicht einem ganz besonderen Zweck dienen, die sollte man, wenn es geht, vermeiden! Sie sind oft Anlaß zu unkontrollierbaren Ausbrüchen, demzufolge auch von Unfällen. Abgesehen von der Verkehrsbelastung sind sie meist auch Anlaß zu Unstimmigkeiten usw. Lieber ein gemeinsames Ziel nennen und getrennt dort hinfahren.

Der echte Schnellfahrer meidet also jede Haufen-Bildung, er weicht ihr aus, wo er kann und wählt auch seine Pausen nur so, daß sie mehrere Zwecke auf einmal erfüllen. Das läßt sich ohne weiteres machen. Da ist sogar ein Nachfetten und Nachspannen der Kette noch drin, ohne daß dies den Durchschnitt sehr beeinträchtigt.

Wem es Spaß macht – und wozu hat man ein Motorrad? – der freut sich sicherlich auf eine Strecke mit vielen Kurven, mit Bergen und Tälern, obwohl es auf der schnurgeraden (aber langweiligen) Autobahn unter Umständen viel schneller geht.

Nehmen wir die Liebhaber der gemischten Strecke: von ihrer Kurventechnik, dem Beschleunigungsvermögen und dem Bremsen hängt, wie schon oben gesagt, der Durchschnitt im Wesentlichen ab. Eine Kurve richtig anbremensen, durchfahren und rausbeschleunigen ist von Ecke zu Ecke für diese Burschen jedesmal ein neues, feines Erlebnis. Über einen Fahrfehler ärgern sie sich gewaltig, und versuchen ihn sogleich wieder auszubügeln. Richtig ist, daß man die Kurven nicht zu früh angeht, weil man sonst im Scheitelpunkt und im Ausgang in Bedrängnis kommen kann. Man muß den Verlauf einer Biegung richtig einschätzen können und muß dort, wo ein Durchblicken nicht möglich ist, seinen Kurs entsprechend dem überschaubaren Abschnitt einrichten. Aber bitte dabei nie über Straßenmitte hinaus die Kurve schneiden!

Im Kurvenausgang – so ab letztem Kurvendrittel – wird wieder mit allem, was der Hammer heraushauen kann, beschleunigt. Motoren, die schon in der unteren Hälfte der Drehzahlen anständige Leistung hergeben, sind da im Vorteil. Bei Maschinen, deren Motoren sehr hoch drehen, deren Drehmoment erst im oberen Teil der Leistungskurve am

größten ist, haben Getriebe mit fünf und mehr Gängen, so daß man fehlendes Drehmoment damit ausgleichen kann.
Der Trick der ganz schnellen Leute ist es also, sich trotz Genuß des Fahrerlebnisses möglichst durch nichts aufhalten zu lassen. Trotzdem wird ein solcher Fahrer auch auf sehr langen und freien geraden Stücken nicht die allerletzte Kraft seiner Maschine einsetzen, wenn das Motorrad hubraummäßig nicht klein ist – er fährt stets mit Reserven. Vielleicht bei Überholmanövern, die man möglichst blitzartig vornimmt, wird bis zum roten Strich auf dem Drehzahlmesser beschleunigt, und hier zeigt sich, daß gute Leistung auch viel Sicherheit bedeutet.
Eine lahme Mühle, die es nicht erlaubt, beispielsweise einen schnellfahrenden Lastzug im starken Gegenverkehr rasch zu überholen, ist schon aus diesem Grunde gefährlicher als jedes andere Fahrzeug.
Wer eine Maschine fährt, deren Höchstgeschwindigkeit bei 80 oder 90 km/h liegt, der sollte auf schnellen Bundesstraßen einen mit nur wenig Überschuß fahrenden Wagen oder LKW nicht überholen, wenn er nicht 1 Kilometer weit Sicht und Freiheit hat.
Ja, 1 Kilometer Sicht und 1 Kilometer Freiheit – wer schnell fährt, der muß vor allem beobachten, blitzartig kombinieren und reagieren können. Man muß schon 200 m im Voraus wissen, was andere tun, wenn man dort an der Stelle ankommt.
Mit dem Motorrad ist man ja vielen Verkehrsteilnehmern durch Wendigkeit, nur sehr geringen Raumbedarf, durch hohe Beschleunigung überlegen. Und das alles muß man voll ausnutzen. Man kann mancher üblen Situation durch Beschleunigung, Wendigkeit und die geringen Ausmaße eines Motorrads einfach weglaufen, was andere nicht können. Aber man muß auch wissen, daß die meisten anderen Verkehrsteilnehmer einen wirklich schnellen Motorradfahrer weit unterschätzen.
Auf keinen Fall darf man sich trotz größtem Drängen auf ein Rennen einlassen. Man kann sich von einem besonders schnellen und gutfahrenden Mann mitziehen lassen, was unter Umständen dem Durchschnitt sehr zu gute kommt; aber man sollte nicht anfangen zu drängeln, wenn der eigene Geschwindigkeitsüberschuß zu gering ist.
In Kurven, in Ortschaften, bei besonderer Dichte des Verkehrs wird man sehr bald doch wieder im Vorteil sein, auf der langen Geraden jedoch sollte man nicht ohne Not eine Drängelei anfangen. Hektisches Fahren übermüdet nämlich über alle Maßen und rächt sich später

durch Nachlassen der Spannkraft. Das paßt nicht in den Haushalt einer schnellen Reise.
Wie schon mehrfach erwähnt müssen Bremsen, Reifen, Lichtanlage, Seilzüge einwandfrei in Schuß sein. Weiter gehört dazu die richtige Sitzposition, die richtige Lage aller Fuß- und Handhebel. Die Oberschenkel sollten noch von der Sitzbankkante zusätzlich abgestützt werden, die Knie sollten sauber anliegen können, der Winkel zwischen Ober- und Unterschenkel darf nicht zu eng sein. Unterarm und Handrücken müssen beim Anlegen an die Handhebel zwei genau parallel geführte Linien bilden – Rennlenker, Rennstummel oder hochgedrehte Hebel sind für längere Strecken nicht das Wahre.
Zu breite und zu hohe Lenker bieten durch die ausgebreiteten »Segelarme« des Fahrers sehr viel Luftwiderstand. Auch das sollte man für einen schnellen Reisedurchschnitt nicht übertreiben. Etwas anderes ist es, wenn man nicht auf einen schnellen Reisedurchschnitt aus ist, sondern nur auf bequemes Sitzen.
Bevor aber jemand in den Orden der schnellen Leute eintritt, muß er seinen Untersatz, dessen Möglichkeiten, das Fahrverhalten usw. genau kennen. Es kommt auch gar nicht darauf an, daß der Heiner seine Reise mit 104 km/h Durchschnitt, der Fritz die seine mit 103,8 km/h oder der Albert seine mit 104,6 km/h absolviert. Es kommt darauf an, daß alle ihre persönliche Bestleistung erzielen, ohne Rücksicht auf irgendwelche sonstigen Supermänner. Sauberes, sehr genaues, sehr überlegtes und sehr zähes Fahren ist das große Geheimnis.

Das Elend mit den Sprühfahnen

Die Fahrerei – besonders auf langen Strecken – wird doch sehr oft problematisch, wenn es gilt, Regen, Nässe, Kälte, Nebel, Glatteis, Schnee, Salz oder Matsch zu überwinden. Unsere Mitmenschen glauben es uns oft nicht, wenn wir trotzdem sagen, daß auch eine überstandene Schlechtwetter-Tour am Ende ein spannendes Abenteuer war, das uns nicht erschreckte. Die meisten Menschen starren uns entsetzt nach, wenn im Regen oder sogar in einem leichten Schneesturm unsere Maschine an ihnen vorbeifährt.

Aufgeben, wenn ein Dauerregen beginnt? Höchstens anhalten, die Regenhaut rausholen und überziehen. Und dann weiter. Trocknen kann man am Ziel.

Und doch gibt es neben plötzlich unerkannt auftretendem Glatteis etwas ganz Ekelhaftes bei schlechtem Wetter, etwas, was einem dann doch auf die Dauer den Spaß verleiden könnte: die Wasser- und Dreckfahnen, die andere Fahrzeuge auf der Autobahn hinter sich herziehen!

So ein Autofahrer merkt davon nicht viel, mit Scheibenwischer, Waschanlage und Heizgebläse hält er sich die Sicht ständig frei – aber ein Motorradfahrer kann für Minuten völlig blind werden, weil seine Fahrbrille oder die Schutzscheibe seines Helmes nicht nur von außen besprüht wird (was man ja schnell mit dem Finger wegwischen kann), sondern weil die Gläser auch von innen beschlagen, wenn mit dem Besprühen oder mit dem Hinterherfahren (z. B. hinter einem großen LKW oder Omnibus) ein krasser und schneller Temperaturwechsel

verbunden ist. Auch Atmungs-Kondens schlägt sich bei solchen Temperaturgefälle gern auf der Innenseite der Scheiben nieder. Ganz schlimm ist es, wenn nach einem Regenfall nasser Sprühdreck von anderen Fahrzeugen hochgeschleudert und nicht von frischem Regenwasser weggespült wird.
Zur warmen und wasserdichten Bekleidung gehört nicht nur ein ausreichend trockener, warmer Hand- und Fingerschutz, sondern dazu gehört auch eine gute Fahrbrille oder eine gute Sichtscheibe. Sicher – es gibt sehr preiswerte einfache Brillen, manche vom Skisport sind nicht unbrauchbar für uns, aber man muß sich zur Zeit des Rübendrecks, des Salzes und der ewigen Nässe dann beinahe bei jeder Fahrt neue Scheiben besorgen. Wenn ich – falls ich eine Fahrbrille trage – eine mit teurem Sicherheitsglas wähle, dann deswegen, weil man die flachen, splitterfreien mit *einer* Handbewegung sauberwischen kann, und weil die Gläser nicht verkratzen. Auf Brillenscheiben und auch auf Sichtscheiben von Helmen hält sich ein gutes Antibeschlagmittel auf den Innenseiten ausgezeichnet. So etwas ist mir eben das Geld wert. Blitzschnelles Freiwischen der Sicht kann in den Sprühfontänen eines LKWs Lebensrettung bedeuten.
Autobahn-Längen lieben viele von uns überhaupt nicht. Und in Gegenden, in denen die Autobahn (wie in Norddeutschland beispielsweise) über zig und zig Kilometer schnurgeradeaus *endet* (steht da ein Schild »Soltau 10 km«, dann meint man, es seien 20), kann die Fahrerei selbst mit einem 100 Meilen-Renner quälend sein. In den Wasserfahnen der anderen Fahrzeuge bei Regen kann es eine »Tour der Leiden« werden. Da muß man wissen, wie man sich durch kleine Tricks ein wenig davon fernhält, wenn man die Autobahn trotz aller Abneigung aus Zeitgründen nicht vermeiden kann.
Greifen wir einmal ein paar typische Beispiele heraus. Voraussetzung ist es, daß es regnet, und daß alle Fahrzeuge den Wassernebel lange hinter sich herziehen.

Fall A:
Es ist eigentümlich, daß bei starkem Regen sehr viele Autofahrer mit dem Tempo sogar noch unter die Sicherheitsgrenze heruntergehen, und daß man dann auch auf der Autobahn mit einem Gespann noch dauernd überholen muß. Folglich könnte man auf der linken Fahrbahnhälfte außerhalb der Wasserfahnen bleiben. Mit einer schnellen

A

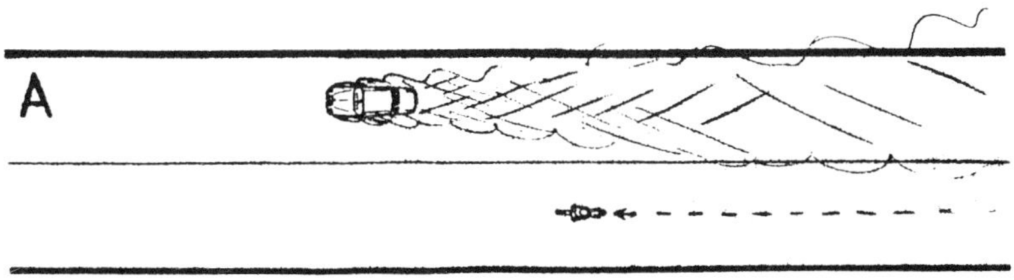

Solomaschine ist das in einem solchen Fall ja einfach, man braucht beim Annähern eines schnelleren Fahrzeuges ja nicht *ganz* in den Nebel des Vorfahrenden hinein, wenn man nach rechts ausweicht. Man bleibt links, muß aber stets in den Rückspiegel peilen, falls jemand von hinten aufläuft und zum Vorbeifahren blinkt.
Nun ziehen Autos solche Wasserfahnen ja oft sehr weit hinter sich her; man ist noch ca. 300 m dahinter, und trotzdem wird einem die Fahrbrille oder Sichtscheibe unerträglich voll Sprühwasser gespritzt. Wenn man – falls der Verkehr nicht zu dicht ist, und die Situation es ermöglicht – jetzt schon nach links herausfährt, dann sollte man das aber nur tun, wenn man eindeutig schneller als der Wagen ist und in kürzerer Zeit überholen kann. Ansonsten: lieber das Gas zumachen (falls nicht dann von hinten ein neuer Sprühregen angestürmt kommt) – sonst gilt man als »Linksfahrer«.

Fall B:
Wir haben einen Linksfahrer vor uns, unser eigenes Tempo ist beträchtlich höher, man kommt sehr schnell heran. Die linke Fahrbahnhälfte ist ganz von Sprühnebel überzogen, wir blinken ihn kurz an, er geht aber nicht weg. In diesem Falle rechts bleiben, und mit hohem Tempo soweit an ihn heranfahren, daß wir aus dem Spühwasser heraus sind. Nun können wir vorpeilen, was sich vor dem Linkser tut.

B

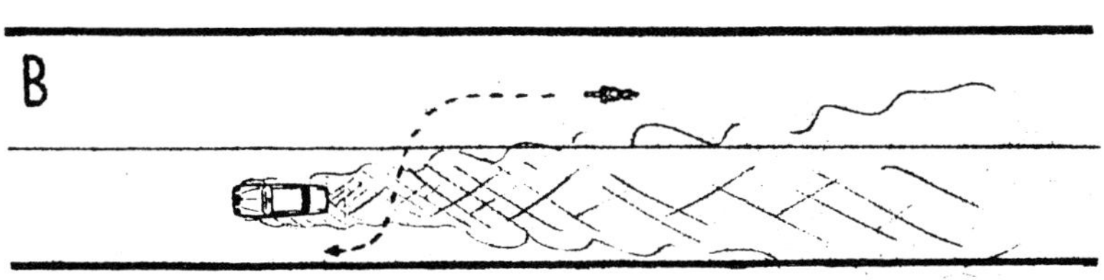

Man sieht, daß der Kurs frei ist. Hinter uns kommt auch nichts – also Blinker nach links, und jetzt ganz schnell so weit nach links durch die Sprühfahne hindurchkreuzen, daß man ziemlich weit am linken Fahrbahnrand ist. Jetzt blinken, hupen, blinken, hupen – vielleicht wacht er dann auf und gibt uns die Bahn frei.
Man sieht also, daß wir immer einen Weg suchen, entweder durch Abbremsen aus dem Sprühwasser herauszubleiben, oder aber durch eine Flucht nach vorn durch schnelles Durchkreuzen den Wassernebel zu vermeiden.

Fall C:
In freier Lage herrscht auf der Autobahn immer Wind. Man merkt das beim Fahren natürlich, und man kann das sehr deutlich an den fortwehenden Sprühfahnen hinter anderen Fahrzeugen erkennen. Dann passiert es, daß ein überholender Wagen bei entsprechendem Seitenwind von links seine Wasserfahne dem überholten Motorradfahrer noch eine ganze Weile ins Gesicht spritzt.
Man möchte nun gern auf die linke Fahrbahn wechseln, um wenigstens ein paar hundert Meter dem Sprühregen zu entgehen.

Aber Achtung! Das ist Linksfahren auf der Autobahn – dafür dürfte der Gesetzgeber, der die Gesetze nicht auf dem Motorradsattel macht, kein Verständnis haben. Das sollte man wissen. Und der § 1 der STVO ist ein dehnbarer Gummiparagraph. Da heißt es nämlich: »Jeder Teilnehmer am öffentlichen Straßenverkehr hat sich so zu verhalten, daß kein anderer gefährdet, geschädigt oder mehr, als nach den Umständen unvermeidbar, behindert oder belästigt wird«.
Im Notfall würde ich das Ausweichen nach links in diesem Falle als Handlung zur Vermeidung einer unmittelbar drohenden Gefahr sehen, denn ich wechsle ja sofort wieder nach rechts zurück und verringere dabei das Tempo, um die Fahne verwehen zu lassen.

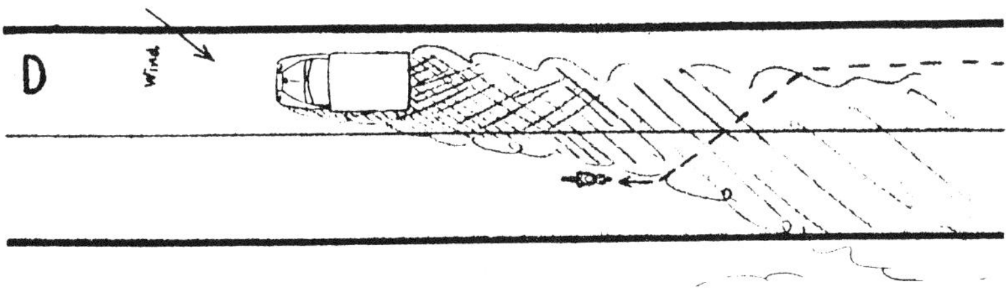

Man kann dabei nur hoffnungslos zum Bummler gemacht werden, weil jedes weitere überholende Fahrzeug genau zum Tempoabfall zwingt. Weswegen wir auf der Autobahn *nur* mit einem Fahrzeug fahren, das 140 km/h mit Sicherheit erreichen kann. Denn damit könnten wir den Wassernebel-Erzeuger schnell hinter uns bringen.

Fall D:
Das ist einfacher. Der Lkw läßt seine Wasserfahne nach links wehen, aber mit der leistungsstarken Solomaschine kann man diesen sehr schnell durchkreuzen und überholen.

Fall E:
Das ist eine recht ekelhafte Situation – noch schlimmer als es Fall C darstellt. Der Lkw hält seine 100 km/h, unsere Maschine schafft vielleicht 115 km/h (vielleicht merkt nun einer, weswegen wir vorhin gesagt haben, daß unser Motorrad mindestens auf der Autobahn 140 km/h gehen müsse, um eine größere Sicherheitsreserve zu bieten!), und es dauert entsprechend lange, bis man an dem Lkw vorbei ist. Dafür haben aber von hinten aufkommende schnellere Fahrzeuge überhaupt kein Verständnis. Da wird geblinkt, gehupt – ja, da wird rechts nebenher gefahren, geschimpft und auch rechts überholt. Nicht selten versuchte ein ganz Rabiater uns glatt abzudrängen.

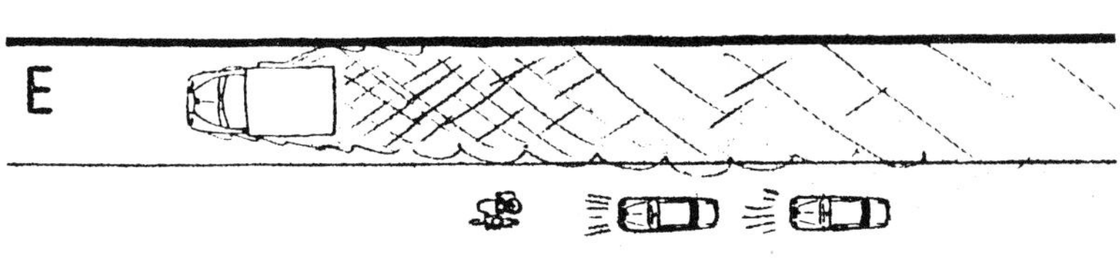

Wer da die Nerven als Motoradfahrer verliert, der wird wieder in den Sprühdreck heineingejagt – rücksichtslos – der kommt für die nächsten 20 km nicht wieder heraus, wenn er nicht resigniert und das Gas wegnimmt – bis zum nächsten Lkw.

Was kann man dagegen machen? Abstand halten, mit gleichem Tempo wie der Lkw fahren, irgendwann *wird* der doch einmal von seinem Tempo heruntergehen, weil er vor sich einen Langsameren hat. In diesem Augenblick aber nicht zögern – Gas auf, volle Pulle, blinken und hupen (an ein Motorrad gehören meiner Ansicht nach lautere Signalinstrumente als sie allgemein serienmäßig vorhanden sind!) und so schnell die Maschine die Beine wetzen kann nach vorn. Dann nach links und vorbei.

Es geht in der Ebene nicht anders, wenn die Autobahn stark befahren ist. Man kann auch bis zur nächsten Steigung warten, die das Problem dann von selbst löst – man kann aber auch bei schon eingeleitetem Überholmanöver den drängelnden Nachfolgern durch Handzeichen zu erkennen geben, daß man den Lkw aus Sichtgründen überholen will. Hoffentlich verstehen die das! (Überhaupt: Hoffentlich liest dies auch einmal ein Nur-Autofahrer, damit er weiß, mit welchen Schwierigkeiten man als Motorradfahrer zu kämpfen hat, und daß in diesen Fällen ein wenig Rücksicht wohltut!).

Zum Schluß unser letztes Erlebnis in dieser Richtung: Reise von Norddeutschland über die Autobahn Hamburg – Hannover – Kassel – Frankfurt. Die Guzzi hämmerte mit 140 km/h, zwei Personen und Gepäck über die Bahn, als sich erst ein Nieselregen und schließlich ein langandauernder Wasserfall über uns ergoß. Dazu hatten wir einen von schräg rechts entgegenkommenden, sehr starken und böigen Sturmwind. Es paßte mal wieder alles wie die Faust aufs Auge.

Im Nu waren die Handschuhe durchnäßt, und der kalte Wind verwandelte die Finger in langsam gefrierende Eiszapfen. Vor uns lagen noch ca. 500 km, die an diesem Nachmittag und an diesem Abend unbedingt gefahren werden mußten – da gab es nichts.

Alsdann, Landgraf werde hart!

Mit den Seitenböen hatte man zunächst genug zu tun, die hoben die fünf Zentner unseres Running-Bull, zusätzlich drei Zentner Personen und Gepäck, jenseits von 145 km/h ganz schön an, man segelte in Schräglage buchstäblich am Winde entlang.

Da kam der Regen – und mit ihm kamen die Wasserfahnen!

Alles, was da rechts auf der Fahrbahn sich bewegte, schleuderte uns die

»Sauce à la Boue« in die Gesichter. Feiiiiin –! Und dann kamen die Bundeswehr-Kolonnen noch dazu.
140 km/h blieben stehen. Die hoben die Maschine noch gerade nicht aus der Bahn – das Regenwasser peitschte am Gesicht, wusch von selbst alles weg, man konnte genug sehen, aber die rechte Seite der Scheibe beschlug durch den kalten Gegenwind. Die Regenbekleidung war nicht zu warm – wahrhaftig nicht, aber sie war zuerst noch dicht und trocken. Alles klar. Weiter.
Da scherte einer aus der Reihe rechts heraus, um seinerseits eine Sturmfahrt zu wagen. Porsche oder – so genau war das nicht zu sehen. Aber der warf uns nun zusätzliche Brecher an die Nasen. 138,672 km/h muß wohl sein Tempo gewesen sein, zuerst hockten wir immer und immer hinter ihm, er ließ uns nicht vor. Dann versuchten wir die »Schneise« zwischen linker und rechter Fahrbahn, kamen aber den Sprühfahnen der rechts Fahrenden sehr nahe.
Plötzlich bemerkten wir etwas: der Wind war so stark, daß der Sprühregen der rechten Konkurrenten nicht hoch, sondern flach seitlich weggeweht wurde. Der Porschemann traf uns bei einem gewissen Abstand nicht mehr, weil seine Wasserfontäne schon weg war, ehe wir kamen.
Auf diesem Strich ging es hurtig weiter, immer mit den Böen kämpfend – und endlich war der Porsche weg, Abfahrt Hildesheim-Nord.
Das ist so ein wenig wie die Schiffahrt in schmalen Gewässern bei Sturm und hohem Wellengang. Man muß es wissen, und man kann sich tatsächlich helfen. Unsere Mitmenschen aber sollten wissen, was es für einen Motorradfahrer bedeutet, bei schlechtem Wetter in den Staub-, Wasser-, Matsch- oder Salzfahnen ihrer Autos fahren zu müssen.

Frisch und munter auf langen Fahrten

Langstreckenfahrten sind etwas Schönes und Befriedigendes, denn wenn man für die Reise nach Nord-Wales, Schottland oder etwa zum Polarkreis nur ein bis zwei Tage Fahrtzeit braucht und für den eigentlichen Urlaub die eingesparten Reisetage zur Verfügung hat, ist das ja auch etwas wert.

Aber – was soll man tun, wenn man auf einer langen anstrengenden Fahrt, etwa mit noch viel Reiseverkehr, müde wird, trotzdem aber noch das gesteckte Ziel erreichen möchte, das vielleicht noch 100 oder mehr Kilometer weiter liegt?

Wie hält man sich also fit für lange Strecken?

Völlig falsch ist es, mit vollem Magen einen langen Törn anzutreten, denn dann riskiert man erst recht, müde zu werden. Der Großteil des Blutes wird dann nämlich zum Transport der Energie aus dem Magen in die Eingeweide gebraucht, und andere Teile des menschlichen Körpers – z. B. der Kopf oder die Muskeln – werden weniger versorgt. Es ist eine Kreislauf-Sache. Die Konzentration läßt sehr schnell nach. Zwingt man aber den Körper trotzdem zum Fahren, riskiert man klar eine Unaufmerksamkeit, die u. U. einen Unfall heraufbeschwört.

Verkehrt ist es aber auch, eine lange Reise ohne etwas im Magen zu haben anzutreten. Früh morgens sich ohne Frühstück in den Sattel zu schwingen und dann an einem Strich 800 Kilometer herunterzuspulen, das ist ebenfalls die verkehrte Methode, um fit zu sein beim Catch-As-Catch-Can auf den bundesdeutschen Autobahnen oder Fernverkehrsstraßen in der Urlaubszeit.

Ohne Mahlzeit geht man nicht auf große Fahrt, mag es auch noch so früh und vielleicht noch dunkel sein.

Zwar hat das Blut in diesem Falle genügend Sauerstoff für Gehirn und Muskeln bereit, aber der Blutzuckerspiegel ist zu niedrig. Blutzucker ist der Brennstoff für Nerven und Muskeln. Ohne diesen Brennstoff droht ebenfalls rasche Ermüdung und Erschöpfung. Die Aufmerksamkeit läßt unmerklich nach. Und das kann man ja beim Motorradfahren wirklich nicht brauchen.

Wie verhält man sich nun richtig, um weder mit vollem noch mit leerem Magen das Optimum an Aufmerksamkeit und Konzentration zu verlieren?

Morgens: Joghurt, Haferflocken mit Milch, etwas Brot und Fruchtsaft. Und dann unterwegs etwa alle zwei Stunden eine kleine Pause einlegen. Einige Stückchen Schokolade oder ein mitgenommenes Butterbrot, einen Apfel oder eine Apfelsine zu sich nehmen. Dann brennt der Ofen wieder richtig.

Wir haben immer über die Engländer gespottet, wenn sie uns etwa zur TT oder zur Drachen-Rallye begleiteten und im Minimum alle Stun-

den einen »Stop for a cup of tea« machten. Dabei bevorzugten sie kleine Buden, die ständig für Fernfahrer Tee bereithalten, denn da wird man fix bedient. Zum Tee gab es einige kleine Kekse, das »stille Örtchen« wird aufgesucht, und dann war man wieder bereit für die nächsten 70 Meilen. Das Ganze nahm eine Viertelstunde in Anspruch, hielt aber den Kräftehaushalt des Körpers immer in Ordnung.
So übertrieben ist es natürlich auch nicht ganz richtig – man kommt da kaum voran. Aber eine kleine Knusper-Pause bei jeder Tankpause einzulegen, ist nicht verkehrt. Die heutigen kleinen Tanks (also alle 150 bis 200 km) zwingen ja sowieso zu einem Halt.
Ich erinnere mich da an einen englischen Freund, der uns oft mit dem Motorrad besuchte. Er hatte stets einen kleinen zusammenklappbaren Teekocher im Tankrucksack, und wenn die Zeit für eine Aufmunterung gekommen war, suchte er sich eine schöne Stelle etwa an einer Waldecke oder auf einem Parkplatz und braute sich eine Tasse Tee. Dazu verzehrte er kleine Haferkekse, Milchschokolade, Knäckebrot oder sonstige Kleinigkeiten. Ich habe aber nur noch selten erlebt, daß jemand an einem Stremel pro Tag trotzdem so viele Kilometer heruntergespult hat wie dieser englische Freund Peter.
Ja, wer nun sagt, daß man nach solchen Häppchen ja ständig ein Hungergefühl im Bauch herumtrage und deshalb nicht besonders aufmerksam sein könne, dem sei gesagt, daß sich dieses Gefühl bereits nach einigen Minuten verliert, nämlich dann, wenn die Nahrung ins Blut übergeht! – Hunger fühlt man weniger durch einen leeren Magen als durch die Senkung des Blutzuckerspiegels, also vom Mangel an Nährstoffen im Blut.
Hoffentlich sagt nun keiner, daß man nicht alle zwei Stunden eine Pause machen kann. Aber – wie schon oben erwähnt – wird man durch die kleinen Tanks ohnehin zu öfteren Aufenthalten auf längerer Fahrt gezwungen. Außerdem fährt man in zwei Stunden schon ziemlich weit, und nachher geht es sogar besser und aufmerksamer.
Wer sich aber überhaupt nicht dazu durchringen kann und es auch zufolge ausreichenden Tankinhaltes nicht nötig hat, diese vielen Pausen auf einer Langstreckenfahrt einzulegen, der sollte zwischendurch in regelmäßigen Abständen schnell ein Bonbon, Schokolade oder Traubenzucker (der am schnellsten vom Blut aufgenommen wird) in den Mund stecken. Der Genuß solcher süßen Sachen schafft nicht nur Abwechslung, sondern liefert den nötigen Blutzucker (und damit Brennmaterial für die Nerven und Muskeln).

Aber Achtung! Für Zuckerkranke gilt dieser letzte Abschnitt selbstverständlich nicht. Sie dürfen so etwas nicht machen!
Was tut man aber, wenn man trotz allem mit Müdigkeit und Konzentrationsschwäche zu kämpfen hat?
Die Wahrheit ist: man sollte seine Pläne ändern, das Reiseziel nicht so hoch ansetzen und erst einmal schlafen, denn Schlaf ist nicht zu ersetzen, man kann ihn höchstens hinausschieben.
Also: eine Rast einlegen, etwa am Waldrand, und sich eine halbe Stunde lang zu einem Kurzschlaf auf die Bank setzen.
Zunächst mag es scheinen, als fiele es besonders schwer, sich nach einer kurzen Schlafpause wieder aufzurappeln. Man meint, davon bekäme man Kopfschmerzen oder fühle sich wie gerädert; aber das ist nicht ganz richtig, denn selbst einige Schlafminuten vertreiben die Mattigkeit schon erheblich, und man ist viel frischer, wenn man sich dann zur Weiterfahrt auf die Maschine setzt. Der frische Fahrtwind um die Nase vertreibt die Mattigkeit schnell.
Wer jetzt noch nicht ordentlich munter ist, der vergißt am besten sein gestecktes Ziel. Er ist erschöpft! Dagegen hilft nur ein richtiger, langer Schlaf im Zelt, im Gasthaus oder Hotel.
Man erkennt also, Kurzschlaf ist ein wichtiges Hilfsmittel, wenn man unbedingt weiterfahren muß, um eine Dampferfahrt oder eine Verabredung nicht zu verpassen. Man kann sich aber auch mit Traubenzukker, Cola-Schokolade, Kaffe oder Tee kurzzeitig wieder munter für die Weiterfahrt machen. Aber aufpassen! Manche reagieren auf Kaffee – manche gar nicht, manche werden durch Tee bald fit, manche gar nicht! *Keinesfalls aber sollte man zum Alkohol greifen!* Ein Glas Bier, mag es auch zunächst noch so erfrischend wirken – es macht im Gegenteil nicht munter, sondern *müde.*
Es ist nämlich ein Unterschied, ob man mit Alkohol den Schlaf vertreiben oder ob man die eingetretene Abspannung beseitigen und wieder aufmerksam und leistungsfähig werden will.
Hier liegt nun der große Unterschied. Im ersten Fall meint man, bei weiterer Leistungsschwäche wach zu bleiben, man gähnt, fühlt sich wie gerädert, bekommt Kopfschmerzen, raucht u. U. eine Zigarette nach der anderen, verliert beim Fahren die Übersicht über die Verkehrssituation und macht die dümmsten Fehler, die nicht selten die so schön begonnene Fahrt kurz und schmerzlich beenden.
Was war nun falsch?
Beim ersten Zeichen von Ermüdung wird erst einmal ein deftiges Essen

eingenommen, denn »Essen und Trinken hält Leib und Seele zusammen«, wie ein bekanntes Sprichwort sagt. »Ein ordentliches Essen« muß deftig und handfest sein und muß mit einem Fläschchen Bier hinuntergespült werden. Aber schon hat man zu einem vollen Magen noch ein »Schlafmittel« zu sich genommen, und statt wach wird man erst recht müde. Denn Bier ist Hopfen, und Hopfen wird oft in Präparaten und Arzneimitteln verwendet, die zur Beruhigung und zum Einschlafen gedacht sind.

Kaffee, Tee oder Cola? Was sollte man zur Vertreibung der Müdigkeit nun eigentlich trinken?

Es ist absolut verkehrt, Kaffee – möglicherweise sogar ohne Sahne und Zucke – auf leeren Magen zu sich zu nehmen. Das macht nicht munter, sondern reizt die Magenschleimhaut, man bekommt Sodbrennen (nun das bei vorübergeneigter Haltung auf dem Motorrad – aua!).

Überhaupt sollte Kaffee von Leuten beim Motorradfahren gemieden werden, die sowieso nervös und fahrig sind. Nur Leute mit niedrigem Blutdruck sind besser dran, für sie ist Kaffee eine Anregung und macht sie richtig fit – da wähle man stark gesüßten Kaffee, evtl. mit Traubenzucker und zusammen mit einem Brötchen oder Gebäck. Das gleiche gilt übrigens für Cola, während auch starker Tee keineswegs verkehrt ist. Er ist viel verträglicher, macht keinerlei Magenbeschwerden, und oft wirkt eine Tasse Tee bei Abgespanntheit Wunder. Man fühlt sich wieder frisch und bekommt seine Energie zurück, die es bewerkstelligt, daß man leicht die letzten Kilometer weiterfahren kann.

Aufputschmittel –? Wenn Sie uns fragen, dann sagen wir entschieden »Nein«! Wir sind bei unseren langen Reisen bis heute ohne diese – für die meisten Menschen gefährlichen – Mittel ausgekommen und gedenken das auch weiterhin so zu halten. Auch auf dem längsten Törn!

Man sollte also wirklich lieber die Urlaubsrückreise einen Tag eher beginnen, statt sich auf Gesundheitsabenteuer mit solchen Dingen einzulassen!

9. KAPITEL

In den Bergen

Pässe fahren

Was im Flachland auf Küstenstraßen der ewig wehende Wind ist, der immer dann genau mit Stärke 10 von der Seite kommt und einem die Fahrtechnik alter Windjammerkapitäne abfordert, wenn es sicher vorwärts gehen soll, das sind in den Bergen die Paßstraßen.
Der kleine Unterschied, daß die Flachland-Küstenfahrer von ihrem steten Kameraden, dem Wind, kaum sprechen, daß aber die Bergfanatiker von »ihren« Pässen dauernd erzählen, die sie mit Bravour an 35% mit Gepäck und der Vroni hintendrauf unerhört schneidig gemacht haben, dieser Unterschied ist irgendwie bemerkenswert. Anscheinend sind Pässe deswegen mehr beachtet als 10er Küsten-Querwinde, weil erstens mehr Volk auf Hannibals Spuren unterwegs ist und zweitens das Erleben vom tiefen Tal in die Höhen hinauf dramaturgisch für Bergfahrer tiefer ist.
Sei es, wie es sei – das Fahren am Berg birgt Probleme besonderer Art.

Gebirgsstraßen müssen nicht nur Pässe bezwingen, auch in den kleinen Tälern ist es schön.

Erst recht wenn die Maschine mit zwei Personen und Vierwochen-Gepäck beladen ist.

Nun gibt es Bergstrecken, die als Paß bezeichnet sind, die aber in ihrem Verlauf weder extreme Steigungen, weder endlose Serpentinen an Abhängen noch besondere Längen haben. Und es gibt Strecken, die diese Bezeichnung tragen – wie zum Beispiel der Llanberris-»Paß« in Nordwales – deren Überquerung man jedoch kaum bemerkt. Wenn wir in diesem Kapitel von Pässen sprechen, dann sind das Bergstrekken, die mindestens zwischen sieben und zwölf Kilometer lang sind, in deren Verlauf mindestens zwei Serpentinengruppen mit jeweils mehr als drei Haarnadelkehren sind und auf denen man mindestens einen Höhenunterschied von 1000 Metern zu überwinden hat, wobei die durchschnittliche Steigungsrate zwischen 8 bis 10% liegt. Vielleicht geht es zeitweise flacher zu, dafür aber dann auch mehrere Male richtig steil rauf – so zwischen 15 bis 20% oder gar mehr. Und außerdem sollte so ein Streckenabschnitt schon Höhen von etwa 2000 m ü.N.N. berühren.

Moderne Motorräder – wenn es nicht Mofas, Kleinkrafträder oder 10 PS-Untersätze sind – können leistungsmäßig alle solche ähnlichen Straßen in den Bergen bezwingen. Es ist nur die Frage, ob es alle Fahrer können. Mit etwa 4 PS (= 3 kW) ist das bei durchschnittlich 10% Steigung über eine Länge bis zu 10 Kilometern mit einem Gesamtgewicht von ca. 300 kg auch noch möglich – das schafft sogar jede gut gefahrene alte 50er mit zwei Personen noch.

Wenn es aber haarig wird, dann sollten wir einige Fakten berücksichtigen, um damit klar zu kommen.

Zunächst sollte man wissen, bis zu welchen Geschwindigkeiten die niedrigen Gänge drehen können – also bei einem Sechsganggetriebe der fünfte und vierte Gang, bei einem Fünfganggetriebe der vierte und dritte Gang. Ein Gangdiagramm ist schnell ausgerechnet und gezeichnet.

Beispiel: ein Motorrad mit einer Motorleistung von ca. 37 kW (50 PS) bei 9000 ^{1}/min (U/min) und mit einem Leergewicht (vollgetankt) von 237 kg (zul. Gesmtgewicht 405 kg) hat eine Primärübersetzung von der Kurbelwelle zum Getriebe von 2,55 (46 Zähne an der Kupplung: 18 Zähne am Motorritzel = 2,55). In den fünf Gängen betragen die Übersetzungen 2,33 / 1,63 / 1,27 / 1,04 / 0,89. Die Sekundärübersetzung vom Getriebe zum Hinterrad ist 2,63 (50 Zähne am Hinterrad-Antriebsrad: 19 Zähne am Getrieberitzel = 2,63). Diese Werte müssen im Betriebshandbuch der Maschine oder im Motorrad-Katalog zu finden sein.

Zuerst multiplizieren wir (schnell auf dem Elektronikrechner austippen) Primär- und Sekundärübersetzung, also 2,55 × 2,63 = 6,7065. Diesen Wert multiplizieren wir weiter mit der Getriebeübersetzung für jeden Gang, also 6,7065 × 2,33 / × 1,63 / × 1,27 / × 1,04 / × 0,89 = 15,626 (1. Gang) / 10,930 (2. Gang) / 8,516 (3. Gang) / 6,974 (4. Gang) und 5,968. Das ist die für unsere Untersuchung gebrauchte Gesamtübersetzung in jedem Gang.

Der Hinterrad-Reifen der Maschine 4.00 H-18 hat einen Abrollumfang rund gerechnet von 2,00 m. Um die Zeichnung machen zu können, brauchen wir die errechnete Geschwindigkeit der Maschine bei 9000 ^{1}/min (U/min), also bei der Nenndrehzahl, bei der die beste Motorleistung vorhanden ist.

Dazu gibt es eine sehr einfache Formel:

$$\frac{\text{Motordrehzahl } (9000\ ^1/\text{min}) \times \text{Radumfang } (2{,}00\ \text{m}) \times 60}{1000 \times \text{Gesamtübersetzung des jew. Ganges}} = \text{km/h}$$

$$\frac{9000 \times 2{,}00 \times 60}{1000 \times 5{,}968\ (5.\ \text{Gang})} = \frac{1\,080\,000}{5\,968} = 180{,}965$$

Im fünften Gang geht die Maschine also ca. 181 km/h.
Mit derselben Rechnung bekommen wir auch die Geschwindigkeiten in den anderen Gängen, wenn wir unter den Bruchstrich immer die für den jeweiligen Gang vorhandene Gesamtübersetzung einsetzen. Also für den vierten Gang 6,974, für den dritten Gang 8,516 usw. Bei 9000 ^{1}/min erhalten wir dann: 1. Gang 69,115 km/h = 70 km/h / 2. Gang 98,81 km/h = ca. 99 km/h / 3. Gang 126,82 km/h = ca. 127 km/h / 4. Gang 154,85 km/h = ca. 155 km/h / 5. Gang 180,965 km/h = ca. 181 km/h.
Auf Millimeter- oder Karopapier malen wir uns ganz einfach das Gangdiagramm auf, mit dem man dann feststellen kann, bei wieviel Umdrehungen pro Minute welche Geschwindigkeit vorhanden ist.

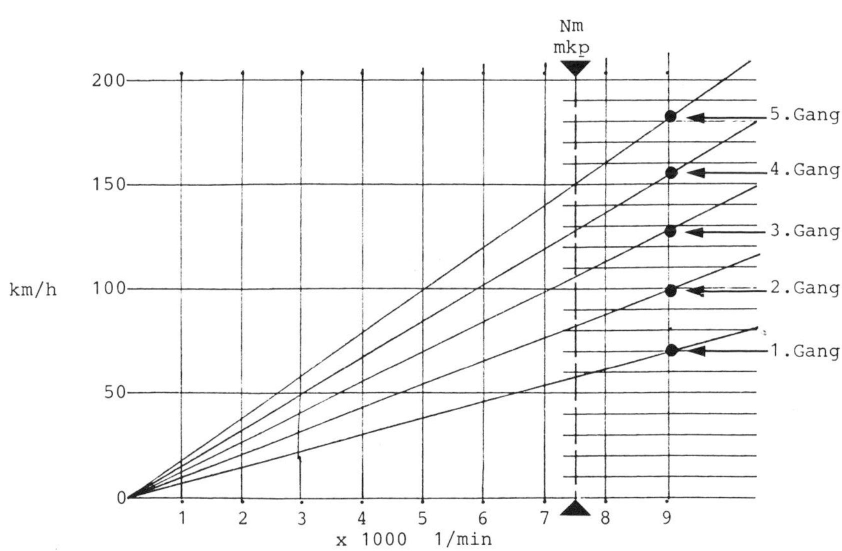

Aus dem Betriebshandbuch oder aus dem Katalog wissen wir, daß das höchste Drehmoment des Motors von 43 Nm oder 4,4 mkp bei einer Drehzahl von 7500 1/min vorhanden ist. In diesem Drehbereich ist also sein bestes Durchzugsvermögen.

Das sind nach unserem aufgezeichneten Gangdiagramm im 1. Gang etwa 58 km/h, im 2. Gang ca. 80 km/h, im 3. Gang ca. 105 km/h, im 4. Gang ca. 130 km/h und im 5. Gang etwa 150 km/h.

Nun wird man ja wohl kaum mit 150 km/h an einer starken Steigung auf kurzer Geraden zwischen zwei Haarnadelserpentinen fahren können. Auch 130 km/h dürften fraglich sein – also im 4. Gang. Bleibt also die Wahrscheinlichkeit, daß auf einem solchen Paß der 3. Gang der wichtigste ist, und daß der 2. Gang dann eingesetzt werden muß, wenn die Drehzahl des Motors unter 7500 odes 7000 1/min absackt.

Nun erkennen wir auch, wozu ein Drehzahlmesser gut ist, und daß so ein Instrument gerade an starken Steigungen sehr nützlich sein kann.

Man kann aber auch sehen, daß die Drehmomentlage moderner Motorradmotoren selbst bei größeren Hubräumen doch sehr in der Nähe der Nenndrehzahl liegt und daher Getriebe mit fünf oder sogar mehr Gängen notwendig macht. In den 50er und 60er Jahren brauchte man nur vier Gänge, weil das größte Zugmoment der Motoren mehr zur Mitte des Drehbereiches gerückt wurde – allerdings bei weniger Leistung und geringeren Gesamtdrehzahlen. Aber die Motoren waren für Gebirgsfahrten elastischer.

20% Steigungen oder mehr haben folgende Pässe: Katschberg 20% (Mauterndorf – Spittal, 1641 m); Loibl-Straßentunnel 24% (1067 m);Wurzen 26% (Villach – Kranj, 1073 m); Loibl 29% (Klagenfurt – Kranj, 1366 m); Turracher Höhe 30% (Predlitz – Villach).

Zu den höchsten Pässen gehören der La-Bonette-Paß Barcelona – Isola mit 2802 m, der Iseran Bourg – St. Maurice – Lanslebourg mit 2769 m, der Restefond Barcelonette – Isola mit 2673 m oder das Stilfser Joch Spondining – Bormio mit 2757 m. Aber die steilsten Pässe sind es eben nicht, denn mehr als 12% Steigung werden nicht angegeben.

PÄSSE UND TUNNEL

Frankreich

Paß	Höhe m	Strecke	Steigung	befahrbar
Alpen				
Allos	2250	Barcelonnette - Allos	10%	Juli-Sept.
Aravis	1498	Flumet - Annecy	8%	Juni-Okt.
Bayard	1246	Grenoble - Gap	16%	ganzjähr.
La Bonette-Paß	2802	Barcelonnette - Isola	12%	Juni-Sept.
Cayolle	2326	Barcelonnette - Vizille	10%	Juli-Sept.
Croix-de-Fer	2067	Vizille - St. Jean de M.	10%	Mai-Nov.
Croix-Haute	1179	Grenoble - Serres	8%	ganzjähr.
Galibier	2556	St. Michel de M. - Briançon	12%	Juli-Sept.
Gets	1163	Thonon-les-Bains - Sallanches	7%	ganzjähr.
Glandon	1908	Aiguebelle - Vizille	12%	Mai-Okt.
Iseran	2769	Bourg - St. Maurice - Lanslebourg	10%	Juli-Sept.
Izoard	2360	Briançon - Guillestre	12%	Juli-Sept.
Kl. St. Bernhard	2188	Mouttiers - Aosta	12%	Juni-Okt.
Lautaret	2058	Grenoble - Briançon	10%	Mai-Okt.
Maddalena	1996	Vinadio - Larche	8%	Mai-Okt.
Mont Cenis	2084	Lanslebourg - Susa	10%	Mai-Okt.
Montets	1461	Chamonix - Martigny	7%	Apr.-Nov.
Mont Genèvre	1854	Briançon - Cesana	8%	Mai-Dez.
Restefond	2678	Barcelonnette - Isola	10%	Juni-Sept.
Tenda	1279	Nizza - Cuneo	9%	ganzjähr.
Vars	2115	Guillestre - Barcelonnette	15%	Juli-Sept.

Mont-Blanc-Straßentunnel zwischen Chamonix und Courmayeur, 11,6 km lang, Höchstgeschwindigkeit 80 km/h, Durchfahrtdauer 15 Min., geöffnet ganzjährig durchgehend.
Gebühren

Paß	Höhe m	Strecke	Steigung	befahrbar
Pyrenäen				
Aspin	1489	Arreau - Bagnères de Bigorre	12%	Mai-Okt.
Aubisque	1701	Argelès Gazost-Laruns	12%	Juni-Nov.
Peyresourde	1563	Luchon - Arreau	12%	Apr.-Nov.
Port d'Envalira	2407	Andorra - Ax les Thermes	12%	ganzjähr.
Porte d'Aspet	1069	Luchon - St. Girons	12%	Apr.-Nov.
Portillon	1308	Luchon - Bosost	10%	Apr.-Nov.
Pourtalet	1792	Panticosa - Laruns	12%	Apr.-Nov.
Puymorens	1915	Bourg Madame - Ax les Thermes	7%	Apr.-Nov.
Somport	1631	Oleron - Jaca	7%	ganzjähr.
Soulor	1445	Argelès - Laruns		Juni-Nov.
Tourmalet	2115	Lux - Ste. Marie de C.	15%	Mai-Okt.

Paß	Höhe m	Strecke	Steigung	befahrbar
Jura				
Faucille	1323	St. Claude - Genf	7%	Febr.-Okt.
Savine	993	St. Laurent Du Jura - Morez	7%	ganzjähr.
Zentralmassiv				
Ventouse	980	Clermont - Le Mont Dore	7%	ganzjähr.
Croix Morand	1401	Le Mont Dore - St. Nectaire	12%	Apr.-Nov.
Vogesen				
Bonhomme	949	Colmar - St. Dié	12%	ganzjähr.
Bussang	731	Thann - Remiremont		ganzjähr.
Donon	1008	Schirmeck - Badonviller	12%	ganzjähr.
Schlucht	1159	Colmar - Geradmer	7%	ganzjähr.
Ste. Marie	772	Selestat - St. Dié		ganzjähr.

Italien

Paß	Höhe m	Strecke	Steigung	befahrbar
Campolong	1875	Arabba - Corvara	8%	ganzjähr.
Carlo Magno	1862	Dimaro - Madonna di Campiglio	11%	ganzjähr.
Falzarego	2105	Cortina - Arabba	8%	ganzjähr.
Fugazze	1159	Vicenza - Rovereto	12%	ganzjähr.
Gampen-Joch	1518	Meran - Fondo	9%	ganzjähr.
Gardena	2121	Selva Corvara	12%	ganzjähr.
Gavia	2621	Bormio - Ponte di Legno	16%	Juni-Sept.
Jaufen	2094	Sterzing - Meran	10%	Mai-Nov.
Karer/Costalunga	1753	Bozen - Canazei	15%	ganzjähr.
Mendel	1363	Bozen - Fondo	9%	ganzjähr.
Penser Joch	2214	Sarnthein - Sterzing	13%	Apr.-Nov.
Pordoi	2239	Arabba - Canazei	8%	Mai-Nov.
Rolle-Paß	1970	Predazzo - S. Martino di Castrozza	9%	ganzjähr.
Sella	2237	Canazei - Ortisei	11%	Mai-Nov.
Stilfser Joch	2757	Spondinig - Bormio	12%	Juni-Nov.
Tonale	1883	Fondo - Edolo	12%	ganzjähr.
Tre Croci	1809	Misurina - Cortina	14%	ganzjähr.

Tunnel Zernez-Livigno (Sondrio) Erlaubnis beim Elektrizitätswerk Zernez einholen.

Österreich

Paß	Höhe m	Strecke	Steigung	befahrbar
Achen	941	Tegernsee - Jenbach	18%	ganzjähr.
Arlberg	1802	Langen - St. Anton	16%	März-Dez.
Brenner	1370	Innsbruck - Sterzing	13%	ganzjähr.

Mautgebühren: Brenner-Autobahn

Felbertauern-Straßentunnel
Mittersil — Matrei/Osttirol 7% ganzjähr.

Paß	Höhe m	Strecke	Steigung	befahrbar
Fern	1209	Lermoos - Nassereith	10%	ganzjähr.
Flexen	1784	Stuben - Lech	10%	ganzjähr.
Gerlos	1406	Mittelsill - Zell/Ziller	9,2%	ganzjähr.
Mautgebühren				
Großglockner	2505	Bruck - Heiligenblut	12%	Juni-Okt.
Mautgebühren				
Hochtannen-Bergstr.	1499	Warth - Dornbirn	14%	Apr.-Dez.
Katschberg	1641	Mauterndorf - Spittal	20%	ganzjähr.
Loibl	1366	Klagenfurt - Kranj	29%	Mai-Nov.

Loibl-Straßentunnel: Fahrbahnbreite 7,50 m, Höhe 7,50 m, Seehöhe 1057—1067 m, Steigung 24%, ganzjährig befahrbar

Paß	Höhe m	Strecke	Steigung	befahrbar
Plöcken	1362	Kötschach - Timau	14%	Mai-Nov.
Pötschen	988	Goisern - Bad Aussee	9%	ganzjähr.
Radstädter Tauern	1738	Radstadt - Mauterndorf	18%	ganzjähr.
Reschen	1508	Reschen - Stuben	11%	ganzjähr.
Paß Thurn	1273	Kitzbühel - Mittersill	8%	ganzjähr.
Timmelsjoch	2509	Ötztal - Meran	12%	Mai-Okt.
Mautgebühren				
Turracher-Höhe	1763	Predlitz - Villach	30%	Apr.-Nov.
Seebergsattel	1216	Völkermarkt - Kranj	12%	Apr.-Nov.
Silvrettastraße	1538	Parthenen - Galtür	16%	Mai-Okt.
Mautgebühren				
Wurzen	1073	Villach - Kranj	26%	Apr.-Okt.
Zirler Berg	1130	Seefeld - Zirl	14%	ganzjähr.

Während der in den Wintermonaten anhaltenden Sperre der entsprechenden Alpenpässe besteht die Möglichkeit, Kraftfahrzeuge durch folgende **Tunnel** zu verladen:

Arlberg-Straßentunnel, Langen – St. Jakob, 14 km lang, Mautgebühren

Arlbergtunnel, Eisenbahnverladung:
Langen — St. Anton 3—6× tägl.

Tauerntunnel
Böckstein — Mallnitz 21—47× tägl.

Tauernautobahn

Großer St.-Bernhard-Straßentunnel
zwischen Bourg St. Pierre und St. Rhemy (5,8 km)

Gebühren:

	Einfache Fahrt	Hin- u. Rückfahrt
Motorräder	4,— sfrs	5,50 sfrs

Schweiz

Auskünfte über Befahrbarkeit der Alpenpässe, Straßen, Glatteis usw. werden über Telefon Nr. 163 erteilt.

Paß	Höhe m	Strecke	Steigung	befahrbar
Albula	2312	Bergün La-Punt	12% 10%	Mai-Nov.
San Bernardino	2066	Thusis Bellinzona	9% 12%	Juni-Nov.

San Bernardino-Straßentunnel zwischen Hinterrhein (1613 m) und San Bernardino (1631 m), 6600 m lang, 7,50 m Fahrbahnbreite, Tunnelhöhe 4,80 m, keine Mautgebühren.

Paß	Höhe m	Strecke	Steigung	befahrbar
Gr. St. Bernhard	2469	Aosta Martigny	11% 11%	Juni-Okt.
Gr. St.-Bernhard-Straßentunnel				ganzjähr.
Bernina	2323	Pontresina Poschiavo	10% 11%	ganzjähr.
Brünig	1008	Sarnen Brienz	8% 8%	ganzjähr.
Flüela	2383	Davos Susch	10% 10%	ganzjähr.
Forclaz	1527	Chamonix Martigny	8% 18%	ganzjährig
Furka	2430	Hospental Gletsch	10% 10%	Juni-Nov.
Gotthard	2108	Hospental Airolo	12% 8%	Mai-Nov.
Grimsel	2164	Innertkirchen Gletsch	9% 8%	Juni-Nov.
Jaun	1508	Bulle Reidenbach	10% 10%	ganzjährig
Julier	2284	Tiefencastel Silvaplana	10% 10%	ganzjähr.
Klausen	1948	Altdorf Linthal	10% 10%	Mai-Nov.
Lukmanier	1916	Disentis Olivone	9% 9%	Juni-Okt.
Maloja	1815	Silvaplana Chiavenna	6% 13%	ganzjähr.
Morgins	1382	Monthey/Rh. Abondance	8% 8%	ganzjähr.
Mosses	1445	Château d'Oex-Aigle	8% 8%	ganzjähr.
Oberalp	2044	Andermatt Disentis	10% 10%	Mai-Nov.
Ofen	2155	Zernez Sta. Maria	12% 10%	ganzjähr.
Pillon	1546	Aigle Gstaad	9% 9%	ganzjähr.
Simplon	2005	Brig Domodossola	9% 10%	ganzjähr.
Splügen	2113	Splügen Chiavenna	10% 10%	Mai-Nov.
Susten	2224	Innertkirchen Wassen	9% 9%	Juni-Nov.
Umbrail	2501	Sta. Maria Bormio	9% 9%	Juni-Nov.

Kfz.-Verladung durch folgende Alpentunnel:

Tunnel	von - nach	Turnus täglich
Gotthard	Göschenen - Airolo	bis 47×
Albula	Thusis - Samedan	bis 9×
	Bergün - Samedan	bis 9×
Simplon	Brig - Iselle	bis 14×
Lötschberg-Simplon	Kandersteg - Brig	bis 13×
	Kandersteg - Iselle	bis 13×
	Kandersteg - Goppenstein	bis 16×

Aber zurück zu der Fahrtechnik an Pässen.

Aus unserem Gangdiagramm und aus den Angaben über die beste Lage des Drehmomentes unseres Motors wissen wir, daß wir – wie an unserem Beispiel – möglichst nicht unter 7000 ^{1}/min kommen sollten. Bei anderen Maschinen mögen es vielleicht 6000 ^{1}/min oder noch weniger sein.

Sobald man also mit der Geschwindigkeit abfällt, runterschalten, runterschalten.

Jetzt dreht der Motor also 7000 ^{1}/min. Gut. Aber bald legt er wieder zu. Soll man ihn nun ruhig wieder höher drehen lassen oder aber lieber immer im Bereich des günstigsten Drehmomentes bleiben, also in unserem Beispiel zwischen 7000 und 7500 ^{1}/min?

Wenn der Verkehr, der Charakter des Streckenverlaufes, die Kurven, der befahrene Untergrund und die Routine von Fahrer und Passagier es zulassen, sollte man ruhig im Bereich des günstigsten Drehmoments bleiben. Dabei wird man ja auch feststellen, ob zu dieser Drehzahl Vollgas oder nur Teilgas nötig ist. Vollgas sollte man länger als zwei oder drei Minuten vermeiden (dann lieber noch einen Gang weiter runterschalten!), aber das Jubeln mit Teilgas ist gerade richtig.

Wenn es aber ganz dick kommt, und man ganz runter bis auf den ersten Gang und auf Vollgas muß, dann gebietet diese Art ›Notlage‹, daß man sich mit Vollgas hochquälen muß.

Aber später sofort, wenn es nicht mehr unbedingt notwendig ist, Gas weg und weniger Drehzahl.

Nur eines ist außerdem wichtig: die Fahrt darf nicht raus! Erstens braucht man den Luftstrom zur Kühlung des Motors, zweitens ist überall die Reserve eines guten Ablaufs mit Schwung wichtig und maschinenschonend. Es ist immer falsch, an Steigungen dieser Art im großen Gang mit Vollgas zu fahren, wenn der Motor bei Teilgas ebenso nach oben zieht. Also drehen lassen, drehen, um den leistungsmäßig günstigsten Drehbereich und dabei flotten Schwung einhalten!

Bei Pässen, die höher als 2000 m sind, läßt die Leistung des Motors etwas nach. Trotzdem bleiben wir am Drehzahlmesser kleben – jetzt erst recht im günstigsten Bereich bleiben! Und Schwung behalten! Dann muß man eben eher runterschalten.

Doch wie wir sehen, sind die höchsten Pässe der Hauptstrecken nicht die steilsten. Aber auf Nebenwegen können Abenteurer doch in Bedrängnis kommen, wenn sie Drehzahl und Drehzahlmesser vergessen.

Das alles klingt ja sehr schön und einfach, aber leider kann niemand in Frieden leben, wenn es einem bösen oder dummen Nachbarn nicht gefällt. »Nachbar« bedeutet in diesem Falle der übrige Verkehr auf den Paßstraßen, der sich oft sehr eng und sehr zäh hinaufquält. Hinzu kommt der Gegenverkehr – und schon ist der Spaß kein Abenteuer mehr, sondern eine elende Schinderei. Nur weil da vorn so ein Trödel-Bus oder ein Wohnwagen-Gespann mit zu schwachem Zugwagen nicht vorwärts kommt.
Also – wenn es wirklich keinen Gegenverkehr gibt, dann sollte man mit allem, was nur geht, an so einer Stümperei schnellstens vorbeifahren, weil sonst der notwendige Schwung verloren geht. Ein Bus, der mit nur 15 km/h den Berg hinaufkeucht, kann u. U. sogar ein echtes Hindernis sein, welches Gefahren für andere heraufbeschwört, deren Motoren so ein Kriechtempo an Steigungen übelnehmen. Wenn es gar nicht anders geht, dann sollte man an einer etwas flacheren Stelle einfach anhalten und den Bus gut zehn Minuten vorauskriechen lassen, ehe man selbst weiterfährt.
Sollte es vorkommen, daß so ein Hindernis dazu führt, daß man selbst an einem sehr steilen Stück anhalten muß, dann wäre es richtig, bei erneutem Anfahren nicht die Kupplung zu strapazieren, sondern lieber bis dahin zurück bergabzufahren, von wo aus man erneut und mit Schwung die Steilstrecke angehen und dann auch ohne Pause hinaufstechen kann. Das sollte sowieso ein Grundsatz an sehr steilen Abschnitten sein, wenn das Motorrad aus irgendeinem Grunde zum Stehen gekommen ist: nicht dort versuchen, wieder anzufahren – immer erst wieder hinunter und einen erneuten, dann aber schnelleren Anlauf nehmen.
In den engen Serpentinen liegt es nahe, eine Kehre zu schneiden, wenn man von oben nichts kommen sieht. *Aber: das bringt gar nichts!*
Warum?
Der Innenteil einer Haarnadelkehre (enge Kurve um 180°) hat an Steilstrecken plötzlich so viel mehr Steigung als auf der Geraden oder im Außenteil der Kurve, daß der Motor dort wesentlich an Drehzahlen und damit an Leistung verliert, die dann weiter nur sehr langsam wieder aufzuholen ist. Das Tempo sackt natürlich auch sofort ab.
Der erfahrene Bergfahrer bleibt daher *immer* im Kurven*außen*teil, weil dort die Steigung nicht so groß ist und nicht soviel Tempo verloren geht. So kommt es, daß er nicht nur in Linkskehren außen bleibt, sondern daß er in Rechtskurven möglichst auf die linke Straßenseite

Der Plansee im Ammergau-Gebirge. Eine wundervolle Motorrad-Straße zwischen Oberammergau und Reutte.

nach außen geht, wenn er sehen kann, daß kein Gegenverkehr von oben herunterkommt. Und ist Gegenverkehr sichtbar, dann versucht er, wenigstens einen Teil der Kehre außen zu bleiben.

Bisher haben wir vom Bergauf-Fahren gesprochen, aber es sollte jeder wissen, daß das Bergab-Fahren auch seine Tricks kennt.

Es ist eine Sache der »Motorbremse« und der Radbremsen, es ist eine Frage des richtigen Einsatzes dieser Faktoren und der richtigen Dosierung.

Zunächst einmal sollte man ein paar Zahlen wichtig nehmen, die jeden Ängstlichen beruhigen mögen. Bei einem Gesamtgewicht von ca. 300 kg braucht man einen Energiedurchsatz von etwa 25 kW (34 PS) für beide Bremsen, wenn man aus einer Geschwindigkeit von 100 km/h mit 5,5 m/sec^2 zum Stillstand herunterbremst. Und das machen moderne Motorräder mit Kußhand.

Bei 30, 40 oder 50 km/h steigt die Leistungszahl nicht über 3 kW (4 PS). Das heißt, daß es kaum irgendeinen – selbst nicht eine Nebenstreckenabfahrt – Streckenabschnitt mit normalen Straßen in den Bergen gibt, der maschinell nicht zu bewerkstelligen wäre.
Aber man sollte wissen, wie man mit Runterschalten in den richtigen Gang, mit Gaswegnehmen und Motorbremse sowie mit den Radbremsen so gut zurecht kommt, daß es keinen unnötigen Materialverschleiß gibt. Gottseidank, sind die Zeiten billiger »Dosendeckelbremsen« (= Stahlblech-Bremstrommeln mit Bremsringen, zu geringer Durchmesser, zu geringe Bremsfläche, keine besondere Wärmeableitung) vorüber. Die Scheibenbremsen und die modernen Vollnaben-Bremsen haben genug Reserven, um auch eine schnelle Großglocknerabfahrt zu meistern.
Vielleicht probiert jemand bei einer steilen Abfahrt zuerst, mit Gaswegnehmen und im ersten Gang vorsichtig zurechtzukommen. Wenn er dann merkt, daß das etwas übertrieben ist, wird er sich vorsichtig an den zweiten Gang herantasten. Na, gut – auch der dritte oder vielleicht sogar der vierte Gang tun es noch, ohne daß die Maschine außer Kontrolle kommt.
Trotzdem – zuerst sollte man schon hier versuchen, mit der Vorderrad-Bremse allein noch zusätzlich Unterstützung zu geben. Besonders bei Zweitaktmotoren, die ja bekanntlich eine etwas geringere Motorbremsung beim Gaswegnehmen abgeben als Viertakter.
Wenn die Bremse nachläßt, dann merkt man das daran, daß man den Handhebel immer mehr anziehen und den Fußhebel immer weiter herunterdrücken muß. Wenn man, weil es garnicht anders mehr geht, die zweite Bremse zusätzlich einsetzt, dann sollte man die erste zunächst ein wenig lockern, um ihr etwas Kühlung zu gönnen.
Vorsichtigen Leuten sollte man empfehlen, auch auf guten Straßen bei steilen Abfahrten die Geschwindigkeit nicht über 50 km/h anwachsen zu lassen.
Viele erfahrene Klettermäxe bremsen vor Kehren gewaltig herunter, fahren ruhig herum, lockern dann die Bremsen wieder und geben sogar bis zur nächsten Kehre etwas Gas. Dann vor dieser wieder scharf gebremst und so weiter –!
Auf diese Weise gönnen sie dem Motor mit erhöhter Drehzahl und Ölpumpentätigkeit wieder eine Dosis Schmierung und den gelösten Bremsen Abkühlung.
Unten angekommen, macht sich eine Foto- oder Vesperpause ebenso

gut, wie nach dem Erklimmen des höchsten Punktes einer Paßstraße: die Bremsen kühlen aus und sind dann für die Weiterfahrt wieder fit.
Aber der Hinweis, daß man *vor* dem Urlaub eine sorgfältige und ausführliche Kontrolle sowie eine eventuelle Überarbeitung der Bremsen machen muß, sei hier erlaubt. Kein Belag darf abgeschliffen sein, neue Beläge sollte man kurz einfahren und darauf achten, daß sie voll auf der Fläche tragen. Ist das nicht der Fall, dann wäre es vonnöten, die einzelnen wenigen blanken Belagstellen mit der Feile nachzuarbeiten, bis möglichst eine große Fläche blank wird, d. h. trägt.
Unrunde Bremsringe oder schlagende Scheiben sind unbedingt zu beseitigen bzw. auszuwechseln, und außerdem achte man auf die Radlager, daß von dort nicht geschmolzenes Lagerfett auf die Bremsringe oder Scheiben kommt. Denn bei langen Bergabfahrten und Bremsungen entsteht – wie schon oben mehrfach erwähnt – sehr viel Hitze, die alles zusammenschmelzen und ausschwitzen läßt, was an Fett in den Radlagern zu viel und den auftretenden Temperaturen nicht gewachsen ist. So sollten die Radlager auch gut abgedichtet sein, was bei jeder Vorsorge vor einer Reise unbedingt in die Kontrolliste gehört. Mehr als eine Fingerspitze hitzebeständiges Radlagerfett sollte man – nach gründlicher Säuberung eines Lagers – auf keinen Fall einbringen!
Noch ein Wort ist zur Fahrtechnik zu sagen. An steilen Abschnitten neigen jene Motorräder dazu, das Vorderrad anzuheben und die Spurführung zu verlieren, die das ganze Gepäck nur hinten aufgepackt haben, dazu noch den Passagier.
Bei zu plötzlichem Gasgeben passieren u. U. die unglaublichsten Kapriolen, und wenn der Passagier dann noch unsicher wird und irgendwelche dummen Balancierakte vorführt, mit denen der Fahrer nicht rechnet und die er nicht mehr ausgleichen kann, dann ist der nächste Bergunfall schon programmiert und nicht mehr aufzuhalten.
Wir haben sowieso schon sehr deutlich gesagt, wie und warum man das Gepäck auf der Maschine so und nicht anders verteilen und anbringen soll – also hübsch ausgeglichen auf dem Tank, an den Seiten und nur wenig hinten auf dem Gepäckträger (siehe Seite 156), hier am Berg kann es tödlich sein, wenn man den Schwerpunkt zu weit hinten und zu weit oben hat.
Bergauf schadet es nichts, wenn Fahrer und Passagier sich möglichst weit nach vorn neigen, wenn es über 20% hoch geht. Der Passagier sollte *unbedingt* normal sitzen bleiben. Was auch kommt. Jede bewußt

oder unbewußt gemachte Ausgleichs- oder Angstbewegung bringt die ganze Fuhre unter Umständen in tödliche Gefahr! In die Berge – besonders auf die von vielen sehr geschätzten Nebenwege und -straßen in manchen Partien der Alpen mit abenteuerlichen Strecken-, Steigungs- und Abfahrtverläufen – sollten nur zwei Menschen auf einer Solomaschine mit Gepäck fahren, die bereits einige hundert Kilometer auf normalen Straßen zusammen unterwegs waren und aufeinander eingespielt sind!

Und noch etwas: Gerade am Berg ist darum »Tuchfühlung« zwischen Fahrer und Passagier notwendig. Also sollte das Mädchen hinten wirklich dicht an ihren Piloten heranrücken, daß er fühlt, wie sie sitzt und daß sie fühlt, wie er fährt. Am besten, sie legt ihre Arme um seinen Oberkörper. Mit diesem Kontakt sind unausgewogene Überraschungs-»Zicken« nicht mehr möglich.

Und selbst wenn dem Mädchen hinten ein plötzlich wunderbarer Ausblick auf die Schneegipfel eines Viertausenders noch so sehr gefällt und sie am liebsten die Arme loslassen und in die Richtung zeigen möchte – um alles in der Welt soll sie sich das bis zum nächsten Parkplatz aufsparen! Solange ihr Pilot damit beschäftigt ist, den Gipfel zu erstürmen, muß sie möglichst an Seele und Gemüt unbewegbar an ihm dranbleiben und sitzen wie gegossen –!!

Der Gebrauch des Signalinstruments sei – bei allem Verständnis für das Verhindern überflüssigen Lärmes auf normalen Straßen – hier aber vor Kehren, vor Überholmanövern immer empfohlen. Immer.

Und außerdem wollen wir beherzigen, daß bei einer Bergabfahrt der entgegenkommende Bergauffahrer immer das Vorrecht hat. Besonders, wenn er außen um Kehren herum muß oder wenn er an einem Steilstück ohne Gefahr einfach nicht anhalten *kann*. Bergab kann man immer wieder in Gang kommen – bergauf ist es oft mit Problemen verbunden.

Mautstraßen: Schöne Straßen für Geld

Alpenfahrten sind eine ganz besonders schöne Seite von Motorradreisen. Doch sind oft die schönsten Strecken als sogenannte »Mautstraßen« nur gegen Gebühren zu befahren. Damit will man den oft schwierigen Unterhalt erleichtern. Eine Zusammenstellung der österreichischen Mautstraßen erfolgt in dieser Tabelle.
Fahrerische besondere Reize und landschaftliche Schönheiten sind dort eine Garantie.

MAUTSTRASSEN IN ÖSTERREICH
(Preise ohne Gewähr!)

Kärnten:

Alpenstraße Treffen – Kanzelhöhe
Höhe: 520–1520 m
Mautgebühren:
Motorrad oder Moped S 10,–

Bodensdorf – Gerlitzen
Höhe: 500–1800 m
Mautgebühren:
Motorrad mit Fahrer S 10,–
jede weitere Person S 10,–

Mallnitz – Jamnigalm
Höhe: 1200–1700 m
pro Person S 15,–

Malta, Fallerhütte bis Kölnbreinsperre
Höhe: 1900 m
Pro Person S 30,–

Millstatt Tschierweg – Schwaigeralm
Höhe: 700–1650 m
(keine Preisangabe)

Millstatt – Lammersdorf – Lammersdorfer Alm
Höhe: 700–1600 m
(keine Preisangabe)

Millstatt – Sappl – Sappler Alm
Höhe: 700–1600 m
(keine Preisangabe)

Oberebriach/Eisenkappel, Hochobir Güterweg zur Eisenkappler Hütte
Höhe: 1100–1600 m
Motorrad oder Moped
mit 1 Person S 15,–
jede weitere Person S 10,–

Treffling bei Seeboden – Hansbauer- bzw. Sommereggerhütte
Höhe: 800–1680
nur im Sommer befahrbar
(keine Preisangabe)

Villacher Alpenstraße
Höhe 550–1732 m
Motorrad mit Fahrer S 30,–
weitere Person S 30,–

Koschutastraße, Zell-Pfarre
Höhe: 950–1200 m
Motorrad oder Moped S 5,–

Niederösterreich

Hocheckstraße (Furth a. d. Triesting)
Motorrad und Moped S 5,–

Hochkar-Alpenstraße
(Göstling an der Ibbs)
Motorrad, pro Person
Hohe-Wand-Straße (Maiersdorf)
Motorrad oder Moped S 6,–

Hochberneckstraße
(St. Anton a.d. Jeßnitz)
Motorrad oder Moped S 3,–

Oberösterreich

Kasbergalmstraße (Grünau im Almtal)
Höhe: 1600 m
Person S 20,–

Hinterstoder-Hößstraße
Höhe: 1400 m
Person S 20,–

Salzburger Land

Gasteiner Alpenstraße
Person S 30,–

Fizmoos – Hoferalm
nur im Sommer befahrbar,
ab erstem Schneefall gesperrt.
Motorrad oder Moped S 7,–
Motorrad m. Seitenwagen S 10,–

Gaißau – Spielbergalm
Offen von Mai bis November.
Höhe: 700–1258 m,
Motorrad oder Moped S 5,–
2. Person S 5,–

St. Koloman/Sommerau – Vordertrattbergalm
Erst ab Horn gebührenpflichtig, offen vom Winterende bis zum ersten Schneefall.
Moped S 10,–
Motorrad S 25,–
Person S 7,–

St. Martin b. Lofer – Kirchental
Fahrverbot für Motorräder

Strobl – Niedergaden
Offen von Mai bis Oktober
Höhe: 1100 m
(Keine Preisangabe)

Strobl – Postalmstraße
Pro Person bis 13. 3. S 15,–
ab 1. 4. S 20,–

Salzburger Land/Kärnten

Großglockner – Hochalpenstraße
Motorräder S 60,–

Tauernautobahn – Scheitelstrecke
Motorräder:
Flachau – Rennweg S 60,–
Flachau – Zederhaus S 40,–
Flachau – St. Michael S 40,–
St. Michael – Rennweg S 20,–

Salzburger Land/Osttirol

Felbertauernstraße
Motorräder S 50,–

Salzburger Land/Tirol

Gerlos Mautstraße
Motorräder einfache Fahrt S 20,–
Hin- und Zurück S 35,–

Steiermark

Admonter Kalbling-Höhenstraße
Motorrad S 10,–

Bürgeralmstraße (Aflenz Kurort)
Motorrad S 50,–

Schießlingalmstraße (Aflenz Land)
Motorrad S 5,–

Seewigtal-Bodenseestraße
Ennstal-Gössenberg
Pro Person S 10,–

Plotscheralm-Höhenstraße
Aigen im Ennstal/Putterersee
Pro Person S 10,–

Salzkammergut-Panoramastraße
Pro Person S 12,–

Tauplitzalm-Alpenstraße
Pro Person S 20,–

Planneralpenstraße
Pro Person S 10,–

Mödlinger Hütte-Straße
Motorrad oder Moped S 7,–

Stoderzinken-Alpenstraße
Pro Person S 22,–

Walsterstraße zum Hubertussee
Motorrad S 8,–

Hohentauern, Scheibelalm-Edelrautehütte (Rottmanner-Tauern)
Pro Person S 9,–

Reiteralmstraße (Pichl a. d. Enns)
Pro Person S 5,–

Dachsteinstraße
Motorrad m. Fahrer S 6,–
Pro Person S 6,–

Pretulstraße (Ratten)
Motorrad S 15,–

Hochwurzenstraße
Pro Person S 10,–

Gleimalmtunnel
(St. Michael-Übelbach)
Motorräder, auch Gespanne S 50,–

Schöckel-Höhenstraße
(St. Radegund bei Graz)
Motorrad S 20,–

Schladming-Planai
Pro Person S 8,–

Hochwechselstraße (Wetterkogelhaus)
Motorrad S 10,–

Tirol

Absam/Hall in Tirol, Eichat-Halltal
Motorrad S 20,–

Zillertaler Höhenstraße
Motorrad S 15,–

Ginzling/Mayrhofen,
Breitlahner Schlegeis-Stausee
Offen von Mai bis Oktober
Motorrad S 30,–

Kirchdorf-Griesenau-Kaiserbachtal
Offen von Ende April bis Anfang November
Motorrad oder Moped S 6,–

Alpenstraße – Kitzbüheler Horn
Pro Person S 20,–

St. Jakob in Defreggen,
Erlsbach – Oberhaus
Motorrad S 30,–

Tirol/Italien

Brenner-Autobahn
Innsbruck Ost bis Brenner oder umgekehrt
Motorrad (einfache Fahrt) S 40
Innsbruck Ost bis Stubai o. Matrei am Brenner bis Brenner oder umgekehrt
Motorrad (einfache Fahrt) S 10,–

Timmelsjoch-Hochalpenstraße
Motorrad mit Fahrer S 20,–
Pro Person S 20,–
nur zum Timmelsjoch, wenn die Durchfahrt gesperrt ist:
Motorrad (hin und zurück) S 20,–

Silvretta-Hochalpenstraße
Offen von Juni bis Oktober
Pro Person S 20,–
Hin- und Zurück am gleichen Tag (pro Person) S 28,–

Vorarlberg

Mautstraße Bartholomäberg
(nur im Sommer offen)
Motorrad S 15,–

Mautstraße Bizau-Schönenbach
Nur im Sommer offen, gebührenpflichtig nur an Wochenenden.
Motorrad S 10,–

Mautstraße Hittisau
(Reute-Lecknersee)
Motorrad und Moped S 20,–

Mautstraße Raggal
(Marul-Garfülla-Laguz)
Motorrad und Moped S 40,–

Mautstraße Sonntag
(Buchboden-Metzgertobel)
Motorrad und Moped S 70,–

Mautstraße Sonntag
(Buchboden-Klesenza-Huttlaalpe)
Motorrad und Moped S 70,–

Mautstraße Zug-Spullersee
nur im Sommer offen
Motorrad mit Fahrer S 15,–
Mitfahrer S 10,–

10. KAPITEL

Für die mitfahrende Sozia

Ansprache von Inge Rogge: An die edlen Herren im Namen der Windsbräute!

Es gibt tatsächlich Kavaliere, die froh sind, wenn sie ihre Frau, Braut oder Freundin zu Haus lassen können. Für sie sind diese Zeilen nicht gedacht, und Sie brauchen jetzt nicht weiter lesen, meine Herren!
Ich schreibe diese Worte für die vielen Motorradfahrer, die uns immer wieder einmal fragen, was sie nur machen könnten, damit ihre bessere Hälfte auch Spaß an der Fahrerei bekäme.
Wir sind natürlich schon Frauen begegnet, die *wollen* unter keinen Umständen dem Fahren mit einer schnellen Solomaschine schöne Seiten abgewinnen. Da ist natürlich Hopfen und Malz verloren, wenn er es nicht versteht, ihr dieses Abenteuer schmackhaft zu machen; und da heißt es eben für den Mann, sein Hobby, so gut es eben geht, allein zu pflegen. Ob diese Frauen klug handeln, sei dahin gestellt; auf jeden Fall lassen sie sich manches herrliche Erlebnis entgehen.

Die wenigsten Mädchen lehnen das Motorradfahren von vornherein ab. Wenn sie es nachher tun, dann liegt es entweder an der unzureichenden Kleidung, oder er hat bei den ersten Fahrten mal so richtig zeigen wollen, was für ein schneidiger Kerl er doch ist, und hat jede Kurve so scharf genommen, daß die Fußrasten am Ende der Fahrt deutlich Zentimeter abgeschliffen waren. Es gibt da wirklich viele Fakten, die es einer Frau schon beim ersten Ausflug verleiten können, eine Fahrt auf der Solomaschine mitzumachen.
Wer von den kleinen Rennfahrern denkt schon daran, wie seine Frau, Braut oder Freundin 500 Kilometer Fahrt auf dem Beifahrersitz aushält, wenn er sich ein tolles neues Motorrad kauft?
Worauf kommt es eigentlich an, wenn man beim Fahren sich hinten auf einer Maschine genauso wohl fühlen soll wie der Fahrer selbst? Und worauf sollte man wirklich gleich beim Kauf der Maschine achten?
Betrachten wir uns erst einmal die Sitzbank: Ein Tip mit dem Finger auf das Polster genügt nicht, wenn man sehen will, ob eine Sitzbank für uns Mädchen auch etwas taugt. Das bißchen Schaumgummi gibt natürlich nach, wenn man draufdrückt. Aber wie sieht die Sitzbank von unten aus? Ist die ganze Bank aus Federn gearbeitet, oder ruht die obere Auflage nur in einer Metallmulde, die hinten unmittelbar auf dem Kotflügel aufliegt? So war es lange Zeit bei manchen Maschinen.
Bei uns zu Haus gab es immer Krach, wenn ich mich weigerte, auf einem solchen Donnervogel mitzufahren, weil die Sitzbank zu hart sei. »Wieso? Die Maschine ist doch so gut gefedert!« hörte ich immer wieder. Das war schon richtig, aber bei den Sitzbänken saß man direkt auf dem Kotflügel und bekam jede Straßendelle bis in die Halswirbel zu fühlen.
Also, wie sollte eine Bank beschaffen sein, damit auch die Beifahrerin Freude an der Reise hat? Zunächst muß die Bank breit genug sein, damit auch die Oberschenkel eine feste Auflage haben, sonst bekommt man nach kurzer Zeit Krämpfe in den Beinen, die man immer wieder auszustrecken versucht, damit sich der Krampf löst. Schon hat man seinen Rüffel weg: »Mensch, sitz doch still. Was wackelst Du denn bloß immer 'rum?!«. Nächster Gedanke der armen Beifahrerin: »Wäre ich doch bloß zu Haus geblieben.«
Dann muß die Bank ausreichend lang sein für zwei Personen, sonst sitzt die Beifahrerin die meiste Zeit auf der harten Abschlußkante. Haben Sie das schon einmal mitgemacht auf vielen hundert Kilome-

Egal, wo die Holde es schön findet – aber mach' Pause, wenn sie das Sitzen nach 100 km satt hat. Vor allem bei den ersten Ausfahrten. Später ist sie dann schon trainiert auf 300 km an einem Stück (wenn der Tankinhalt das zuläßt).

tern, meine Herren? Mal eben Probesitzen im Stand gibt aber keine rechten Aufschlüsse darüber, ob der Sitz ausreichend ist, denn beim Fahren rutscht man immer wieder nach hinten. Außerdem sollte der Bezug nicht so glatt sein, daß man dauernd krampfhaft nach dem Gürtel des Fahrers angelt, um nicht von der Maschine zu rutschen, wenn der »Schnelle« nach einer Ortschaft oder beim Überholen das Gas wieder aufzieht.

Das ist bestimmt ein sehr wesentlicher Punkt, ob die Fahrt ein Genuß für uns Beifahrerinnen sein soll oder nicht. Wenn man sich dauernd an seinem Vordermann festhalten und gar die Arme um ihn legen muß, um evtl. ein Stück Tankrucksack zu fassen zu kriegen zum Festhalten, dann hört der Spaß nach längstens 50 km auf, ein Spaß zu sein. Plötzlich reißt es einen in den Schultern und in den Halsmuskeln, daß man nicht mehr weiß, wie man seine Arme hoch halten soll. Jeder

Kanaldeckel ist eine Qual. Mal läßt man den rechten Arm einen Augenblick herunterhängen – oh, es wird besser, Gottseidank! Nein, schon fängt die andere Seite an zu reißen. Also jetzt den linken Arm hängen lassen. Plötzlich reißt er das Gas auf, um vor der nächsten Kurve noch schnell den Sonntagsbummler zu überholen – man packt zu, um nicht unversehens auf der Straße zu liegen, und man wollte, man hätte es lieber gelassen.
Der nächste Gedanke Ihrer lieben Frau, lieber Rennfahrer: »Wäre ich bloß zu Hause geblieben.«
Glauben Sie mir meine Herren, *Sie* würden das nicht Sonntag für Sonntag mitmachen!
Das nächste Thema wäre der Lenker. Jawohl, Sie haben richtig gelesen, der Lenker. Glauben Sie, man sitzt besonders gut hinten drauf, wenn der Fahrer fast mit dem Kinn auf dem Tank liegt? Denn wenn man sich selber nicht auch so weit vorbeugt, daß man auf dem Rücken des Fahrers liegt, schwankt man hinten herum wie ein Halm im Wind. Lenkerstummel an den Gabelholmen angeschellt taugen absolut nichts, wenn man mit zwei Personen fahren will. Es ist bestimmt alles andere als bequem auf 200 km Länge, wenn man den Kopf seitlich gedreht an den Rücken des Fahrers preßt und die Arme um seinen Leib schlingen muß, um sich festzuhalten. Die Betonung liegt auf »bequem« (!). Ob man auf diese Art und Weise sein besonders inniges Verhältnis zu seinem Fahrer zeigen und fühlen möchte, das ist dann allerdings noch eine andere Sache. Aber lieben heißt leiden.
Wichtig ist weiter die Anbringung der Fußrasten. Eine Maschine, an der die Fußrasten für den Beifahrer an der Schwinge befestigt sind, würde ich als Frau gar nicht besteigen. Jede kleine Unebenheit in der Straße läßt die Füße von den Fußrasten hopsen, man versucht, sich irgendwie mit den Zehen festzuklammern oder die Füße vor die Rasten festzuklemmen. Sehr bald fängt es an, unter der Fußsohle zu kribbeln, einige Wortfetzen fliegen am Ohr vorbei. Aha, er schreit wieder: »Sitz doch, verdammt noch mal, endlich still!«
Mein nächster Gedanke: »Wäre ich doch nur zu Haus geblieben!«
Also bitte, liebe Freunde, achten Sie beim Kauf der Maschine darauf, daß die Fußrasten nicht an den Schwingenholmen sitzen und daß sie in der Höhe verstellbar sind, denn Spitzentanz beim Motorrad macht wirklich keinen Spaß, und das kommt letzten Endes dabei heraus, wenn man dauernd mit den Fußspitzen nach den Rasten angeln muß, weil sie zu tief sitzen.

Genauso schrecklich aber ist es, wenn die Rasten zu hoch sitzen und man sie nicht verstellen kann. Durch die immer etwas vorgeneigte Haltung beim Fahren wird der Körper stark zusammengedrückt, und das bereitet auf die Dauer auch erhebliche Schmerzen. Man wundert sich oft, was manche Motorradmacher wohl denken, wenn sie solche Folterböcke in Serie geben –!

Während ich dies jetzt alles schreibe, fällt mir meine fürchterlichste Fahrt als Sozia auf einer Solomaschine wieder ein. Vor langer Zeit, noch in der Greenhorn-Zeit meines »Mike Hailwood II.«, sollten wir eine NSU-Konsul mit Moto Cross-Bausatz von Neckarsulm nach Bremen holen. Mir wurde als Sitzplatz ein 15 × 30 cm großes sogenanntes »Renn-Brötchen« zugewiesen. Ab ging die Post! Nicht über die Autobahn! Nein, Landstraße mußte es sein. Das machte ja mehr Spaß!

Es regnete, die Straßen waren vielfach noch mit Blaubasalt gepflastert, und langsam fahren konnten wir nicht. »Die Kerze verölt sonst, das mußt Du doch verstehen!« Vor geschlossenen Bahnübergängen war es nicht möglich anzuhalten und zu warten. Nein, es wurden Kreise gefahren. »Die Kerze verölt sonst, das muß Du doch verstehen!«

Sitzen konnte ich schon lange nicht mehr. Worauf auch, es war ja auch kaum ein Sitz da. Und die Federung? Die hatten wir wahrscheinlich gleich in Neckarsulm gelassen! Und das Biest vibrierte zum Gotterbarmen. Nach etwa 200 km brachen die Laschen ab, die den Öltank hielten. »Ach, den kannst Du wohl mit dem Bein festdrücken!« Konnte ich natürlich, das machte ja nun auch schon nichts mehr aus. Sehen konnte ich schon lange nichts mehr, denn meine Brille stand bis oben hin voll Tränen. »Wäre ich nur zu Haus geblieben!« Wie oft habe ich das gedacht auf dieser Fahrt.

Zu Haus angekommen, nach mehr als 650 km, wäre ich fast noch unter ein Auto geraten. Blind vor Tränen und krumm wie eine alte Hexe, schlich ich auf die andere Straßenseite, um ins Haus zu gelangen, und da wäre es um ein Haar um mich geschehen gewesen.

Und trotzdem bin ich in all' den vielen Jahren weiter und weiter mitgefahren, obwohl ich mir damals schwor, niemals wieder auf ein Motorrad zu steigen. Zur Ehre meines Göttergatten muß ich allerdings gestehen, daß er mich nie wieder auf so einem Schleifbock mitgenommen hat.

Darum, liebe Freunde, schauen Sie mal Ihr edles Feuerroß an, ob auch Ihre Mitfahrerin Spaß an diesem Motorrad haben kann! Kleine

Renner eignen sich leider nicht immer für große Reisen zu Zweit, und es ist doch wirklich nicht schön, wenn Ihre Angebetete nach einem Motorrad-Sonntag auf Ihren Ausruf: »War das nicht wieder eine wunderschöne Fahrt heute!?« mit zusammengebissenen Zähnen herausquetscht: »Ja – a – a – a, Liebling!«

11. KAPITEL

Das leichte Haus aus Stoff

Campen oder zelten?

Es sind wohl zwei wesentliche Unterschiede. Campen ist unserer Auffassung nach der Aufenthalt in einem größeren Wohnzelt oder sogar in einem Camping-Anhänger oder Wohnmobil auf einem fest installierten Campingplatz inmitten vieler fröhlicher Mitmenschen und entsprechendem Umtrieb usw.
Davon sprechen wir nicht in diesem Buch, denn es hat mit Motorrad-Wandern nur zum Teil zu tun. Natürlich gibt es Fahrer, die ihre Maschine auch auf einen Campingplatz mitnehmen (vielleicht auf einem Transportanhänger) und von da aus dann ihre Ausflüge machen. Auch gibt es Gespannfahrer, die in der Lage sind, größere Zeltbehausungen zu einem Campingplatz mitzunehmen, der dann ihr Urlaubs-Standort ist, von wo aus sie aber weitere Fahrten machen.
Wenn wir uns das Kapitel aber auf den Seiten durchgelesen haben und mit einer im Gesamtgewicht begrenzten Solomaschine auf Reisen und

Abenteuer ausfahren, dürfte es wohl klar sein, daß man für die dann mögliche Übernachtung etwas anderes sucht. Und wenn – wie ja bei sehr vielen von uns unentwegten Abenteurern – gerade eine Motorradreise mit einer Solomaschine eben nicht zu Campingplätzen gehen soll, sondern in Länder, in denen es möglich ist, frei bei Mutter Grün ein Nachtquartier aufzuschlagen, wo man am Waldrand früh morgens vom Gesang der Vögel geweckt wird, und wo man alles Eßbare gut verwahrt unters Zeltdach mitnimmt, damit die Füchse es nicht stehlen, dann ist etwas anderes gefragt, als man es auf Camping-Trubelplätzen braucht.

Erstens darf es nichts wiegen, zweitens darf es auf dem Gepäckträger nicht zu viel Raum beanspruchen, weil ja noch Unterlage, Schlafsäcke, Koch-Utensilien usw. zusätzlich aufgepackt werden müssen, und drittens soll es auch vor Orkan, Wolkenbruch und Eiseskälte schützen.

Wir haben uns da immer nach unseren Freunden der Bergsteiger- und Bergforscher-Zunft gerichtet. Was diese Klettermäxe auf ihren Rükken ins hohe Gestein, in eiskalte Stürme, in alles durchdringende Nässe und auf höchste Gipfel tragen müssen, das ist genau richtig und gerade gut genug für uns. Denn unsere Bergfreunde haben bei der Zumessung ihrer Traglasten gelernt, grammweise auf drei Kommastellen zu rechnen. Außerdem müssen diese Behausungen aus immens reißfestem Material sein, da darf kein Tröpfchen durch die Nähte kommen, und die Befestigung am Boden sowie ihre Eigenstabilität muß so groß sein, daß auch Windstärken der Größenordnung 10 bis 12 die Burg nicht wegblasen können. Natürlich haben diese »Berg«- und »Expeditions«-Zelte noch eine ganze Menge praktischer Eigenschaften mehr, die uns ebenfalls zugute kommen – zum Beispiel Kälteschutz und Wärmeisolation. Kurz und gut: wir würden keine andere Art von Zelten für eine Motorradreise akzeptieren.

So etwas sollte man zunächst nicht in Kaufhäusern, sondern nur in einschlägigen Spezialgeschäften suchen, die sich mit besonders qualifizierten Bergwanderungs-Ausrüstungen beschäftigen. Es gibt auch – dies als kleinen Hinweis – Länder, in denen das Wandern und Forschen in weiten, weglosen und urigen Gegenden weit verbreitet ist. Dort haben sich die Zeltemacher auf ganz harte Anforderungen schon von Haus aus eingestellt. Zu diesen Ländern gehört u. a. Schweden, und aus schwedischem Angebot haben wir bis jetzt alle unsere Ausrüstungsgegenstände herausgesucht.

Zelten heißt nicht „Campen". Am schönsten ist es bei Mutter Natur – weit ab von jedem Massen-Betrieb.

Grundsätzlich haben wir nach Konstruktionen gesucht, die sich auf Expeditionen in die Polgegenden oder in Gebirgen wie Himalaja oder Anden bewährten. Wer nach dieser Richtlinie verfährt, liegt schon richtig und wird bestimmt etwas Brauchbares finden.

Wir haben hier ein Beispiel: es ist ein kleines Zelt für zwei Personen, das im Jahr 1966 für eine Expedition nach Grönland konstruiert wurde. Es hat hohe Windstabilität durch einen tragenden, sich selbst spannenden Mittelbogen. Das Innen- und das Außenzelt können getrennt aufgebaut werden, so daß man auch nur einen Koch- und Regenschutz für kurze Fahrpausen und zum Abkochen bei schlechter Witterung hinstellen kann. Das Außenzelt ist Aluflex-beschichtet und nicht wendbar gegen starke Sonneneinstrahlung. Das Innenzelt ist aus

atmungsaktivem Rutarmé-Gewebe, weitgehend kondenswasserfrei. Zusätzlich verstellbare Belüftungsöffnung. Reißverschlüsse teilbar aus Nylon. *Es wiegt nur 2225 g!*
Seine Bodenfläche besteht aus 2,3 m^2, seine Gesamtgrundfläche hat 3,4 m^2. Weitere Maße siehe Zeichnung. Es ist eine Zelt-Innentasche vorhanden, außerdem ein Mückennetz. Es wurde gegen hohen Winddruck konstruiert, und extreme Außenwärme bzw. -kälte wurden berücksichtigt. Der Zeltboden ist als wasserdichter Kasten aufgebaut. Seine Packmaße sind etwa 35 cm lang, 22 cm breit und 13 cm hoch – einschließlich aller Gestängeteile, Zeltleinen und Heringe.
Gepäckstücke, die nicht im Innenzelt untergebracht werden können, kann man unter die kleine Apsis legen. Seitdem es an der Maschine verschließbare und zusätzlich abschließbare Seitentaschen gibt, haben wir das Motorrad sozusagen als Safe-Träger für Dinge benutzt, die man nicht unbedingt im Zelt braucht. Außerdem bleibt das Zeug in den Seitentaschen auch trocken.
Dies war die praktischste Zeltart für solche Übernachtungen, wobei man es aber auch mehrere Tage darin an einem Ort aushalten kann *(Bild 1)*.
Ähnliche Angebote findet man – wie oben schon erwähnt – in jedem Sportspezial-Geschäft. Der Preis lag 1980 durchschnittlich zwischen 500 und 600 DM.

Bild 1

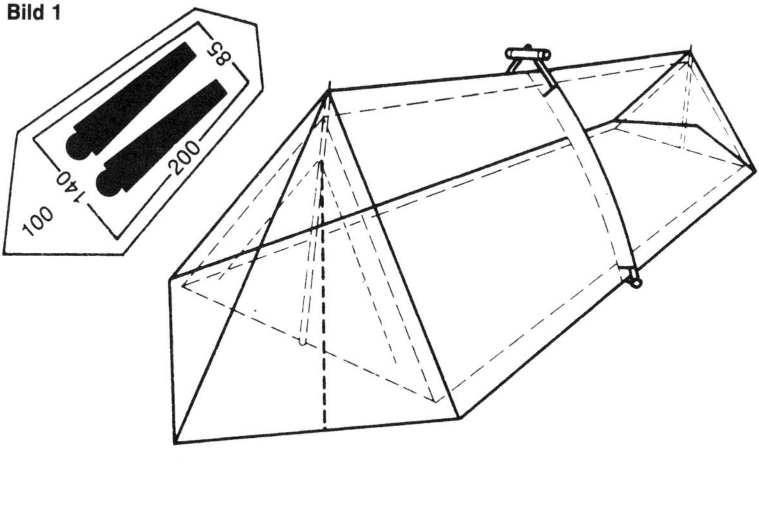

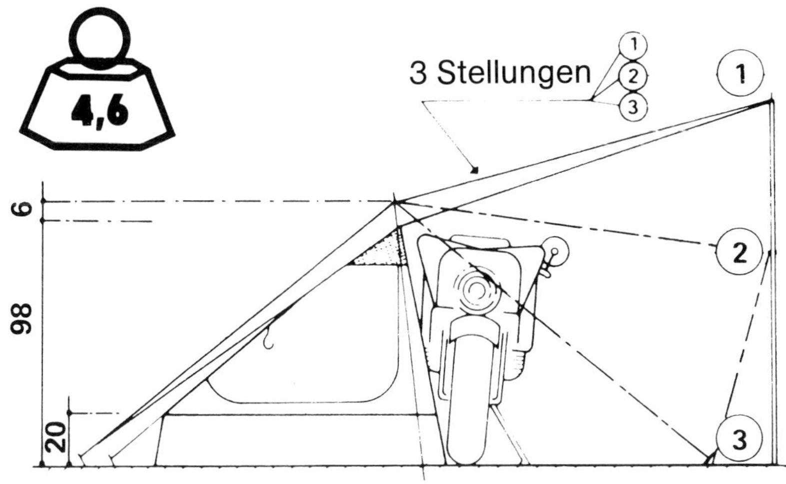

Bild 2

Noch eine Sache gibt es, über die bestimmt jeder stolpert, der sich mit dem Blick auf Motorradreisen auf Zeltsuche macht. Das sind Zelte, die »speziell für Motorradfahrer« gedacht sein sollen und ein zusätzliches Überdach zum Unterstellen der Maschine haben.
Aber Vorsicht! Nicht nur, daß diese Bauten meist mehr als 5 kg wiegen, sie sind im »Wohnteil« meist verdammt eng und damit ungemütlich. Man sollte also mit dem Zollstock und viel Skepsis an so etwas herangehen. Außerdem sind natürlich auch die Packmaße größer *(Bild 2)*.
Damit sind wir auch schon bei den Billig-Zelt-Angeboten.
Wenn Sie *uns* fragen: was da so alles in Katalogen und Prospekten, in Preislisten und in Lagern zu sehen ist, was da an Uralt-Kommiß-Klamotten verscherbelt wird oder durch Winz-Preise die Käufer anlocken will, das könnte sich kaum auf unser Motorrad verirren. Wir stellen uns immer vor, wie so eine Ausrüstung wohl ihre darunter hockenden Schäfchen bei einem handfesten Gebirgs-Orkan mit Sturm und Wassermassen übrig läßt–! Oder wir überlegen, was alles zu Haus an praktischer Ausrüstung bleiben muß, nur um so einen schweren ehemaligen 08/15-Kriegerwigwam mitschleppen zu können –!
Aber bitte – man prüfe es selbst, wenn man es nicht glaubt.
Gerade bei billigen Zelt-Angeboten sollten wir strenge Maßstäbe anlegen. Reißfestigkeit, Abdichtung gegen Wasser, atmungstechnisch

gut, leicht – möglichst nicht über 3 kg, einfacher Aufbau, geringe Packmaße, gute Wärmeisolation und gute Belüftung, stabile Reißverschlüsse, hohe Bodenkanten, stabiler Stand und bestes Material für schonungslose Behandlung, zweckmäßiges Zubehör, aber ohne Extrapacktasche – das wäre so eine Auswahl von wichtigen Punkten, die zu unseren Bedingungen gehören.

Wer wirklich ernsthaft zum Beispiel an eine Abenteuer-Fahrt in die Fjorde und Berge, Wälder und Tundren von Skandinavien denkt, oder wer irgendwo auf einsamen Wegen über Spaniens Hochebenen fahren will, wem es nach einsamen Felsenbuchten an der Küste Schottlands oder nach kleinen Stränden an der Adria zumute ist, der wird schließlich akzeptieren müssen, daß dafür das zweckmäßigste und qualitativ beste Zelt nötig ist, welches er bekommen kann. Dort zu sparen, wäre Sparsamkeit am falschen Platz.

Auch hinsichtlich der weiteren notwendigen Ausrüstung (Schlafsäcke, Koch-Utensilien usw.) sollte man überlegt wählen, die Kunst liegt dabei im Weglassen. Das heißt, daß zum Beispiel eine Handlampe besser zu gebrauchen ist, die man auch als Zeltbeleuchtung von der Motorradbatterie her versorgt, als wenn man stattdessen einen Kassettenrecorder einplant *(Bild 3)*.

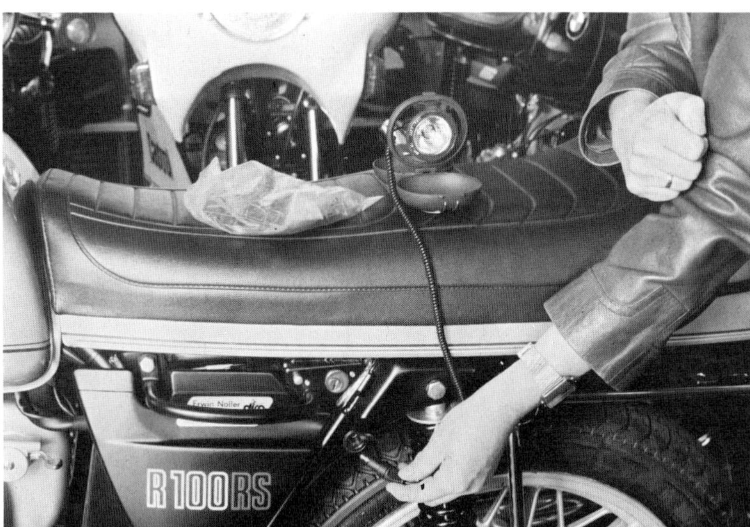

Bild 3

Übrigens: auch beim Zelt-Zubehör muß man genauer hinsehen. Denn ein Hering sollte sich beim Einschlagen in härteren Boden nicht verbiegen, und in weichem Boden sollte er lang genug zum Halten sein.
Als Schlafunterlage unter die Schlafsäcke nimmt man eine Matte aus Polyäthylen/Vinyl, die sich eng zusammenrollen läßt, nicht mehr als 400 g wiegt und im Plastikbeutel gut untergebracht ist, in dem sich auch der Zeltbeutel befindet. Leichte Daunen-Schlafsäcke gehören natürlich auch zu dem Haus aus Stoff. Am besten ist es, wenn man schon bei der Auswahl möglichst zusammenpassende Stücke findet und dann gleich die Pack- und Gewichtsprobe macht. Mehr als acht bis zehn Kilogramm sollte das Ganze mit Zelt nicht wiegen. Aber das ist zu schaffen.
Nun noch ein Wort zum Zelten an sich. Wie schon gesagt, darf man es nicht mit dem Begriff des Campens auf einem Campingplatz verwechseln. So hat man natürlich auch keinen Raum und kein Gewichtslimit übrig, um vielleicht noch irgendwelche Campingmöbel mitzuschleppen. Mutter Natur bietet eben die notwendige Sitzgelegenheit, und sollte es einmal länger regnen, dann ist man natürlich ziemlich am Boden und am Ort festgenagelt. Das aber macht einer zünftigen Bergsteiger-Hütte aus Zeltstoff nichts aus – man sollte sie nur vor dem Weiterfahren ausreichend abtropfen und trocknen lassen (!).
Lohnend ist auf alle Fälle, neben dem Bordwerkzeug mit großem Hammer für das Motorrad einen Allzweck-Klappspaten mitzunehmen. Damit kann man den Erdboden gut für den Aufbau des Zeltes vorbereiten, Wasserabzugs-Rinnen unter den Zeltkanten ziehen, Kleinholz zum Anfeuern machen (wenn man keinen Butangas-Kocher mitnehmen will) usw. usf.
Wer nun meint, daß so eine Zelt-Reise in die Wildnis etwas sehr Primitives in jeder Beziehung sei, der vergesse den Zelt-Reiseplan sofort wieder und mache seine Fahrt lieber von Gasthof zu Gasthof, von Motel zu Motel und vermeide die großen einsamen Naturreservate. Zum richtigen Zelten gehört ebenso die richtige Einstellung und der richtige Geschmack wie zum Beispiel zum Campen auf Massenplätzen. Im Zelt hat man natürlich keinen besonderen Komfort, das ist klar. Aber man wird mit Erlebnissen belohnt, die weit von einer gewöhnlichen Urlaubsfahrt entfernt sind und jene Abenteuerlichkeit beinhalten, die unsere Gesellschaft im positiven Sinn schon fast vergessen hat.

12. KAPITEL

Fähren – Motorradreise im Walfischbauch

Wichtig:
Es ist selten zu früh, aber oft zu spät, eine Schiffsreise oder Passage, die außerhalb der üblichen Routen liegt, kurzfristig zu buchen.

Nach England oder Irland

Für die Urlaubsplanung gibt es eine ganze Reihe von Schiffsverbindungen, die eine Urlaubsreise noch reizvoller und abwechslungsreicher machen können. Man kann natürlich nach England reisen und dafür einfach die Fähre von Ostende nach Dover benutzen. Selbst im Hochsommer und während der Ferienzeit ist es da nicht nötig, vorher zu buchen, wenn das Fahrzeug eine Solomaschine ist. Dafür gibt es auf

Bequemer geht es wirklich nicht. Man fährt einfach in den Walfischbauch hinein. Aber Achtung: die meisten Fährauffahrten sind sehr glatt!

den dicken Fährschiffen immer ein freies Eckchen, wo das Motorrad ohne viel Federlesen verstaut wird. Ebenso ist es mit den Fähren, die von Calais nach Dover und zurück verkehren.

Aber es gibt eine Liste von mehr als 30 Möglichkeiten, die Britischen Inseln oder Irland auch mit anderen Linien anzulaufen. Zum Beispiel die »Prinzenlinien« Hamburg – Harwich oder Bremerhaven – Harwich, die auf beiden Linien zwischen 16 und 20 Stunden durch die Nordsee dampfen. Man kann bei jedem Reisebüro vorbuchen (aber bitte rechtzeitig) oder für Hamburg – Harwich bei der Reederei-Vertretung:

HADAG Seetouristik & Fährdienst AG, Johannisbollwerk 6–8, 2000 Hamburg 11, Telefon (040) 31961.

ACHTUNG!
Die hier angegebenen Preise waren 1979 und zum Teil auch noch 1980 gültig. Für die Preisentwicklung der dann folgenden Zeit kann natürlich niemand eine verbindliche Angabe machen. Aus diesem Grunde kann man die gedruckten Fährpreise dieses Kapitels nur zu einer groben Reisekalkulation verwenden und nur als Anhaltswerte betrachten!

Die Schiffe verkehren jeden zweiten Tag in jeder Richtung. Der Preis für die einfache Fahrt betrug 1979 noch etwa 160,– DM. In der Zeit außerhalb der Saison ermäßigten sie sich um etwa DM 20,– bis 25,– DM. Die Kabinenzuschläge richten sich nach dem Komfort, der verlangt wird. Wollen Sie eine Suite mit Salon und Doppelbett-Schlafraum, so müssen Sie 250,– DM dafür rechnen. Ein Pullmanbett ist für ca. DM 20,– DM zu haben. Die Frachtkosten für das Motorrad richten sich nach der Länge der Maschine. Ein Gespann wird etwa DM 130,– kosten (unverbindlich!).

Bremerhaven-Harwich kostet pro Person für die einfache Fahrt zwischen 130,– und 160,– DM, je nach Zeitpunkt der Reise. Dazu kommen der Kabinenpreis und die Frachtkosten für die Maschine. Für eine rechtzeitige Bestellung wendet man sich an die Reedereivertretung:
Karl Geuther & Co., Martinistraße 58, 2800 Bremen, Telefon (0421) 314970 und 314981.

Falls jemand seine Ferien in Irland verbringen will, und also nochmals eine Fahrt mit dem Dampfer machen muß, um über die Irische See zu schippern, kann er bei den Reedereivertretungen diese Überfahrt gleich mitbuchen und bekommt dann einen schönen Preisnachlaß. Den kann man in solch einem Fall mitnehmen.
Übrigens muß man eine Stunde vor Abfahrt des Schiffs am Kai sein, denn die Verladung der Fahrzeuge und ihr fachgerechtes Verstauen kostet etwas Zeit.
Wer Mittelengland, Schottland, die Isle of Man oder Nord-Irland von Norddeutschland aus besuchen möchte, wählt am besten Hull als Ankunftshafen. Die »Noordzee Verdiensten« fahren täglich, jeweils

um 18.00 Uhr in beiden Richtungen von Rotterdam nach Hull und umgekehrt. Die Fahrzeug beträgt 14 Stunden. Die einfache Fahrt kostet etwa 140,– bis 170,– DM, je nach Monat. Für die Hochsaison gelten die höheren Preisangaben. Wer auf eine Kabine verzichtet und mit einem Spezialsessel, ähnlich einem Flugzeugsessel, vorliebnimmt, wird für etwa die Hälfte der angegebenen Summe befördert. Abendessen und Frühstück sind im Fahrpreis eingeschlossen. Die Maschine kostet natürlich extra.
Die Reedereianschrift heißt:
Noordzee Verdiensten (North Sea Ferries) B.V., Beneluxhaven, Europoort. – Postanschrift: Postfach 1123, 3180 AC Rozenburg ZH, Niederlande. Telefon (0031 1819) 62077.
Natürlich nimmt auch jedes Reisebüro die Buchungen entgegen. Wenn man direkt bei der Reederei *rechtzeitig* bucht, spart man die Kosten, die ein Reisebüro natürlich zusätzlich berechnet.

Eine weitere Verbindung nach Hull, von wo es nur 220 km auf dem Landweg durch Yorkshire nach Liverpool sind, dem großen Übersee- und Fährhafen, quer durch die Wespentaille Englands, gibt es von Zeebrügge (Belgien) aus. Die Fahrzeit beträgt 15 Stunden. Die Preise liegen gleich mit denen von Rotterdam aus. Abendessen und Frühstück sind ebenfalls im Preis inbegriffen. Buchungen bei einem Reisebüro oder bei der Reederei:
North Sea Ferries (Belgien) N.V., Prins Filipsdok, Lanceloot Blondeellaan, B-8380 Zeebrügge, Belgien. Telefon (0032 50) 545601.

Von Scheveningen in Holland nach Great Yarmouth an der englischen Ostküste fährt die Norfolk Line B.V. dreimal täglich. Die Überfahrt dauert acht Stunden. Den Fahrpreis für die einfache Fahrt kann man mit etwa DM 100,– ansetzen, darin sind allerdings der Schlafplatz und die Mahlzeiten eingeschlossen. Das Motorrad kostet etwa DM 50,–. Buchungen nimmt jedes Reisebüro an. Die Reedereiadresse ist:
Norfolk Line B.V., Kranenburgweg 211, Scheveningen, Niederlande. Telefon (0031 70) 514601.

Für Motorradtouristen aus Dänemark und Schleswig-Holstein gibt es zwei Möglichkeiten, von Esbjerg (Dänemark) günstig nach England zu gelangen. Beide Seereisen dauern 18 Stunden ud führen einmal nach Newcastle (günstig für Schottland-Besuche) und zum anderen nach

ÜBERSICHTSKARTE

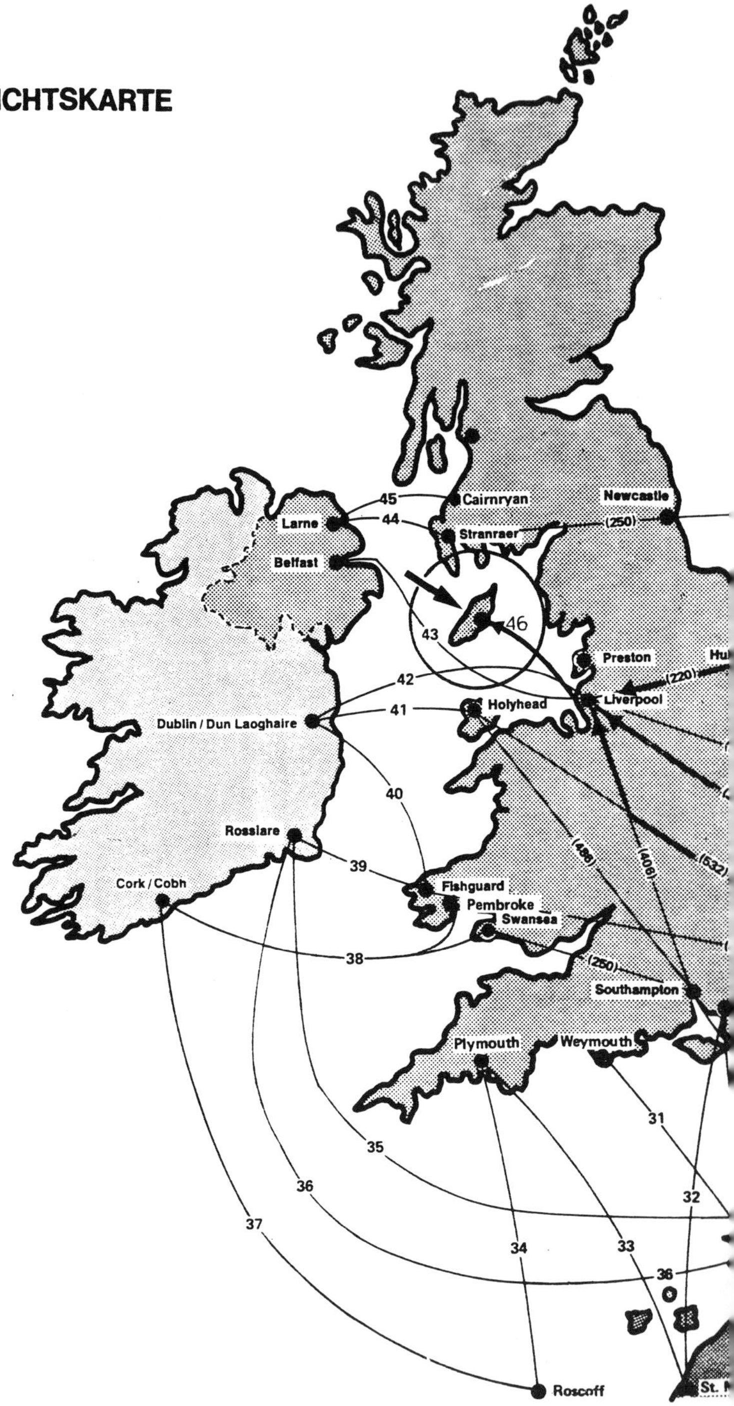

1 Esbjerg – Newcastle
2 Esbjerg – Harwich
3 Hamburg – Harwich
4 Bremerhaven – Harwich
5 Scheveningen – Great Yarmouth
6 Rotterdam – Hull
7 Rotterdam – Felixstowe
8 Hoek van Holland – Harwich
9 Vlissingen – Sheerness
10 Zeebrügge – Felixstowe
11 Zeebrügge – Dover
12 Zeebrügge – Hull
13 Oostende – Dover
14 Oostende – Folkestone
15 Dünkirchen – Dover
16 Calais – Ramsgate
17 Calais – Dover
18 Calais – Dover
19 Calais – Dover
20 Calais – Folkestone
21 Boulogne – Dover

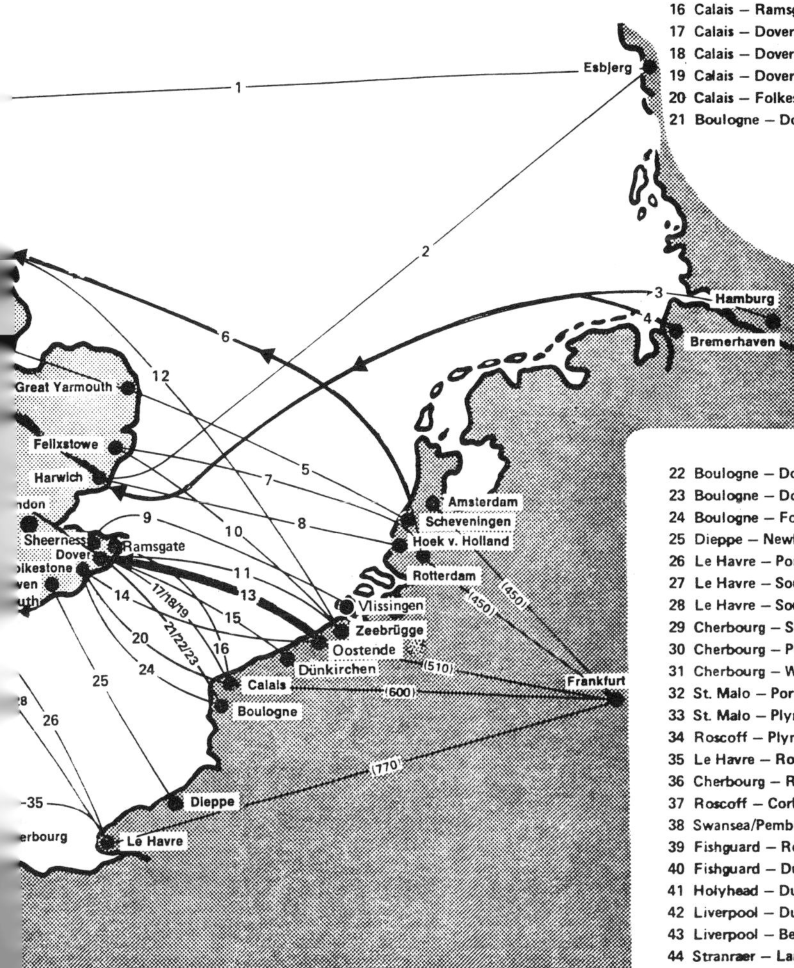

22 Boulogne – Dover
23 Boulogne – Dover
24 Boulogne – Folkestone
25 Dieppe – Newhaven
26 Le Havre – Portsmouth
27 Le Havre – Southampton
28 Le Havre – Southampton
29 Cherbourg – Southampton
30 Cherbourg – Portsmouth
31 Cherbourg – Weymouth
32 St. Malo – Portsmouth
33 St. Malo – Plymouth
34 Roscoff – Plymouth
35 Le Havre – Rosslare
36 Cherbourg – Rosslare
37 Roscoff – Cork
38 Swansea/Pembroke – Cork
39 Fishguard – Rosslare
40 Fishguard – Dun Laoghaire
41 Holyhead – Dun Laoghaire
42 Liverpool – Dublin
43 Liverpool – Belfast
44 Stranraer – Larne
45 Cairnryan – Larne

Harwich an der Ostküste von England. Die Kosten sind bei beiden Verbindungen gleich. Im Jahre 1979 betrug der Fahrpreis zwischen 130,– (ohne Bett) und 225,– (Einzelkabine). Von Januar bis Ende April liegen die Preise etwas niedriger. Dies sind nur Personenpreise, hinzu kommen noch die Frachtkosten für das Motorrad. Dabei geht es natürlich wieder danach, wieviel Raum die Maschine einnimmt. Ein Gespann wird etwa DM 100,– (unverbindlich) kosten. Eine Stunde vor der Abfahrt des Dampfers sollte man zur Einschiffung bereit sein. Die Linie nach Newcastle verkehrt abwechselnd dreimal wöchentlich. Zwischen Esbjerg und Harwich verkehren die Schiffe täglich in beiden Richtungen. Die Adresse für nähere Auskünfte lautet (und gilt für beide Routen):
Generalagent: DFDS Seaways, Seetours intern., Weissfrauenstraße 3, 6000 Frankfurt/Main. Telefon (0611) 280951.

Nach Irland braucht man, falls man es nicht möchte, England gar nicht zu berühren. Von Frankreich aus kann man auch direkt mit dem Schiff die grüne Insel erreichen. Das bringt dann auch wieder eine längere Seereise mit sich. Mit der *Irish Continental Line Car Ferry* erreicht man von Le Havre aus in 21 Stunden Rosslare in Irland. Diese Fähre verkehrt wöchentlich fünfmal, hat 1979 zwischen 230,– (Luxuskabine) und 175,– (Bett in Vierbett-Kabine) gekostet. Das Motorrad kostet natürlich extra.
Die gleiche Schiffahrtslinie unterhält einen Fährdienst von Cherbourg nach Rosslare. Hier geht es in 16 Stunden, und die Preise sind etwa gleich wie die von Le Havre. Auskünfte darüber erteilt:
Generalvertretung Karl Geuther & Co., Martinistraße 58, 2800 Bremen, Telefon (0421) 31601.

Von Roscoff in Frankreich nach Cork in Irland gibt es noch eine Verbindung, deren Fahrzeit 15 Stunden ausmacht und wo einmal in der Woche in jeder Richtung ein Dampfer verkehrt. Die Anschrift der Reederei lautet:
Brittany Ferries, Port du Bloscon BT 72, 29211 Roscoff, Frankreich. Telefon (003398) 690720.

Motorradfahrer, die die tollsten Motorräder fahren, denen das schlechteste Wetter nichts ausmacht, werden manchmal bei der kleinsten Schaukelei eines Schiffs grün und gelb und glauben, ihr

letztes Stündlein habe geschlagen. Die wählen dann auch die kürzeste Route über das Wasser und sind froh, wenn sie wieder festen Boden unter den Füßen merken. Für diese Landratten ist es am günstigsten, wenn sie mit den modernen Autofähren auf der schnellsten Route nach England und weiter nach Irland kommen. Wer bei der Sealink alle Buchungen (nach England und weiter nach Irland und zurück) sofort vornimmt, kann eine ganze Menge am Fahrpreis einsparen, da es dafür Rabatt gibt. Buchungen nimmt jedes Reisebüro vor. Adresse der Sealink für nähere Einzelheiten:
Sealink, Neue Mainzer Straße 22, 6000 Frankfurt/Main.

Leider machen die angegebenen Reedereien oder ihre Vertretungen in Deutschland keine Angaben darüber, wieviel die Mitnahme eines Motorrades kostet. Die Wagenpreise nützen uns ja nichts. Darum mein Rat: schreiben Sie an die angegebenen Adressen und erfragen Sie dort die Motorrad-Frachtpreise.
Grundsätzlich sollten bei allen Schiffsreisen mit dem Motorrad folgende Ratschläge beachtet werden:
Beim Verladen und Verstauen der Maschine sollte man möglichst dabei sein, wenn die kostbare BMW, Honda, Motto Guzzi, Suzuki oder Yamaha im Laderaum verstaut oder im Ladeheck untergebracht wird. Bei vielen Schiffen und Fährlinien kann man die Maschine selbst auf das Ladedeck fahren, bei älteren Schiffen und Frachtern wird manchmal noch mit dem Kran verladen, und man sieht das gute Stück hoch über den Köpfen der staunenden Mitfahrer vom Kai weg über die Bordkante ins Innere des Schiffes segeln. Wenn es geht, schnell hinterher und auf die »Landung« aufpassen!
Meist gibt es erfahrene Stauer und Mitglieder der Besatzung, die schon wissen, daß man ein Motorrad in seiner Ladeecke »auspolstern« und gut festzurren muß – aber das ist nicht die Regel. Auf einem Schiff findet man im Laderaum immer Pack- und Staumaterial, um eine Solomaschine gegen andere Ladegüter und Autos abzupolstern.
Vorher sollte man aber auch wissen, was an Gepäck am Motorrad belassen wird und was man an Deck mitnimmt, denn wenn der Dampfer erst einmal auf See ist, kann man auf den meisten Schiffen den Laderaum nicht mehr betreten.
Also Geld, Papiere, Fernglas, Fotoapparat, warme Jacke (auf dem Meer weht es immer!), u. U. etwas Verpflegung und wenn notwendig Nacht- und Waschzeug mit an Deck nehmen.

Beim Wegstellen des Motorrades bitte nicht den Zündschlüssel vergessen und den Benzinhahn schließen!

ISLE OF MAN

Die meisten Motorradfahrer möchten einmal in ihrem Leben zur Isle of Man, um die Tourist Trophy oder den Manx Grand Prix zu erleben. Zu dieser sagenhaften Insel der Motorradfahrer kommt man von Liverpool aus. Die mehr oder minder alten Steamer haben eine Fahrzeug von vier bis fünf Stunden. Hat man Glück und erwischt ein modernes Schiff, kann man mit dem Motorrad direkt an Deck fahren. Sollte gerade einer der um 1930 in Dienst gestellten Schiffe, die alle während der Zeit der Tourist Trophy aus anderen Häfen, wo sie ein geruhsames Dasein führen, am Kai liegen und dazu noch Ebbe sein, kann man das Motorrad durch die Lüfte entschweben sehen. Aber man braucht keine Angst um seinen fahrbaren Untersatz zu haben, die Stauer und Matrosen gehen schon jahrzehntelang mit Motorrädern um und wissen, daß sie den Haken nicht am Gepäckträger befestigen dürfen, und daß ein Benzintank keine Hakenöse ist. Nach vier Stunden erreicht man das gelobte Land. Über die Kosten kann ich keine Angaben machen, sie werden etwa mit DM 150,– bis 200,– für eine Person mit Motorrad (Hin- und Rückfahrt) zu Buche schlagen. Langjährige Erfahrungen haben gelehrt, daß es kaum Zweck hat, Vorbuchungen bei einem Reisebüro vornehmen zu wollen. Entweder man schreibt rechtzeitig an die Reederei:
Isle of Man Steam Packet Company, PO Box 5, Imperial Buildings, Douglas, I.o.M. Telefon: Douglas 3824.
Oder: Man stellt sich in die Schlange der wartenden Motorradfahrer am Kai an, mitkommen tut man bestimmt. Die Schiffe verkehren bis zu dreimal täglich, und vor, während und nach den TT-Rennen verläßt ein Schiff nach dem anderen den Hafen. Jedesmal wenn die Arche voll ist, legt sie ab und ... der nächste bitte. Solange, bis niemand mehr übersetzen möchte.

*

Ich habe beileibe noch nicht alle Schiffsverbindungen, die nach England und Irland bestehen, aufgeführt. Es sollte nur eine Anregung sein, die Veranlassung sein könnte, daß der eine oder andere Motor-

radfahrer bei seiner Urlaubsplanung eine interessante kleine Schiffsreise mit einbezieht. Es gibt, wie ja eingangs schon angedeutet, eine ganze Reihe mehr Möglichkeiten, den Ärmelkanal oder die Irische See zu überqueren. Wer sich dafür interessiert, wendet sich an die
Britische Zentrale für Fremdenverkehr, Neue Mainzer Straße 22, 6000 Frankfurt/Main. Telefon (0611) 236428 / 29.
Oder an die
Irische Fremdenverkehrszentrale, an der Hauptwache 7–8, 6000 Frankfurt/Main. Telefon (0611) 287775.

Nach Dänemark, Schweden, Norwegen und Finnland

Dänemark besteht aus ungefähr 500 einzelnen Inseln, davon sind ca. 100 bewohnt. Trotzdem braucht man nur einmal übers Wasser zu fahren, um dorthin zu kommen: auf einer der Hauptwasserstraßen zwischen Seeland und Fünen/Jütland.
Die meisten der größeren Inseln sind mit Brücken verbunden, sogar mit großen, man denke nur einmal an die Storströmsbrücke zwischen Lolland-Falster und Seeland oder an die mächtige Zwillingsbrücke über den Kleinen Belt zwischen Jütland und Fünen. Trotzdem gibt es unzählige kleine Fährverbindungen, die zu benutzen stets ein schönes Erlebnis auf einer Motorradreise nach Skandinavien sein kann, und wo man manchmal mehr von Land und Leuten zu sehen bekommt, als wenn man die Brücken benutzt, über die sich u. U. Autoschlangen auf dem Zug nach Norden quälen.
Die vielen kleinen Fähren verkehren alle mehrmals am Tag, eine ganze Reihe von ihnen sogar bis zu viermal in der Stunde. Fahrpläne, Ankunfts- und Abfahrtszeiten sind nirgends registriert. Die Fahrzeiten betragen zwischen 60 und 5 Minuten.
Nach Bornholm, der schönen Insel in der Ostsee, die – obwohl sie vor Schwedens Südküste liegt – zu Dänemark gehört, fahren von Travemünde aus im Sommer zwei verschiedene Linien, die zwischen 10 und 12 Stunden für die Überfahrt brauchen.

Die TT-Linie verkehrt von Mitte Juni bis Ende August zweimal wöchentlich in jeder Richtung. Ankunftshafen auf Bornholm ist Rønne. Das Motorrad wird etwa DM 100,– (unverbindlich) kosten. Pro Person kann man zwischen 120,– und 135,– DM rechnen. Wer gleichzeitig die Rückfahrt bucht, bekommt Ermäßigung. Adresse der Schiffahrtslinie:
TT-Linie, Mattentwiete 8, 2000 Hamburg. Telefon (040) 3601-1.
Jedes Reisebüro nimmt ebenfalls die Buchung entgegen.

Von Anfang Juni bis etwa zum 10. 9. fährt noch eine zweite Linie auf der gleichen Strecke, allerdings nur einmal in der Woche in jeder Richtung. Die Preise liegen etwa gleich. Hier die Reederei-Adresse:
Sessanlinjen, Dammtorstraße 13, 2000 Hamburg. Telefon (040) 341551.

Diese beiden Verbindungen nach Bornholm haben wir als Beispiel angegeben, um Ihnen schmackhaft zu machen, auch einmal solche Schiffsverbindungen in Ihren Urlaub mit einzuplanen.
Es gibt von Dänemark aus weitere Fährverbindungen nach Polen, Finnland, Schweden, Norwegen, England, von Seeland nach Jütland, Faröern usw. 80 verschiedene Routen sind in einem Prospekt gesammelt, den die Dänische Fremdenverkehrszentrale jedes Jahr mit dem Untertitel »Autofähren« herausgibt. Daraus soll die hier abgebildete Kartenskizze einen Begriff von den vielen Schiffsverbindungen geben.
Um Auskünfte schreibt man an:
Dänisches Verkehrsamt, Glockengießerwall 2, 2000 Hamburg. Telefon (040) 327803.

Unter Umgehung von Dänemark läßt sich Oslo/Norwegen von Kiel aus erreichen. Das Schiff braucht für die Strecke durch die Kieler Bucht, den Großen Belt und durchs Skagerak 20 Stunden. Auskünfte erteilt, ebenso wie jedes Reisebüro, die Reederei:
Jahre Line GmbH, Kiel. Telefon (0431) 91281.

Die beiden Fährschiffe dieser Reederei, »Prinzessin Ragnhild« und »Kronprinz Harald«, verkehren während der Hauptsaison täglich einmal in beiden Richtungen. Die Frachtrate für ein Motorrad wird etwa bei DM 100,– für eine Fahrt liegen. Pro Person muß man mit ca. DM 140,– rechnen. (Alle Angaben unverbindlich).

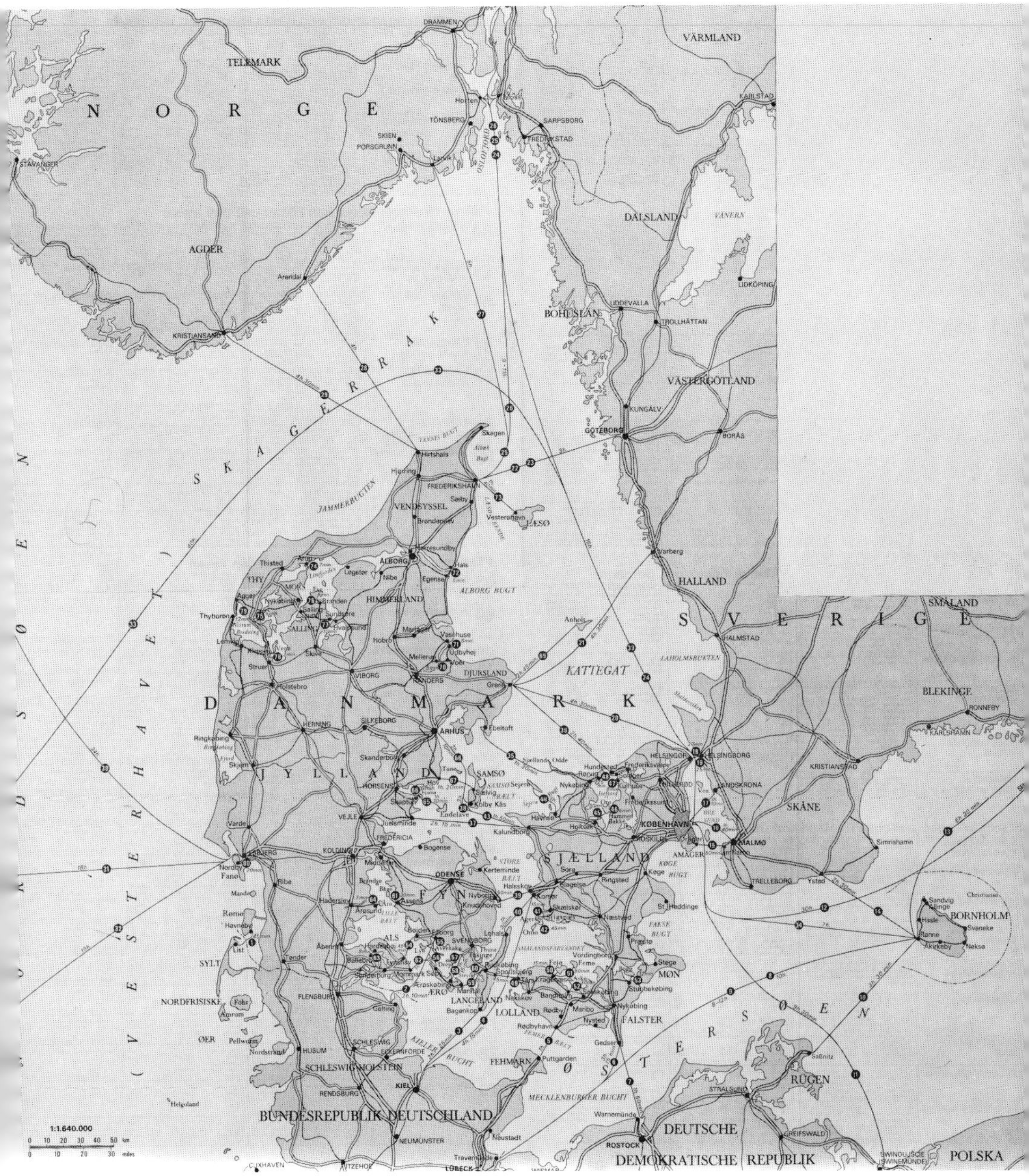

Auch nach Skandinavien gibt es zahllose Fähren. Darunter sind für längere Törns echte ‚Musikdampfer'.

22 Stunden benötigt die MS Venus für die Fahrt von Cuxhaven nach Stavanger und Bergen an der Westküste Norwegens. Das Schiff fährt einmal pro Woche in jeder Richtung. Die Frachtrate für ein Motorrad von ca. DM 50,– für die einfache Fahrt ist preisgünstig. Je nach Kabinenwunsch, ob Luxusklasse oder Vierbettkabine, zahlt man für eine Fahrt pro Person zwischen ca. DM 100,– und 280,–. Adresse der Ferd. Olsen-Bergen Line:
Zentralbuchungsbüro für Deutschland, Norwegische Schiffahrts-Agentur GmbH, Kleine Johannisstraße 10, Postfach 110840, 2000 Hamburg. Telefon (040) 361361.

Wer sich entschließt, mit dieser Linie zu reisen, deren Schiffe übrigens auch von Amsterdam durch die Nordsee nach Bergen fahren, bekommt bei Hin- und Rückfahrts-Buchung zusammen mit dem Ticket einen Campingschein. Dieser Schein berechtigt zur zehnmaligen kostenlosen Übernachtung auf den offiziellen Campingplätzen in Norwegen.
Wir finden, das sollte man sich merken!
Ebenso wie in Dänemark gibt es auch in Norwegen so unendlich viele kleine Schiffsverbindungen, daß man nicht auf die einzelnen Fähren eingehen kann. Man wende sich am besten an das
Norwegische Fremdenverkehrsamt, Glockengießerwall 26, 2000 Hamburg 1. Telefon (040) 327651-52.
Hier bekommt man den Katalog »Autofährenrouten«, und darin sind die größten und wichtigsten Fährverbindungen zwischen Norwegen und dem Ausland sowie innerhalb Norwegens angegeben.
Eine vollständige Liste sämtlicher kleiner Fähren innerhalb der Fjorde sind im »Rutebok for Norge« verzeichnet, das man an jedem Kiosk in Norwegen kaufen kann. Wir fanden es sehr nützlich bei der Reise durch das gewässerreiche Land.

Travemünde ist der Ausgangshafen in der Bundesrepublik nach Helsinki in Finnland. Die Fahrt dauert zwei Tage. Es geht durch die Ostsee und dann durch den Finnischen Meerbusen. Die Fahrpreise ohne Mahlzeiten kosten zwischen DM 260,– und 430,– je nach dem welche Klasse man wählt und ob man in einer Vierbett-Kabine reist oder gern allein in der Kabine wohnt. Die genannten Preise gelten für die Hauptreisezeit zwischen dem 1. Juni und dem 31. August. Vorher und nachher ermäßigen sich die Preise um ca. 10–15%. Die Kosten für

den fahrbaren Untersatz schlagen nicht sehr zu Buche: das Motorrad kostet für eine einfache Fahrt etwa DM 40,–, bei gleichzeitiger Buchung für die Rückfahrt braucht man für beide Fahrten nur DM 60,– auf den Tisch zu legen, in der Hauptsaison jeweils DM 10,– mehr.
Von Kopenhagen (Dänemark) kommt man mit dem MS »Finnstar« ebenfalls nach Helsinki. Die Route führt von Kopenhagen nach Slite auf der Insel Gotland und weiter nach Helsinki. Diese Tour dauert etwa 2½ Tage, man bekommt aber allerlei von der Ostsee zu sehen, von verschiedenen kleinen Inseln in dänischen Gewässern und im Finnischen Meerbusen.
Sich erkundigen und buchen kann man bei folgender Adresse:
Finnlines (Lübeck) GmbH, Dornestraße 56–58, 2400 Lübeck. Telefon (0451) 8811. Buchungszentrale: (0451) 881333.

Zwischen Schweden und Finnland verkehrt die Silja Linie täglich in beiden Richtungen, und zwar von Stockholm/Värtan nach Helsinki und umgekehrt. Personenpreise können wir leider nicht angeben. Das Motorrad kostet für die einfache Fahrt um DM 25,–.
Es gibt eine weitere Verbindung zwischen Schweden und Finnland, nämlich von Stockholm nach Turku und umgekehrt. Die Frachtpreise sind etwa gleich wie Stockholm – Helsinki.
Bei beiden Fährschiffen müssen die Fahrzeuge eine Stunde vor Abgang des Schiffes zum Verladen bereitstehen.
Auskünfte bekommt man in der Bundesrepublik bei nachfolgender Adresse. Hier kann man übrigens auch buchen:
Silja Line GmbH, Kleiner Kuhberg 28–30, 2300 Kiel, Postfach 2128. Telefon (0431) 93811.

Zwischen Finnland und Schweden gibt es noch einige Schiffsverbindungen, und zwar auf den Routen Umeå – Vaasa und Sundsvall – Vaasa. In der Bundesrepublik kann man sich über diese Möglichkeiten, den Bottnischen Meerbusen zu überqueren, bei folgender Adresse unterrichten:
Sessanlinjen, Dammtorstraße 13, 2000 Hamburg 36. Telefon (040) 341551.
Diese Fähren verkehren täglich, auch im Winter, wenn der Eisgang es zuläßt. Sie benötigen für die Überfahrt vier, respektive achteinhalb Stunden.

Zum Schluß möchten wir noch die Adresse des Finnischen Verkehrsamtes in der Bundesrepublik aufschreiben; man ist dort sehr freundlich und erteilt gerne jede gewünschte Auskunft.
Finnisches Fremdenverkehrsamt, Rothenbaumchaussee 11, 2000 Hamburg 13. Telefon (040) 441611.

Innerhalb Finnlands gibt es selbstverständlich bei der Vielzahl der großen Seen noch eine Menge Fährverbindungen, für die es keine Fahrpläne in der Bundesrepublik gibt, und auch zwischen Schweden und Finnland verkehren weitere Linien. Bitte machen Sie sich die Mühe und erkundigen sich bei der oben angegebenen Adresse.

Fähren im Süden

Genausoviele, vielleicht sogar noch mehr Motorradfahrer, wie jedes Jahr nach Skandinavien unterwegs sind, zieht es in den Süden, nach Italien, nach Jugoslawien und nach Griechenland. Auch für diese Länder haben wir einige interessante Fährverbindungen herausgesucht. Die gesamte Palette der Möglichkeiten hier auszubreiten, ist nicht möglich, denn es verkehren ebenso wie in den nordischen Ländern eine Menge kleinerer Fährschiffe zwischen den vielen Inseln und Häfen an der jugoslawischen Adriaküste und den Häfen der benachbarten Länder. Während der Ferienzeit verbinden moderne Fährschiffe jugoslawischer und italienischer Schiffahrtsgesellschaften die italienische Küste mit Griechenland, den griechischen Inseln mit vielen Orten an der jugoslawischen Adriaküste. Ausflugsverkehr mit Tragflügelbooten zwischen den Inseln und sogar der Fährverkehr mit diesen Booten zwischen Italien und Jugoslawien gehört zu einem interessanten Reiseerlebnis.

Von Ancona an der italienischen Adriaküste nach Zadar/Jugoslawien verkehren auf der »Adria-Brücke« die modernsten Fährschiffe der Jadrolinija. Von Ende Mai bis Ende September fährt einmal am Tag eine Fähre in beide Richtungen. Die Fahrt dauert sechs bis sieben Stunden und kostet pro Person ohne Kabine ca. 35,– DM für die

Solche Kranverladung (Isle of Man, 1963) ist heute selten geworden. Wo man sie aber antrifft, da ist das See- und Motorradabenteuer dicht beieinander.

einfache Fahrt. Das Motorrad wird für DM 20,– (unverbindlich) befördert.

Die gleiche Linie hat ebenfalls Fährschiffe zwischen Bari/Italien und Dubrovnik/Jugoslawien eingesetzt. Der Deckspassagierpreis beträgt für die einfache Fahrt bei dieser Fähre DM 35,–. Das Motorrad reist für etwa DM 20,–. Bucht man Hin- und Rückfahrt, so gewährt die Reederei eine Ermäßigung von 25% auf Fahr- und Frachtpreis. Wer gern eine Kabine benutzen möchte, kann zwischen drei Klassen – Zweibett oder Mehrbettkabinen – wählen. Der Preis dafür liegt zwischen ca. 50,– und 90,– DM, einschließlich Mahlzeiten.

Bei beiden Verbindungen kommen zum Fahrpreis noch zusätzliche Ein- und Ausschiffungsgebühren hinzu. Zwei Stunden vor Antritt der Reise müssen Fahrer und Maschine zur Einschiffung bereitstehen. Buchungen nimmt jedes Reisebüro entgegen.

Adresse der Reederei:
Jadrolinija – Rijeka, Obala Jugoslavenske Mornarice 16, 51000 Rijeka. Telefon für Buchungen: 25-203 (und Vorwahl für Jugoslawien), für Auskünfte: 22-356.

Viermal in der Woche verkehrt ein Schiff für Personen und Kraftfahrzeuge von Rijeka/Jugoslawien nach Dubrovnik und berührt bei seiner Fahrt alle touristischen Hauptorte an der Adriaküste. Die Fahrt dauert etwa 10–11 Stunden. Die Fahrtpreise liegen zwischen 50,– und 90,– DM, je nachdem, welche Kabinenklasse man wählt. Mahlzeiten sind im Preis enthalten. Das Motorrad reist für ca. 80,– DM mit. Zu diesen Preisen kommen die Gebühren fürs Ein- und Ausschiffen.
Die Reedereiadresse ist die gleiche wie vorher.
Die sind nur einige Beispiele für Schiffs- und Fährverbindungen im Mittelmeer- und Adriaraum. Es gibt aber noch viele andere Möglichkeiten, um eine Fahrpause einzulegen und sich und seinen fahrbaren Untersatz per Schiff weiter zu bringen. Von Dubrovnik nach Corfu, von Bar nach Igoumenitsa, zwischen den griechischen Inseln, zwischen Italien, Malta, Korsika usw.
Wer sich darüber informieren möchte, wendet sich an die Fremdenverkehrsämter von Italien, Griechenland und Jugoslawien und läßt sich die amtlichen Fahrpläne für Fähren schicken. Hier sind die Adressen:

Staatliches Italienisches Fremdenverkehrsamt ENIT, Kaiserstraße 65, 6000 Frankfurt. Telefon (0611) 231213 und 232648.

Jugoslawisches Fremdenverkehrsamt, Goetheplatz 7, 6000 Frankfurt. Telefon (0611) 285625 und 285685.

Griechische Zentrale für Fremdenverkehr, Neue Mainzer Straße 22, 6000 Frankfurt/Main. Telefon (0611) 236561.

13. KAPITEL

Krankheit oder Unfall auf Reisen

Was tun im Krankheitsfall?

Wer eine Reise plant, denkt sicher nicht daran, daß er auch in fremden Ländern einmal krank werden kann, daß vielleicht ein Zahn plötzlich Sperenzien machen kann, oder – wir wollen es nicht hoffen – daß man bei einem Unfall oder sonst verletzt wird und ärztliche Hilfe braucht. Für diese Eventualitäten kann man sich zu Haus bereits vorbereiten – zumindest so, daß es den Geldbeutel nicht so sehr belastet.
Dabei fällt mir die Geschichte ein, die uns ein Motorradfahrer auf der Isle of Man voller Empörung erzählte. Er und einige seiner Freunde waren mit einigen Gespannen und Solomaschinen durch Belgien zur TT unterwegs. Plötzlich wurde einem Freund im Seitenwagen schlecht, er hatte furchtbare Bauchschmerzen. Keiner wußte, was los war. Da es nicht besser wurde, fuhr man einige Kilometer zurück und nach Brüssel zum nächsten Arzt. Untersuchung des Patienten, aber keine Anzeichen von Blinddarmentzündung oder sonst einer gräßli-

chen Krankheit. Die Attacke schien bereits wieder vorbei, nur das dicke Ende kam noch: der Arzt verlangte umgerechnet DM 150,– für seine Dienste, sofort und in bar, denn es sei zudem auch noch Sonntag.

Das belastete die knappe TT-Kasse unseres Motorradfreundes doch schon erheblich, und es wäre nicht nötig gewesen, wenn er sich vorher orientiert hätte.

Wer in ein EG-Land reisen möchte, beantragt bei seiner Krankenkasse *vorher* den Anspruchsausweis E 111. Tritt nun der Fall ein, daß ein Arzt benötigt wird, oder sogar ein Krankenhausaufenthalt nicht zu umgehen ist, dann müssen Sie sich in den einzelnen Ländern wie folgt verhalten:

Belgien:
Hier kann man mit dem oben genannten Schein direkt zum Arzt oder Krankenhaus gehen. Sie müssen die Kosten für Behandlung und Medikamente zunächst vorstrecken, bekommen ihr Geld dann von dem ausländischen Versicherungsträger zum großen Teil wieder erstattet.

Luxemburg:
In diesem Lande muß der Berechtigungsschein bei der Gebietskrankenkasse zunächst in einen anderen Schein umgetauscht werden. Dann kann man den Arzt aufsuchen. Im Übrigen werden auch hier die Kosten zurückerstattet.

Niederlande:
In Holland sind die Arztkosten und Medikamente für Patienten mit dem Schein E 111 völlig kostenfrei. Alles läuft so ab, als wenn man zu Hause mit dem Krankenschein einen Doktor aufsucht.

England:
In England sind Arzt, Medikamente und Krankenhaus kostenfrei.

Italien:
Mit dem Ausweis ihrer Krankenkasse E 111 stellt Ihnen der italienische Versicherungsträger (INAM) eine für Ärzte und Apotheken geltende Behandlungskarte aus.

Griechenland:
Man beantragt bei seiner Krankenkasse den Berechtigungsschein »GR 11« für Griechenland. Damit in der Tasche reist es sich bedeutend ruhiger, denn wenn Arzt oder Krankenhaus notwendig werden, benennt die griechische Sozialversicherungsanstalt (Idryma Koinonikon Asfaliseon – I.K.A.) bei Vorlage von »GR 11« den behandelnden Arzt. Medikamente werden gegen einen Kostenanteil von den Apotheken abgegeben. Krankenhauskosten werden direkt vom Hospital mit der Versicherung abgerechnet.

Jugoslawien:
Bei der eigenen Krankenkasse den Anspruchsausweis »Ju 11« anfordern. Im Krankheitsfalle oder bei einem Unfall damit ein Ambulatorium aufsuchen. Von dort wird alles weitere veranlaßt. Es entstehen keine eigenen Kosten.

Österreich:
Für Österreich braucht man den Ausweis »ÖD 6«, den man bei seiner Heimatkrankenkasse erhält. Aufgrund dieses Scheins stellt die österreichische Krankenkasse im Krankheitsfall eine Behandlungsschein aus. Damit kann man sich ohne eigene Kosten in ganz Österreich ärztlich behandeln lassen oder ein Krankenhaus aufsuchen.
Achtung! Für eine Reise ins Kleine Walsertal (österreichisches Hoheitsgebiet) gelten die deutschen Krankenscheine.

Spanien:
In Spanien braucht man den Anspruchsausweis »SP 11« von der heimischen Krankenkasse. Damit kann man gegen eine geringe Gebühr bei einer Dienststelle des »Ministerio de Krevision« ein Gutscheinheft für ärztliche Behandlung, Krankenhaus und Medikamente eintauschen.

Portugal:
Für dieses Land braucht man den Anspruchsausweis »P8/1« von der Heimatkrankenkasse. Dafür gibt es bei der portugiesischen Vorsorge- und Familienkasse (Caixa de Previdencia e Abono de Familia) ein Gutscheinheft im Tausch, das bei Arzt und Apotheke vorzulegen ist. Krankenhauskosten und Arzneimittel sind anteilsmäßig mit zu bezahlen.

Bulgarien:
Erste Hilfe, Arztbesuche oder Hilfe bei akuten Krankheiten sind für Touristen kostenlos. Verordnete Medikamente müssen selbst bezahlt werden. Für andere ärztliche Dienstleistungen sind die Preise festgelegt und müssen bezahlt werden.

Wer seinen kostbaren Urlaub in einem anderen als den hier aufgeführten Ländern verbringen will, sollte einmal darüber nachdenken, ob es sich nicht lohnt, bei einer privaten Krankenversicherung *nur* für die Urlaubszeit eine Versicherung abzuschließen. Leute, die bei irgendeiner Lebensversicherung Mitglied sind, können auch hier eine kurzfristige Auslands-Krankenversicherung beantragen. Lassen Sie doch einfach vier Wochen vor der Reise Ihren Versicherungsvertreter kommen, der bestimmt die günstigste Möglichkeit für Sie findet.
Die Kosten sind nicht hoch dafür. Falls man den Urlaub auch ohne Schaden übersteht, war die Versicherung in der Tasche immerhin eine Beruhigung. Tritt der Fall ein, daß man während der Zeit im Ausland einen Arzt braucht, freut man sich über seine Voraussicht, die viel Geld erspart hat, das dann besser der Erholung dienen kann.

Unfall im Ausland – was nun?

Wer sich auf seinen Auslands-Urlaub freut, denkt gewiß nicht daran, daß er mit seinem Motorrad auch mal Pech haben und – schuldig oder nicht – in einen Verkehrsunfall verwickelt werden kann. In einem solchen Fall vorher wissen, was zu tun ist, scheint besser zu sein, als hinterher zu seufzen.

Zunächst: Bitte niemals ins Ausland fahren *ohne* die Int. Grüne Versicherungskarte mitzunehmen, die in manchen Ländern sogar Pflicht ist.

Wer sie nicht automatisch von seiner Versicherung bekommen hat, kann sie dort kostenlos anfordern.

WAS IST ZU BEACHTEN, WENN ES EINEN UNFALL GEGEBEN HAT?

Belgien:
Wenn Ihrer Meinung nach der andere Fahrer (oder Fußgänger usw.) an dem Unfall schuldig ist, dann sollten Sie ihn so schnell wie möglich per Einschreiben auffordern, die Schäden und Reparaturkosten innerhalb 48 Stunden durch einen Sachverständigen schätzen zu lassen. Also unbedingt die Adresse feststellen!

Frankreich:
Am Unfallort durch Polizei (bei Personenschaden) oder Gerichtsvollzieher (Huissier) ein amtliches Protokoll mit einer Skizze anfertigen lassen. Ist der Beifahrer bei dem Unfall verletzt worden, der Polizei ausdrücklich erklären, daß der Verletzte in einem zu erwartenden Strafprozeß als Nebenkläger auftreten wird.

Großbritannien:
Polizei auch bei dem kleinsten Unfall verständigen. Grüne Versicherungskarte ist sehr wichtig, sofort vorzeigen! Nichts unterschreiben, bevor die Polizei eingetroffen ist.

Italien:
Möglichst selbst Skizze oder Foto vom Unfallort machen, selbst die Zeugen notieren, unbedingt Polizei rufen. Möglichst *sofort* einen italienischen Rechtsanwalt nehmen!

Jugoslawien:
Bei jedem Unfall – auch beim kleinsten Kratzer an der Maschine – die Polizei rufen. Bescheinigung über den Unfall ausstellen lassen, sonst gibt es unendliche Schwierigkeiten bei der

Ausreise. Einen Rechtsanwalt des Landes mit der Wahrnehmung der eigenen Interessen beauftragen. Im Übrigen: Vor Antritt der Reise bei der eigenen Versicherung Näheres erfragen.

Österreich:
Bei Personenschaden Polizei verständigen. Bei Sachschaden kann man sich mit dem beteiligten Fahrer selbst einigen. Außerdem sollte man den Unfall der eigenen Versicherung und deren österreichischem Korrespondenzbüro möglichst sofort mitteilen. Die Adresse steht auf der Grünen Versicherungskarte.

Rumänien:
Man wendet sich, wenn ein Kfz.-Versicherungsfall eingetreten ist, an ein Büro, das die rumänische Regierung für deutsche Touristen eingerichtet hat:
Administratia Asigurarilor de Stat, Bukarest, str. Smirdam 5. Telefon: 130472 oder 139306.
Eigene Versicherung bitte ebenfalls umgehend benachrichtigen.

Spanien:
Der Abschluß einer spanischen Touristenversicherung (an der Grenze abzuschließen), die auch Kautionen zahlt, ist ratsam, denn bei Personenschaden droht Beschlagnahme des Motorrades. Außerdem bei einem Unfall schnellste Benachrichtigung der auf der Grünen Versicherungskarte angegebene spanische Versicherungsbüro und die eigene Versicherung. Am besten eine kurzfristige Kasko-Versicherung für die Spanienreise abschließen, da die Haftpflichtversicherung der Spanier nur bei Personenschäden aufkommt.

Ungarn:
Unbedingt Polizei zuziehen, da sonst keine ungarische Versicherung zahlt. Bei Unfällen mit Personenschaden kann man als Ausländer bis zum Abschluß der Versicherung im Land festgehalten werden, der Reisepaß wird eingezogen. Bei leichtem Personenschaden gibt es eine Haftstrafe von einem Jahr, bei schwerer Körperverletzung drohen drei Jahre Haft. Deutsche Botschaft benachrichtigen, ungarischen Rechtsanwalt *sofort* beauftragen!

Türkei:
Nach einem Unfall wird der Motorradfahrer bis zur Klärung der Schuldfrage in Haft genommen. Falls man gegen eine Kaution frei kommt, darf man das Land nicht verlassen.
Achtung! Auf gar keinen Fall ein Protokoll unterschreiben. Dolmetscher verlangen und *umgehend* die deutsche Botschaft verständigen.
Deutsche Botschaft in Ankara: Telefon 189887.
Konsulat in Istanbul: 444997.
Konsulat in Izmir: 34916.
Konsulat in Adana: 2020.
Bei diesen Adressen bekommt man auch die Adresse eines Rechtsanwalts.

*

Bei einem Unfall kann man unter den folgenden Telefon-Nummern Hilfe bzw. die Polizei herbeirufen:

Belgien: 900

Dänemark: 000

Frankreich:
in den Großstädten 17

Griechenland: Athen, Piräus, Thessaloniki, Patras und Korfu 100
Vororte von Athen 109

Großbritannien: 999

Holland: 013-424916

Italien: 113

Österreich: 133 (Polizei)
144 (Krankenwagen)

Portugal:

Lissabon	775475
Porto	29271
Coimbra	26813
Aveiro	22571
Faro	24753

Schweden: 90000

Wie man aus dem Ausland nach Haus telefoniert

Haben Sie es nicht auch schon einmal erlebt, daß Sie irgendwo im Ausland dringend nach Hause telefonieren wollten, weil Sie unbedingt ein Ersatzteil für die Maschine brauchten? Oder weil vielleicht das Geld nicht für die Rückfahrt reichte, oder Sie wollten den Daheimgebliebenen Nachricht geben, wo Sie gerade rumschwirren.
Eine Telefonzelle für Auslandsgespräche findet man heute schon sehr leicht, es gibt auch in Schottland, hoch oben im Norden oder in den Pyrenäen Gasthöfe mit Telefon, aber die Leute haben oft keine Ahnung (und man versteht sie vielleicht auch nicht), welche Vorwahl-Nummer man für die Bundesrepublik vorwählen muß.
Darum hier einige Tips für Auslands-Telefonate:
Für alle nachfolgenden Länder, außer für Luxemburg, gilt: nach der Vorwahlnummer die deutsche Ortsnetzkennzahl ohne die vorstehende 0 wählen. Ein Beispiel: Von Dänemark nach Hamburg – 00949/40/ dann die Rufnummer, die Sie wünschen.

Österreich: *Vorwahl: 060*
Gebühren: zwischen DM 1,30 und 1,65 (pro Minute).

Italien: *Vorwahl: 0049*
Gebühren: ca. DM 1,15 (pro Minute).

Spanien: *Vorwahl: 07*49*
Gebühren: ca. DM 3,50 (pro Minute).
Besonderheit beim Wählen: Nach den ersten beiden Vorwahlziffern ist ein erneuter Wählton* abzuwarten. Bei Tastentelefonen entfällt neuerdings dieser Wählton.

Niederlande: *Vorwahl: 09*49*
Gebühren: je nach Entfernung DM –,29, DM –,78 oder –,87 (pro Minute).
Besonderheit beim Wählen: wie Spanien.

Belgien: *Vorwahl: 00*49*
Gebühren: In der Nähe der deutschen Grenze kostet ein 50-Sekunden-Gespräch DM –,30. Sonst zwischen DM 1,04 und DM 1,40 (pro Minute).
Besonderheit beim Wählen: wie Spanien.

Frankreich: *Vorwahl: 19*49*
Gebühren: Je nach Entfernung DM –,86, DM 1,08, DM 1,31 (pro Minute).
Besonderheit beim Wählen: wie Spanien.

Dänemark: *Vorwahl: 00949*
Gebühren: DM –,25 zwischen Südjütland und dem deutschen Vorwahlbereich um Flensburg, DM –,88 von ganz Dänemark zum Raum um Hamburg, sonst DM 1,03 (pro Minute).

Griechenland: *Vorwahl: 0049*
Gebühren: DM 2,08 von öffentlichen und DM 1,75 von privaten Telefonen (pro Minute) + 8% Steuer.

Großbritannien: *Vorwahl: 01049*
Gebühren: Münzfernsprecher Montags bis Freitag von 6.00–20.00 Uhr DM 1,20 (pro Minute). Zu anderen Zeiten DM –,80 (pro Minute). Privat-Telefon: Montag bis Freitag 6.00–20.00 Uhr DM 1,40, sonst DM –,80 (pro Minute).

Luxemburg: *Vorwahl: 05*
Gebühren: Je nach Entfernung zwischen DM –,37, DM –,92, DM 1,16 (pro Minute).
Besonderheit beim Wählen: Nach der Vorwahl 05 gleich deutsche Ortskennzahl *mit* vorstehender 0 wählen.

Schweiz: *Vorwahl: 0049*
Gebühren: je nach Entfernung zwischen DM –,27 bis DM 1,27 (pro Minute).
Besonderheit: In einigen Grenzbereichen gelten verschiedene Vorwahlnummern. Erkundigen!

14. KAPITEL

Fotografieren unterwegs

Knipsen oder Bilder machen?

Wenn wir im Winter unsere Urlaubsfotos gegenseitig betrachten, dann hört man immer wieder, daß jemand klagt, daß er eigentlich garnicht fotografieren könne. Aber ja, um nun einmal ein Dokument der bestandenen Abenteuer als Erinnerung zu haben, wurde eben drauflos geknipst.

Das *muß* nicht sein. Denn jeder, der Augen im Kopf zum Sehen hat, könnte mit einer einfach zu bedienenden Kamera auch annehmbare Bilder machen. Viele unserer Motorradfreunde sind tatsächlich ausgesprochene Hobby-Fotografen und ausgezeichnete Bildkünstler. Sie haben ihre Kamera-Ausrüstung immer dabei, und ihnen brauchen wir natürlich keine Fototips zu geben. Doch die Zahl derjenigen, die Erinnerungsbilder machen möchten, dies aber immer wieder mit Fehlern bezahlen, ist weitaus größer. Vielleicht dürfen wir ihnen ein paar hilfreiche Ratschläge vermitteln.

Welche Kamera?

Wer mit Amateur-Schnappschüssen zufrieden ist, braucht nur eine leichte Poket-Kamera, bei der es keine oder nur ganz wenige Standard-Einstellungen gibt. Dazu einen Film, der für dunkle und für Sonnentage ausreicht. Empfindlichkeit 17/10 oder 21/10 DIN (40 oder 100 ASA).

Damit kann man aus der ruhigen Hand bei richtiger Einstellung der Entfernungen gute Bilder machen.

Wer meint, daß es sich lohnen würde, mit einer ›besseren‹ Kamera die Motorradreise dokumentarisch festzuhalten, kann natürlich auf das reichhaltige Angebot der Fotoindustrie zurückgreifen.

Doch sollten wir hier gleich einmal einiges Grundsätzliche streifen, was speziell für Kameras gilt, die zu einer Motorradreise mitgenommen werden sollen.

① Ist man kein Hobby-Fotograf, der seine Ausrüstung möglichst vollständig mitnimmt und dafür bei seinem Gepäck auf andere Sachen verzichtet, dann sollte man sich nach einer in den äußeren Abmessungen kleinen Kamera umsehen. So etwas ist auch nicht schwer. Notfalls paßt sie sogar im Schutzbeutel in die Jackentasche, wo sie übrigens sehr gut gegen Vibrationen, Schlag, Stoß und Schmutz gesichert ist(!).

Links: Ein Motorradkamera-Beispiel für viele: Minox 35 GL. – Rechts: Größen-Norm: Spielkarte!

② Als Format empfiehlt sich das normale Kleinbild 24×36. Natürlich gibt es auch kleinere Formate (und kleinere, sehr gute Kameras), doch folgen diesen doch schon wieder Spezialitäten, die den Gebrauch und die spätere Bildverwertung über den Durchschnitt aufwendig machen. Filme für dieses Format 24×36 gibt es in jeder Dorfdrogerie.
③ Größe der Kamera. Wir haben als Faustregel immer die Größe einer normalen Spielkarte genommen. Dazu eine Daumenbreite für Höhe und Länge dazu genommen ergibt ungefähr die Idealgröße für eine Motorradkamera.
④ Welche Brennweite sollte das Objektiv haben? Etwa 30 bis 45 mm. Damit ist der Bildausschnitt nicht zu groß, vor allem aber ergibt das bei guten Lichtverhältnissen bei der Entfernungseinstellung auf etwa 2,5 oder 3 m eine Schärfentiefe von großer Nähe bis Unendlich.
⑤ Welche Einstellungen sollte man außer der Entfernungseinstellung maximal machen müssen? Je weniger, desto besser. Also höchstens noch Film-Empfindlichkeit (DIN oder ASA). Was darüber hinausgeht, sollte man im Verhältnis dessen sehen, was die Kamera sonst an passender Größe, Gewicht, Bildformat, Preis usw. bietet.
⑥ Handhabung. Das Filme-Wechseln sollte auch bei hellstem Sonnenschein sehr einfach möglich sein. Außerdem sollte man darauf achten, daß beim Öffnen der Kamera nicht zu viele feinmechanische Innereien offen sind. Denn in staubiger Umwelt wäre dies unter Umständen nicht gerade empfehlenswert.
⑦ Stabilität und Empfindlichkeit. Natürlich wäre es ideal, wenn man der Kamera auch einmal einen Fall auf Betonboden zumuten könnte. Also robust sollte sie schon bis zu einem gewissen Grade sein. In der Tanktasche muß sie mit den feinen oder weniger feinen Vibrationen des Motors fertig werden, Fahrstöße dürfen ihr nichts anhaben. Selbst wenn man das gute kleine Stück zwischen Wäsche oder Schaumstoff abpolstert – hier ist manche Kamera empfindlich. Deswegen tragen wir unsere kleinen Fotoapparate möglichst in der Jacke, in Brusttaschen oder Seitentaschen der Fahranzüge.

Ohne Motorrad mit dem Scheinwerferlicht wäre die romantische Gasse nur halb so interessant.

Oben links: Kontraste wie Natur und Technik, Licht und Schatten beleben das Bild. Die Lichteinstellung erfolgt auf das mittlere Grün, die Personen stehen dezent im Halbschatten. Die Spannung des sonst gewöhnlichen Motivs erhält das Bild durch die leicht schräge Linienführung der Hanglage.

Rechts: Ein Motorrad wirkt aus der Froschperspektive immer besonders gut.

Unten links: Die Äste im Vordergrund, das Motorrad seitlich angeordnet – das bringt etwas Leben und Komposition in das sonst nicht so attraktive Bild eines kleinen Flüßchens.

Rechts: Wolken! Hier überbetont durch Unterbelichtung, aber sie sind für Seen-, Meer- oder Flachlandbilder eine notwendige Staffage.

Cafe

⑧ Und was noch dazu? Wer einen Apparat mit eingebautem Selbstauslöser erwischt hat, der sollte an ein sehr leichtes Taschen- oder Klemmstativ denken. Da eine Bereitschaftstasche meist den Raumbedarf vergrößert, aber nicht genügend gegen Staub schützt, wenn man die Kamera umgehängt auf der Maschine mit sich führt, haben wir immer einfache Einschubtaschen verwendet, durch die sich ein Tragriemen durchstecken läßt, und was trotzdem nicht so aufträgt, daß sich z. B. eine Jackentasche so aufbeult, als würde man darin einen Tennisball tragen.

Wie damit umgehen?

Über die Art des ›Transportes‹ unterwegs haben wir schon gesprochen. Vielleicht wäre noch hinzuzufügen, daß es ratsam ist, bei Regen den Apparat *unter* der Fahrjacke oder *unter* dem Leder zu tragen, wenn es möglich ist. Sonst muß man ihn im wassergeschützten Tankrucksack oder in einer der (hoffentlich!) wasserdicht schließenden Seitenkoffer unterbringen.
Bei der Unterbringung in Taschen oder Koffern würden wir die Kamera unbedingt zwischen weiche Wäschestücke, Strümpfe u. a. so legen, daß sie nicht verrutschen kann. Vor allem muß vermieden werden, daß sie die mit der Maschine verbundenen Teile berührt, z. B. die Seitenwände des Koffers, von wo sie dann die so schädlichen Vibrationen und Stöße aufnehmen könnte. Ein härterer Stoß ist ein- oder zweimal nicht so gefährlich wie es die hohen Frequenzen von Motorvibrationen sind, denen sie dauernd ausgesetzt ist.
Beim Umhängen über den Fahranzug bitte darauf achten, daß sie nicht vorn vor der Brust des Fahrers so weit herunterbaumelt, daß sie beim Fahren durch Fahrbahn-Unruhe auf den Tank aufschlägt. Deswegen

Der Vordergrund muß gut in ein Bild einbezogen werden.

tragen wir sie in diesem Falle so über die Schulter um den Oberkörper gehängt, daß sie sich seitlich oder auf dem Rücken befindet.
Eine Grundregel für Landschafts-Aufnahmen sei hier gegeben. Belichtungseinstellung möglichst auf das mittlere Grün einer Wiese nehmen, falls keine allgemein ausgesteuerte Automatik vorhanden ist. Den Bildausschnitt so wählen, daß ein Baum, Zweig, Wegweiser, Hüttendach, Zaun, Telegraphenmast o. a. dem Vordergrund etwas Atmosphäre gibt. Ist so etwas überhaupt nicht aufzutreiben, dann können auch das Motorrad oder Teile davon (wie Lenker, Vorderrad, hintere Partie mit Gepäck) zum Beleben des Vordergrundes genommen werden. Natürlich macht sich die mitfahrende Schöne auch immer gut als Vordergrund-Objekt.
Die Entfernung stellt man zwischen drei oder vier Meter ein, denn dabei hat man bei den meisten dieser Kameras die größte Tiefenschärfe von Nah bis Unendlich. (Eine Tiefenschärfe-Tabelle vom Fotohändler für den Kameratyp sollte zu haben sein!).
Im Gebirge sollten die Bergspitzen knapp unterhalb des oberen Bildrandes enden, bei Personen-Aufnahmen sollte sich der Kopf der Person möglichst ebenfalls im oberen Teil des Bildes befinden. Bitte, keine Füße unten abschneiden!
In der Ebene lohnen sich Landschaftsbilder eigentlich nur dann erst richtig, wenn eine imposante Wolkenbildung den oberen Bildteil ausfüllen kann. Ansonsten muß man darauf achten, daß ein gut einbezogenes Vordergrund-Objekt das Bild belebt.
Das Gleiche soll für Aufnahmen aufs Meer hinaus gelten.
Aufnahmen von alten Städten oder Burgen, Kirchen oder Schlössern gestalten sich dann schwierig, wenn man in engen Straßen oder Höfen nur Teile der Gebäude aufs Bild bekommt. Dann suche man sich spezielle Dinge heraus – wie z. B. alte Tore, Wandmalereien, Marktbrunnen, Gasthaus-Schilder, Fenster mit Blumen, Giebel mit Taubenschlag o. ä.
Mit der Zeit wird einem aufgehen, daß sich ein wenig Reisebild-Regie auch lohnen kann. Bei drei Filmen von je 36 Bildern hat man insgesamt 108 Aufnahmen zur Verfügung. Davon nimmt man zum Beispiel 18 für die Hinreise zum Urlaubsort und 18 für die Rückreise. Der Rest wird nach der Struktur der Ferien und deren Unternehmungen aufgeteilt.
Also anfangen mit der bepackten Maschine vor der Abfahrt. Dann bei den Tankpausen, bei der ersten Übernachtung usw. usf.

Motorrad fotografieren

Motorräder wirken auf Bildern am besten, wenn man sie aus der ›Achsen-Perspektive‹ aufnimmt. Also in die Knie gehen und das gute Stück von unten nach oben auf den Film bannen!
Dazu braucht man aber auch einen ruhigen Hintergrund (keine Gartenhecke, keinen Zaun, keinen Wald, kein Blumenbeet u. ä.), was aber nicht immer möglich ist. Gegen den Himmel zu schießen ist insofern problematisch, weil sich die Belichtungsautomatik der meisten Kameras auf die Helle des Himmels einstellt und damit die Maschine zum Scherenschnitt wird. Man muß also die Belichtung dicht am Motorrad messen und danach einstellen.
Garniert mit der Herzallerliebsten macht sich die Maschine natürlich besonders gut, dabei aber nicht das Mädchen auf dem Bild vergessen und Kopf oder die schönen Beine abschneiden!
Fahraufnahmen sind immer reizvoll, für ungeübte Lichtbildner sind sie aber ein Problem. Da machen wir es uns einfach. Die Belichtung (falls einstellbar) wird auf 1/250 Sekunde eingestellt, Blende entsprechend nachstellen. Auf der Straße vor uns suchen wir uns – bitte, nicht zu weit weg, höchstens 10 m – eine Markierung, wonach wir die Entfernung einstellen. Dann lassen wir die Maschine auf uns zufahren. Ist sie kurz *vor* dem markierten Punkt, drücken wir auf den Auslöser.
Solche Bilder, auf denen das Motorrad auf uns zufährt, kann man auch mit einer Kamera machen, bei der man ansonsten nichts als Filmempfindlichkeit und Entfernung einstellt.
Quer vorbeifahrende Maschinen sind schwerer abzubilden. Da muß man mit der Kamera nämlich sauber mitziehen, Bild auslösen während des Mitziehens, weiter mitziehen und dann erst absetzen. Das macht man mit einer 1/500 Sekunde (mit einer 1/250 Sekunde kommen da nur Routiniers zurecht!). Aber erst wird die Entfernung auf die mutmaßliche Fahrspur genau eingestellt und die Blende nachgerichtet.
Beim Betrachten des Bildes wird vielleicht mancher seine Maschine prima abgelichtet finden. Wie aber sieht es mit der Plazierung im Foto aus? Ist noch Landschaft zu sehen? Oder haben wir oben oder untern etwas abgeschnitten?
Es lohnt sich also, vorher die mutmaßliche Fotostelle einmal durch den Sucher zu betrachten und wie man die Kamera halten kann, daß das Motorrad *und* die schöne Landschaft zu sehen sind.

Sehr eindrucksvoll wirkt unser Feuerroß, wenn wir es aus der Froschperspektive schräg vor dem Vorderrad aus sehen.
Von da aus macht es sich imponierend, besonders wenn unsere Sozia noch keß über den Lenker schaut –!
Ebenso gewaltig sieht der fahrbare Untersatz aber auch aus dieser Richtung am Heck mit allem Gepäck aus, was wir mitnehmen –!

Gute Bilder sind keine Hexerei

Da uns unsere Fahrten meist immer durch schöne Landschaften führen, wird es uns nie an guten Motiven fehlen, die Bezug auf die spezielle Reise nehmen. Fototrächtig sind alte Städte, Burghöfe und Schlösser immer, Gebirge und Hügelland bieten ebenfalls immer etwas zum Ablichten. An der flachen Küste sind es die Dünen, kleine Häfen mit den Masten der Fischkutter, Bauernhäuser mit Strohdächern, Birkenstraßen in der Heide, Begegnungen mit Pferden u.v.a.m.
Eines sollte man aber einplanen. Meist kommt einem die Bildmöglichkeit erst zu Bewußtsein, wenn man im Moment vorbeigefahren ist. Und dann hindert einen der erstrebte Reisedurchschnitt, die gerade so schön zügige Fahrt, die nächste herrliche Kurve oder irgendetwas anderes daran, anzuhalten, umzudrehen, zurückzufahren und das Bild zu machen.
Gemütsmenschen bringen es aber doch fertig. Sie halten, drehen um (die Sozia sagt bissig: Was *schoon* wieder ein Foto –?), fahren zurück, steigen ab und fotografieren. Aber gerade sie bringen die schönsten Bilder mit nach Hause.
Deswegen machen wir es so: auf der Hinreise und auf der Rückreise wird grundsätzlich nur bei Tankpausen oder Mahlzeiten geknipst. Aber in der Urlaubsgegend machen wir meist einen ›Forschungs‹-Tag, danach einen ›Foto‹-Tag, wenn wir Lust dazu haben. Und dabei kommt dann auch genügend Schönes auf den Film, was wir uns dann später gern als Erinnerung ansehen.
Gute Bilder sind keine Hexerei!

15. KAPITEL

Die großen Motorrad-Reisenden

So lange es schon Motorräder gibt, so lange gehen die Fahrer damit auch auf lange Reisen. Schon vor der Jahrhundertwende war das ein großartiges Abenteuer, und die Langstreckenrennen etwa ab 1895 sollten die Leistungsfähigkeit der damaligen Maschinen unter Beweis stellen. Da gab es dann Fahrten Paris – Madrid oder Paris – Wien, und auf dem amerikanischen Kontinent wetteiferten mutige und harte Männer darin, mit Motorrädern von der Küste des Atlantischen Ozeans zur Küste des Stillen Ozeans quer durch den Kontinent zu fahren. Diese Coast-to-Coast-Unternehmungen waren so ungefähr das Höchste, was ein Motorradfahrer erleben konnte.

Wann der erste mit einem Motorrad zu einer Weltreise aufgebrochen ist und wann der erste eine Fahrt wirklich gut beendete, darum mögen sich ruhig noch viele Experten streiten, aber die Motorrad-Weltreise war schon vor den 20er Jahren eine Faszination.

Von all' diesen Abenteuern sind uns einige in Erinnerung geblieben, und wir dürfen sie einmal hier erwähnen und aufzählen. Womit nicht gesagt ist, daß es noch eine Menge Fahrerinnen und Fahrer mehr gab und gibt, die Ähnliches wagten.

*

Lassen Sie uns zunächst von *Robert Sexé* erzählen, der 1926 mit seinem Freund *Henry Andrieux* und zwei 350 cm^3 Gillet rund um die Welt fuhr.

Robert Sexé war ein Pariser Journalist und ein begeisterter Motorradfahrer. Er hatte schon 1922, 1924 und 1925 weite Reisen bis in die Türkei und Rußland gemacht, aber nun wollte er 25 000 km auf einer Welttour herunterspulen.

Wer sich das heute vorstellen will, der muß wissen, daß es damals nur im zivilisierten Europa – vielleicht zum Osten hin nur bis Warschau – brauchbare Straßen gab. Alles andere waren Staubwege, Schlammpfade, Sandpisten, Knüppeldämme, und vielfach konnten die beiden Franzosen wegen des kaum betretbaren Geländes nur über Eisenbahndämme und Schienenschwellen holpern! Reifenpannen, Reifenpannen, Reifenpannen, Rahmenbrüche, Speichenbrüche, Felgenbrüche, Motor- und Getriebeschäden, Tankrisse, Zündungsschäden – es war eine ununterbrochene Folge von Schwierigkeiten und Leiden.

Oft schliefen die beiden bei Wind und Wetter vollkommen erschöpft im Dreck neben ihren Maschinen ein und wurden höchstens durch Kälte und Regen geweckt. Oft genug standen sie verzweifelt und ratlos in einer weiten Steppeneinöde, wenn eine neue Panne das Abenteuer zu beenden drohte.

Dagegen scheinen moderne Weltreisende nichts anderes als normale Ausflügler zu sein –!

Ihre Route war Paris – Lüttich – Köln – Berlin – Warschau – Bobruisk – Moskau – Nishnij-Nowgorod – Kazan – Perm – Omsk – Tomsk – Irkutsk – Tchita – Wladiwostok – Yokohama – San Francisco – Cansas City – New York – London – Brüssel – Lüttich – Paris.

Die Fahrt damals durch Sibirien von Moskau nach Wladiwostock kommt einer Expedition gleich, die irgendwelche Pioniere durch absolut weglose und oft unzugängliche sowie fast menschenleere Zonen machen. Irgendwelche Hilfsmittel wie Funk, Flugzeuge, Hubschrauber usw. gab es ja auch noch nicht. Nicht einmal Ersatzteile

Sexé und Andrieux an einem Zollhaus der Äußeren Mongolei 1926

konnten sie mitnehmen, und wenn sie an Wasserläufe oder Flüsse, Sümpfe und Urwald kamen, dann war oft guter Rat teuer.
Die Motorräder der Marke Gillet-Herstal hatten einen Einzylinder-Zweitaktmotor mit Drehschieber auf der Einlaßseite. Ihre Leistung lag bei etwa 7,4 kW (10 PS) bei etwa 3500 U/min. Um den Zylinder zusätzlich kühlen zu können, war eine seitliche Ventilation vorgesehen. Das Getriebe hatte drei Gänge.
Das Hauptproblem bestand u. a. darin, möglichst genug Kraftstoff mitnehmen zu können. Darum wurden ein größerer Tank angebaut und weitere Behälter in den Seitentaschen untergebracht. Insgesamt 40 Liter konnten mitgeführt werden. Schmale und sehr weit von den Reifen abgehaltene Schutzbleche sollten Radblockierungen durch Schlamm- und Dreckgebäck verhindern, und außerdem hatten die Hinterräder einen zweiten, größeren Zahnkranz, um bei Bedarf die

Gesamtübersetzung größer (= kürzer) machen zu können. Eine Luftfilterung war vorgesehen und spezielle Behälter für einige kleine Ersatzteile. Das Ganze wog dann ungefähr 240 kg, und damit dürften die Maschinen auf guter Straße höchstens echte 80 km/h gelaufen sein.
Am 13. Juni fuhren sie in Paris los. Sie begannen den schwierigsten Teil der Reise – wenn man in Anbetracht der bis dahin schon erlebten Abenteuer überhaupt von einer wesentlichen Steigerung der Anforderungen sprechen kann – am 4. Juli 1926 in Moskau, als sie von da in Richtung Sibirien starteten.
Hinter Nishnij-Nowgorod kamen sie zuerst auf – manchmal kaum erkennbare – Wege, auf denen noch nie ein Kraftfahrzeug gefahren war. Vielleicht 1907, als einmal eine Autowettfahrt durch Sibirien ging, doch waren damals meist ganz andere Routen gewählt worden. Wenn sie zehn Kilometer in einer Stunde zurückgelegt hatten, dann fühlten sie sich schon als sehr schnelle Reisende. Aber manchmal dauerte es Stunden, um die Motorräder auch nur einen Kilometer durch Schlamm und Dreck vorwärtszubringen.
In trockenen Abschnitten waren es Löcher und Knüppel, manchmal Viehherden vor den wenigen Dörfern, die unverhoffte Reisebeigaben darstellten.

Die 350 cm^3 Zweitakt-Gillet 1926 von Robert Sexé und Henry Andrieux, mit denen die beiden Franzosen ihre berühmte Weltreise machten.

Robert Sexé 1962 beim Elefantentreffen auf dem Nürburgring (links) mit Ernst Leverkus (»Klacks«, rechts). Damals war er bereits über 70 Jahre alt und fuhr immer noch – Sommer und Winter – weite Strecken mit dem Motorrad.

Es kam vor, daß die Motorräder so tief im Sand oder im Schlamm versanken, daß sie nur mit Hilfe von Panjepferden wieder herauszuholen waren. Auch war es nur möglich, einige Wegstrecken zu bezwingen, indem man die Maschinen auf Panjewagen verlud.
Ein Problem war Benzin und waren Lebensmittel. Nur in größeren Siedlungen bestand die Chance, Benzin zu bekommen, und oft mußte aus Mangel an Eßbarem gehungert werden. Dann wieder wurden sie durch Erdspalten angehalten, die von Erdbeben herrühren mußten. Auch umgestürzte Bäume und wilde Flüsse behinderten das Fortkommen. Sogar steile Hügel kamen ihnen in den Weg, und es gab Kupplungsschwierigkeiten. Sie dankten allen ihren Schutzheiligen, wenn sie einmal eine primitive Fähre über einen Fluß fanden.
In den Dörfern liefen die Bauern meist völlig verblüfft zusammen und bestaunten die Gillets. So etwas hatten sie noch nie gesehen! Aber sie waren sehr gastfreundlich, und viele Nächte verbrachten die beiden Abenteurer in den Holzhütten zwischen Hühnern, Schweinchen, Ziegen, Menschen und Hunden.
Schließlich machte ihnen das ungewohnte russische Schwarzbrot zu schaffen – es begann ein Zeitabschnitt vieler körperlicher und seelischer Qualen. Aber sie waren nicht aufzuhalten und bewegten sich ununterbrochen nach Osten weiter.
Das Benzin war auch nicht immer brauchbar, und so gab auch das erheblichen Ärger. Aber einmal konnten sie an einem Tage rund 300 km zurücklegen, als der Weg durch endlose Wälder bis nach Tjumen besser war. Danach erlebten sie das nomadisierende Volk der Kirgisen, wurden herzlich aufgenommen und bewirtet. Diese Pferdezüchter behandelten sie wie eine Art Gottheiten und wollten ihnen alles zum Gastgeschenk machen, was sie hatten – einschließlich die holde Weiblichkeit. Hinter Omsk war der Weg erst gut, dann aber mußten sie auf den Bahndamm der transibirischen Eisenbahn. Ringsum sonst nur grundlose Sümpfe! Zweimal pro Tag mußten sie die Schienenschwellen seitlich verlassen, weil ein Zug kam.
In Petrowskoje erlebten sie Ende Juli die nächtliche Landung von zwei Junkers-Flugzeugen des damaligen Deutschen Luftlloyd, die auf dem Wege waren, die Luftlinie Berlin – Peking zu erforschen. (1977 flogen wir auf dem Wege nach Tokio mehr als fünf Stunden über diesen Teil Rußlands hinweg in 10000 m Höhe mit 900 km/h – also 50 Jahre später nach der Zeit, in der Robert Sexé und sein Freund Henry Andrieux für diesen Törn 75 Tage brauchte.)

Max Reisch (gegen den Sandsturm mit abgedecktem Gesicht) 1933 in der persischen Wüste mit seiner Puch S 4, 250 cm³.

Nach Durchquerung dcr Taiga und der Mandschurei kamen sie am 8. September 1926 in Wladiwostok an. Nicht ohne daß vorher noch alle Speichen in einem Hinterrad brachen, was dann eine Nothilfe mittels einer Holzscheibe verursachte – man mußte sich eben zu helfen wissen, und die mandschurischen Bauern waren auch hier hilfsbereit. Es ist unmöglich, hier alles das zu erzählen, was Robert und Henry durchmachen mußten, bis sie endlich wieder in einigermaßen zivilisierte Gegenden und dann zurück nach Paris kamen. Eines steht fest: es war eine unheimliche Leistung, von deren Härte und Größe sich Motorradfahrer unserer Zeit kaum eine Vorstellung machen können. Noch in den 60er Jahren fuhr Robert Sexé Motorrad und kam von St. Benoit aus regelmäßig im Winter (!) mit seiner alten Gillet oder FN zum Elefantentreffen auf den Nürburgring!

*

Gegen Ende der 20er Jahre machte eine Frau von sich reden, die mit einem 500 cm^3 Victoria-Gespann von Nürnberg aus Afrika durchquerte. Das war *Hanni Köhler,* und auch ihre Leistung unter den politisch mittelalterlichen Verhältnissen und bei den vorhandenen (bzw. meist nicht vorhandenen) Wegen ist unvorstellbar geblieben. Vor allem die Wüstendurchquerungen waren ungeheuer und gefährlich.

*

In unserem Archiv fanden wir auch die Reise, die 1933 *Max Reisch* mit einer 250 cm^3 Puch S 4 von Wien aus nach Indien machte. Er nahm einen Freund auf dem Soziussitz mit. Diese 13 000 km der Leiden wurden in einem Buch verewigt, und es mutet wie ein Wunder an, daß die beiden überhaupt angekommen und wieder zurückgefahren sind. Auch diese abenteuerliche Fahrt ist mit dem nicht zu vergleichen, was man heutzutage unter dem Begriff »Weltreise« oder »Abenteuer-Reise« versteht. Die Puch kam später in Wien ins Museum und wurde von ihren Zeitgenossen als Wunder der Technik und des Abenteuers bestaunt.

Der Österreicher Max Reisch 1933 mit einer Puch S4 in der persischen Wüste.

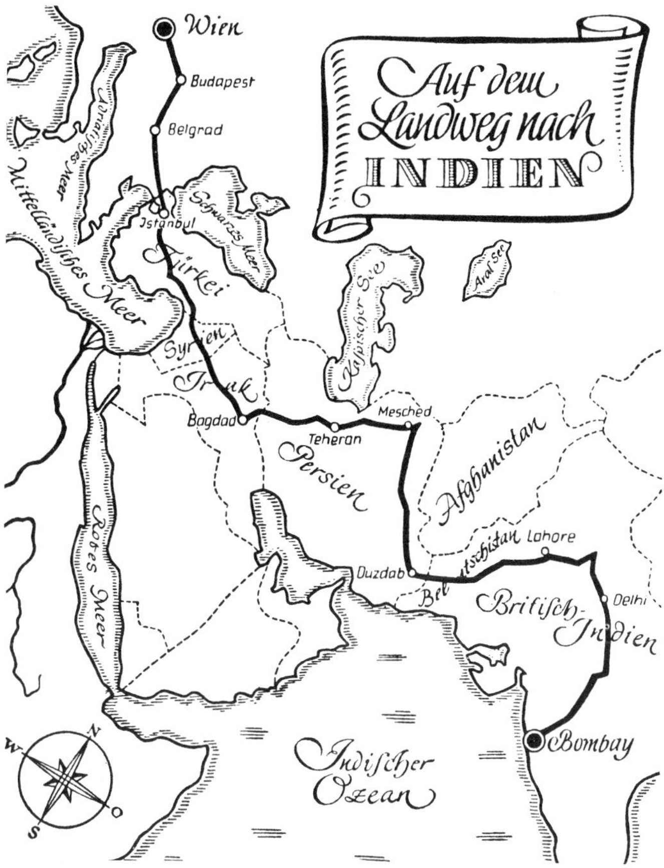

Die Route von Max Reisch 1933 von Wien nach Bombay.

*

Eine ebenfalls berühmte Weltreise-Maschine steht in Neckarsulm im Zweirad-Museum. Das ist die 600 cm³ Zündapp KS 601 mit dem Steibseitenwagen TR 500, mit der 1952 der deutsche Journalist *Eitel Lange* und dessen Sohn eine Weltumrundung machten.

Die Abenteuer der Langes waren – gemessen an heute – noch ganz bemerkenswert, doch hatten die Beiden eine sehr wirkungsvolle Hilfe durch die Zündapp-Werke rund um den Erdball im Rücken. Das soll ihre Leistung nicht schmälern, aber die Jahre näherten sich schon einem technischen Niveau, das für die Maschinen und für alle Hilfsmittel eines solchen Unternehmens recht nützlich war.

Eitel Lange und sein Sohn fuhren 1952 mit einer Zündapp KS 601 (600 cm^3) um die Welt. Hier Sohn Lange im indischen Sand neben einer Bahnlinie.

*

Am 22. Februar 1954 startete *Günter Markert* mit einer 50 cm^2 Kreidler R 50 zu einer sehr ausgiebigen Weltfahrt, wobei er Vorderasien, Nordostafrika, Südwestasien, Indien, Südostasien, den Fernen Osten, Nord- und Mittelamerika und dann Nordwestafrika besuchte. In Anbetracht des winzigen Motors mit seinen 1,5 kW (2 PS) und der gewaltigen Gepäckbelastung (einschließlich Zelt!) des Fahrzeugs war das etwas Unerhörtes. Vier Kontinente und 33 Länder wurden in anderthalb Jahren abgefahren. Er gab in seinem Buch eine wunderbare Erklärung zu der Frage ab, warum er eine solche Strapaze auf sich nahm. Markert schrieb: »... denn neben und hinter ernsthaften Gründen gab es noch eine eigentliche und letzte Ursache, eben jenes Fernweh, welches mich immer wieder hinaustreibt und mein ganzes Leben bestimmt«.

*

Heinz Sommerfeld aus Ludwigshafen wagte 1976 das unglaubliche Abenteuer, mit einer 500 cm³ Ardie aus dem Jahre 1933 (!) quer durch Australien zu fahren.

Damit sprach er uns allen aus dem Herzen, auch jenem einsamen Individualisten, der es 1976 wagte, mit einer 500 cm^3 Ardie RBK 503 (22 PS) aus dem *Jahr 1933* (neunzehnhundertdreiunddreißig!) von West nach Ost quer durch Australien zu fahren. *Heinz Sommerfeld* aus Ludwigshafen hängt an diesem einmalig schönen Oldtimer, der sein Jugendtraum war und den er in jahrelanger Arbeit sorgfältig so wieder aufbaute, daß das Motorrad eben erst vom Band gelaufen schien, als es fertig restauriert war. Jede Schraube, jedes Detail war absolut original hergestellt.
Und dann ging es – übrigens ohne einen einzigen »Sponsor« (!) – in den reizvollen Erdteil, dessen Verkehrsverbindungen auch heute noch für eine Maschine der 30er Jahre alles andere als bequem sind. In der Tat war das wohl die tollste »Veteranen-Rallye«, die man sich vorstellen kann.
Von Fremantle und Perth an der Westküste ging es nach Kalgoorlie, Adelaide, Melbourne, Canberra und Sidney. Man muß sich dabei vergegenwärtigen, daß es natürlich schon deswegen ein Risiko war, weil es für das Motorrad von 1933 heutzutage – und insbesondere in

Australien – keinerlei Ersatzteile gibt. Heinz Sommerfeld mußte sich also vorsehen.
Trotzdem schaffte er es und erlebte dabei viele Abenteuer. Und wie immer, wenn man mit dem Motorrad unterwegs ist, fand er auch Freunde. In seinem Fall natürlich Männer, die selbst an Veteranen-Motorrädern interessiert sind. So wurde die Ardie-Reise auch eine Fahrt von einem begeisterten Motorrad-Sammler zum anderen, wobei alle natürlich sehr hilfsbereit waren.
Das Land selbst konnte dabei in Ruhe betrachtet und erforscht werden, und wenn es auch oft Tage hindurch über unwirtliche Wege und durch wenig besiedelte Gebiete ging, wenn auch die Hitze sehr groß und der Staub sehr strapaziös war – das alte Motorrad ließ seinen Fahrer nicht im Stich.
Mit dem Schiff war es nach Fremantle von Deutschland aus verfrachtet worden, und schon bei der Ankunft und beim Auspacken der Kiste im Hafen gab es einen Menschenauflauf. Nicht nur wegen des Baujahrs, nicht nur wegen der deutschen Herkunft, sondern auch wegen des hervorragenden Zustands der Maschine.
Doch nicht nur diese Australienfahrt wurde mit der 1933er Ardie in der zweiten Hälfte der 70er Jahre absolviert. Heinz Sommerfeld war auch noch in anderen Ländern mit ihr unterwegs.

Die Ardie von 1933 im Jahre 1976 im Inneren von Australien. Eine tolle »Veteranen-Rallye«!

*

Vielen unserer Freunde ist *Opa Berwald* nicht unbekannt, der mit seiner Hermes 200 cm^3/1924 in den 50er, 60er und 70er Jahren noch unendlich viele Kilometer abspulte, wenn er zu Motorradtreffen durch ganz Europa fuhr. Immer kam er mit seiner erstklassig gepflegten Maschine zuverlässig ans Ziel, oftmals hunderte von Kilometern von seiner norddeutschen Heimat entfernt.

*

Daneben gibt es auch andere bekannte Fahrer, wie *Hans Menking* aus Carolinensiel, dessen weite und harte Fahrten mit seiner BMW vom Norden in den Süden und quer durch ganz Europa nicht nur zur Seehund-Rallye publik geworden sind. Auch die Indienfahrten von *Friedrich Capito* aus dem Siegerland mit seinen BMWs gehören in die Liste der »globetrottenden« Motorradfahrer. Es ist eine Liste, die heutzutage schon länger und länger wird. Und man kann alle Abenteurer und Abenteuer gar nicht mehr erfassen.
So wollen wir es bei einer Art von »Klassikerinnen und Klassikern« des großen Motorrad-Tourismus bewenden lassen, deren Fahrten, Abenteuer und Leistungen aus Pioniertagen und Zeiten erwähnenswert sind, als das Fahrzeug Motorrad noch in den Kinderschuhen steckte und etwas später sich erst halb so weit gemausert hatte, wie es heute erscheint.

*

Zum Schluß aber ist eine Person vorzustellen, die in der Reihe der großen Reisenden und unter den Vätern des Tourismus eine Schlüsselstellung einnimmt, von der nur wenige Menschen wissen, daß Motorräder in diesem arbeitsreichen Leben eine immerwährende, entscheidende und große Rolle gespielt haben: *Karl Friedrich Baedeker.*
Wer unter uns reisefreudigen Motorrad-Enthusiasten kennt nicht »Baedekers Reiseführer« und Reisehandbücher? Wer kennt nicht den uralten Ausspruch »das steht *nicht* im Baedeker«? Und wir werden uns erinnern, daß schon unsere Groß- und Urgroßeltern mit »dem Baedeker« auf Reisen gegangen sind.
Als Karl Friedrich Baedeker – schon in der vierten Generation – seine Arbeit an den Reiseführern aufnahm, war das Motorrad bereits sein wichtigstes Werkzeug bei der Erforschung von Landschaften, Strekken, Ortschaften und Beherbergungen. Damals wurden die BMW-

Gespanne R 11 oder R 12 benutzt, und der junge Karl Friedrich (geb. 1910) fuhr 1928 eine R 47. Im Jahr 1930 hatte er eine 500 cm^3 Norton von 1929, dann folgte eine italienische Moto Guzzi, und schließlich konnte er die 500 cm^3 BMW R 5 fahren. Im Zuge seiner unentwegten Erkundungsfahrten, die zu seinem Beruf gehörten, durchquerte er ganz Europa, und wenn eine Rennstrecke am Wege lag, dann besuchte er jedes Motorradrennen, das er erreichen konnte.
In dieser Zeit vor 1939 erlebte er viele köstliche Geschichten mit Hotelportiers und mit Wirten.
Oft genug verwies man ihn in seiner staubigen Motorradbekleidung an »geeignetere Häuser« (sprich: billige und triste Beizen). Wenn er dann aber seine in der Reisebranche weithin bekannte Visitenkarte präsentierte, dann wurde er devot, überhöflich, mit vielen Entschuldigungen besonders nett als Gast begrüßt. Damit hat er wertvolle Erkenntnisse für seine Reiseführer gewinnen können, und wir sind überzeugt, daß das für die Beurteilung der Gästebetreuung durch manche Gastronomen nicht unwichtig war.

Der Vater aller Reiseführer: Karl Friedrich Baedeker im Alter von 20 Jahren auf seiner 500 cm^3 Norton von 1929.

Karl Friedrich Baedeker 1977 in seinem Freiburger Arbeitszimmer. Im Regal stehen alle Reiseführer, die die Baedeker-Familie seit 1839 herausbrachte. Auf dem Regal rechts oben ein BMW-Modell.

Ähnliches erlebte übrigens sogar einmal der König von Belgien, als er – ein begeisterter Motorradtourist – vor einem Hotel an der Riviera mit einer BMW vorfuhr. Einige Stunden später erschien der »dreckige Motorradfahrer« plötzlich wieder in einem Rolls Royce vor dem Hotelportal –! Schade, schade, daß es kein Bild von dem Gesicht des Portiers gibt, als dieser in dem Motorradfahrer plötzlich den König von Belgien erkannte –!

Karl Friedrich Baedeker baute seinen Reiseverlag auch nach 1945 wieder mit einem Motorrad auf – mit einer BMW R 51. In seinen Landschafts- und Städtebeschreibungen fehlten nie Hinweise auf Motorradfabriken, Rennstrecken usw., einschließlich der Isle of Man. Auf den Bücherborden in seinem Arbeitszimmer standen viele kleine Motorrad-Modelle, und wegen eines Gesprächs über Motorräder versäumte er ungerührt wichtige Termine. 1979 ist er verstorben, und mit ihm ging ein großer Reisender von uns.

*

Wenn wir in die Zukunft sehen, dann hat es den Anschein, daß Motorradreisen immer beliebter werden. Selbst im Zeitalter des Automobils bleibt das Reiseabenteuer Motorrad nicht nur erhalten sondern wird kultiviert und verbreitet sich immer mehr.
Ob wir in diesem Bereich noch einmal wieder solche tapferen Pionierleistungen erleben, wie wir sie eben schildern konnten, als es noch keine so zuverlässigen und schnellen Nachrichtenmittel, keine so perfekten und zielsicheren technischen, wirtschaftlichen und menschlichen Hilfsmöglichkeiten wie heute gab, das mag dahingestellt sein. Vielleicht feiern wir eines Tages den ersten Motorradtouristen auf dem Mond oder auf einem anderen Himmelskörper. Doch sollten wir uns hier und da doch daran erinnern, daß es einmal mit enormem Mut angefangen hat.
Wir sollten daran messen, welche tiefe und starke Faszination von Motorradreisen ausgeht, die uns aus unserem heutigen Alltag, aus unseren Sorgen, Frustrationen, Mühen und Qualen in eine wunderschöne Welt hinausführen können, in deren Weite und Freiheit wir uns erholen und neu rüsten können.
Mit Männern, wie es z. B. Robert Sexé war, fing das alles an.

*

Zum Thema »Weltreisen« sollte man vielleicht noch etwas sagen: Noch in den 60er und 70er Jahren gab es Motorradfahrer, die der Meinung waren, daß eine Motorrad-Weltreise so etwas Tolles sei, daß Zeitungen, Fabriken, Zubehörfirmen oder sonstige Sponsoren dafür sehr gut finanziell zu melken wären.
Meist erlebten sie Enttäuschungen, und seitdem größere Reiseunternehmen gewerbsmäßig Motorrad-Gesellschaftsreisen in alle Erdteile veranstalten, werden solche »Sponsoren«-Weltreisende weniger. Nun fliegt man eben mit dem Jet z. B. nach Amerika, nach Gran Canaria o. ä., dort stehen die Maschinen am Flugplatz bereit, in Gruppen geht es los, das Gepäck kommt im Auto hinterher. Nach drei oder vier Wochen ist so ein organisiertes Abenteuer vorüber wie eine Foto-Safari.
Wir glauben, daß man – wenn man allein oder zu zweit eine Motorrad-Weltreise machen will – sich noch immer besser auf sich selbst verläßt. Man bekommt dafür grundsätzlich nichts mehr geschenkt, und keine Zeitung nimmt davon große Notiz oder zahlt etwas dazu. Vergessen wir das.

Wer es aber unternimmt, der sollte nicht nur das Geld selbst dafür verdienen und erarbeiten, er sollte auch ein ganz hervorragender Motorradfahrer und -mechaniker (!), ein geduldiger Student von Informationen aus allen Ländern sein, die man bereisen möchte. Er sollte körperlich absolut fit bleiben und Strapazen aller Art aushalten können, er sollte auch etwas von Fahrstrategie verstehen und noch Vieles mehr können.
Und er sollte vor allem niemals glauben, daß ihm auch nur die kleinste fremde Hilfe zuteil werden wird –!
Dann kann er auf Motorrad-Weltreise gehen.*

---

* Sollte ihm trotzdem Hilfe gegeben werden, dann sei er dankbar, nehme das aber nicht als normal hin –!

16. KAPITEL

Motorrad-Mekka: die Rennstrecken

Isle of Man – eine besondere Reise!

»Ellan Vannin Syr Dy Bragh«
(Es lebe die freie Insel Man!)

Nicht nur die Reste der gälischen Sprache muten seltsam an, und auf der Insel Man sind auch die Motorradrennen nicht allein das Besondere. Schon die Motorradreise dorthin, die Landschaft, die Menschen und viel lebendige Nostalgie neben einer Vielzahl von Motorrad-Ereignissen bieten Tag für Tag während der TT-Woche ein volles Programm.

DIE MOTORRADREISE GEHÖRT DAZU

Es gibt mehrere Gründe, die »Tourist Trophy« unbedingt mit dem eigenen Motorrad zu unternehmen.

① Wer die Rennen auf dem 60 km langen Rundkurs richtig verfolgen will, der muß wegen vieler schmaler Straßen ein Fahrzeug haben, mit dem er während des Rennens seinen Zuschauerplatz so wechseln kann, daß er die Fahrer mehrfach an verschiedenen Stellen sieht.

② Auf der Insel muß man auch sonst beweglich sein können, denn sonst kann man nur einen Bruchteil aller Ereignisse Tag für Tag verfolgen. Außerdem lohnt es, die Insel mit der Maschine zu erforschen.

③ Die Reise durch den europäischen Kontinent und durch England bis Liverpool gehört zu dem Gesamtkomplex Isle of Man und Tourist-Trophy. Dabei kann man die schönsten Gebiete auf kleinen Straßen kennen lernen.

④ Unter den tausenden von Motorradfahrern aus der ganzen Welt kommt man sich »ohne« heimatlos vor.

SCHÖNE WEGE NACH MEKKA

Zuerst durch Deutschland bis zu den Häfen am Kanal. Für Fahrer aus dem Süden, aus dem mittleren und dem westlichen Raum der Bundesrepublik bieten sich die Häfen Rotterdam, Ostende, Calais oder Boulogne an. Von da aus ist man sehr schnell in Dover.

Wer einen längeren Törn über die Nordsee nicht scheut, kann die TT-Reise mit einer reizvollen Seefahrt verbinden. Für Fahrer aus Norddeutschland bieten sich Verbindungen von Hamburg oder Bremen aus zu den ostenglischen Häfen Harwich, Felixstowe, Great Yarmouth oder Hull an. Von Hull aus hat man nur noch 220 km Straße bis Liverpool quer durch Mittelengland vor sich, und diese Route sei z. B. Leuten mit Veteranen-Maschinen zu empfehlen, die man wegen ihrer Kostbarkeit nicht zu lange auf Landstraßen fahren möchte (wenn die Maschinen zugelassen sind!). Aber auch Erholungssuchenden ist diese Tour zu empfehlen, nur sollte man dann rechtzeitig bei den Reedereien vorbuchen (Reisebüros fragen!).

Ohne Vorbuchung kommt man immer von Ostende, Calais oder Boulogne nach Dover.
Durch England fährt der Eilige wie folgt: A 20 ab Dover, M 2, A 2 bis London. Dort die M 1, später die M 6 nach Birmingham benutzen. Weiter auf der M 6 und später M 62 nach Liverpool.
Landschaftsgenießer nehmen folgende Route: A 20 ab Dover bis Maidstone. Von da auf der A 25, Sevenoaks, Reigate, Guildford. A 25 verlassen und nach Woking, Bagshot, Camberley und Wokingham. Weiter nach Reading an der A 4, Henley on Thames (schönes Städtchen), A 423 nach Wallingford und Oxford. Auf der A 40 weiter nach Chipping Norton, A 44 Broadway (besonders schön), Eversham, Worchester, A 449 bis Kidderminster, A 442 nach Whitchurch, A 41 bis Chester und Birkenhead. Dann fährt man durch den Mersey-Tunnel nach Liverpool. Entfernung Dover – Liverpool ca. 550 bis 600 km. (Achtung! England ist viel größer, als man oft denkt! Linksverkehr! Alle Entfernungsangaben in Meilen, 1 engl. Meile = ca. 1,6 km.)
In Liverpool fährt man unverzüglich zu den Princessdocks am Mersey River. Wer aufpaßt, sieht auch die Hinweis-Schilder.
Vorbuchungen für die Überfahrt nach Douglas (sie dauert etwa vier Stunden) gibt es nicht. Man löst die Fahrkarten und stellt sich mit der Maschine an die Schlange der wartenden Motorradfahrer an. Beim nächsten Schiff, das abfährt, kommt man an Bord. Vorher wird – einer alten Versicherungsregel zufolge – der Tank leer gepumpt (also nicht mit vollem Tank zu den Docks fahren!). 1979 war allerdings der Andrang so groß, daß an Tagen vor einem Renntag Motorradfahrer bis zu 24 Stunden warten mußten.
Darum noch ein Hinweis: zur Isle of Man sollte niemand in Eile fahren! 14 Tage muß man einrechnen, wenn man »in Ruhe« auch die Hin- und Rückreise genießen will. So fuhr man z. B. 1980 am 28. 5. los und kam bequem bis zum 31. 5. nach Douglas. An diesem Tag fand nachmittags das erste Rennen statt. Zurück fuhr man am 7. 6. und war dann bequem am 9. 6. wieder zu Hause.
Wegen Zimmerreservation schreibe man möglichst schon Anfang des Jahres an *»Isle of Man Tourist Board, Victoria Pier, Isle of Man«*. Vier Wochen vorher sieht es fast aussichtslos aus, wenn man nicht zelten will. Das ist aber kein Problem. Zeltmöglichkeiten gibt es überall. Einen Wohnwagen bekommt man aber kaum noch zur Isle of Man eine Woche vor den Rennen.

Die Motorradstraßen der Isle of Man sind landschaftlich und fahrerisch bezaubernd.

Girling
MICHELIN
42

PS
AGENCY

Oben: Die Rennen sind überall gut zu beobachten – besser als an jeder anderen Strecke.

Unten: Motorräder, Motorräder, Motorräder – während der Rennwoche Anfang Juni jedes Jahres ist die Isle of Man ein Motorrad-Mekka!

Die alte Dampfbahn fährt seit 1874!

Die Katzen ohne Schwänze, die »Manx-Katzen«, sind keine Märchen-Erfindung, sondern eine eigene Rasse.

RIESIGE PROGRAMM-AUSWAHL

Rennen finden in der Reihenfolge normalerweise am Sonnabend, Montag, Mittwoch und Freitag statt. An den Zwischentagen gibt es Moto Cross bei Douglas Head, Veteranen-Rallye während der ganzen Woche, Gymkhana in Onchan, Marken- und Clubtreffen, Kunstflug-Vorführungen und vieles andere mehr. Auch während der Renntage sind genug Ereignisse eingeplant, daß man von Film-Matinees bis zur Miß-TT-Wahl, Disco's und Tanzveranstaltungen alles findet, was das Herz begehrt.
Höhepunkte aber bleiben immer wieder die Motorrad-Termine wie z. B. die Veteranen-Rallye oder das Trial bei Castletown.

TECHNISCHE NOSTALGIE-SHOW

Die Dampfeisenbahn wurde 1874 eingerichtet, die Loks fahren heute noch (in sehr gepflegtem Zustand) auf den 27 km zwischen Douglas und Port Erin (Höchsttempo 50 km/h). Die Elektric-Railway nach Ramsey ist von 1892, und die Zahnradbahn zum Snaefell hinauf vom Ort Laxey aus ist ebenso nostalgisch wie interessant. Die Pferdebahn in Douglas ist die letzte der Welt.
Auf dem Snaefell (700 m) befindet sich ein schönes Motorradmuseum, in dem auch andere technische Leckerbissen zu finden sind, und unten in Laxey kann man ein unerhört großes Pumpenrad einer raffinierten Entwässerungsanlage für ein stillgelegtes Erzbergwerk bewundern (»Castrol geschmiert«).
Wer will, kann mit Hochseekuttern mit hinaus zum Fischen fahren; wer das Glück der Erde auf dem Rücken der Pferde sucht, kann auf 1 PS reiten. Und wer Motorrad-Landschaftsforschung liebt, wird jeden Tag auf kleinen einsamen Sträßchen neue Schönheiten entdekken, nicht zuletzt die versteckten Buchten an zum Teil wilden Felsenküsten. Auch Flugzeugenthusiasten werden befriedigt sein, wenn die Kunstflug-Teams am Himmel erscheinen.
Wer die alten Kelten- und Normannenkulturen untersuchen will, der sollte gleich vier Wochen dableiben, und Fotojäger können Vögel erwischen, die sie kaum noch sonst in Europa finden (einschließlich Kormorane).

Es lohnt sich, *gleich bei der Ankunft nicht nur die Rückfahrkarte nach Liverpool zu kaufen* (damit man nicht erst am Montag nach der Rennwoche von der Insel runterkommt), sondern eine gute Insel-Karte und ein Rennprogramm, in dem auch alle anderen Ereignisse verzeichnet sind.

INSEL-LANDSCHAFT

Die Isle of Man ist etwa 50 km lang und 20 km breit. Sie liegt in einem Arm des Golfstromes in der Irischen See. Ihre höchste Erhebung ist der Snaefell (700 m).
An den Küsten des Südens findet man eine Szenerie wie an der Dalmatinischen Küste, im Landesinneren gibt es Täler, die an den Schwarzwald erinnern, und schon wenige Kilometer weiter wirken die kahlen Berghöhen wie lappländische Tundren.
Die Westküste besteht zum Süden hin aus zerklüfteten Felsen, im Nordwesten gibt es beim Point of Aire einen kilometerlangen, breiten und menschenleeren Strand (große Kieselansammlungen).
In Douglas existiert ein Restaurant mit deutschen Spezialitäten, und wem die Zeit im Nacken sitzt, obwohl er die Isle of Man genießen möchte, kann via London auch mit Linienflugzeugen hinfliegen.

WO FINDET MAN DIE FAHRER?

Die meisten Rennfahrer wohnen in der Stadt Douglas in Hotels oder Privatquartieren, immer aber mit einer Garage in der Nähe, in der sie ihre Maschinen vorbereiten. Diejenigen, die zelten und in Wohnwagen leben, finden Platz oben bei Start und Ziel in Douglas an der Glencrutchery Road.
Eine Adressenliste der Fahrer gibt es im Veranstalterbüro bei Start und Ziel.
Die technische Abnahme, das »Weight-in«, findet an jedem Renntag schon ab 7.00 Uhr morgens statt, und auf dem Weg zum Abnahmezelt hat man Gelegenheit, die Aktiven zu treffen und zu sprechen.
Die 60 km lange Strecke, eine normale Landstraße, die durch alle Landschaften und durch Orte und Städte geht, bietet *überall* ringsum feine Beobachtungspunkte.

Wo liegen Europas Rennstrecken?

Immer wieder fragen sportbegeisterte Motorradfahrer, wo sich bestimmte Rennstecken befinden, von denen man zwar etwas in Berichten lesen kann, deren genaue Lage aber nicht näher erklärt wird. Wo zum Beispiel liegen Imatra, Anderstorp, Mugello, Nogaro oder wo ist dieses geheimnisvolle Fort Williams zu finden, von dem aus jedes Jahr die Schottische Sechstagefahrt gestartet wird?
Es hat bestimmt seinen ganz besonderen Reiz, wenn man eine Urlaubsreise beispielsweise so legen kann, daß man während der drei Wochen auch drei Rennen besucht. Über die Termine kann man sich rechtzeitig im Frühjahr orientieren. Wenn nicht in der Fachpresse, dann sind Terminkalender oder einzelne Auskünfte unter folgenden Adressen und Telefon-Nummern (Stand 1980 – für weitere Jahre ohne Gewähr für die Richtigkeit der Angaben) zu bekommen:

Oberste Motorradsport-Kommission (OMK) für Deutschland, Baseler Platz 6, D-6000 Frankfurt/M 1, Telefon 0611 / 231015.

Fédération Internationale Motocycliste (FIM), 19 Chemin William Barbey, CH-1292 Chambesy (Schweiz), Tel. (von Deutschland aus) 004122 / 581960. (Auskünfte über Veranstaltungen im Ausland. Sprache: französisch.)

Allgemeiner Deutscher Automobil-Club (ADAC), Baumgartner Straße 53, D-8000 München 70, Tel. 089 / 76761.

Deutscher Motorsport Verband (DMV), Schweizer Straße 10, D-6000 Frankfurt/M 70, Tel. 0611 / 625015.

Einige Veranstaltungen haben seit Jahrzehnten ihren festen Termin, dazu gehören die Internationale Schottische Sechstagefahrt (das Höchste für jeden Trialfahrer) in der ersten Mai-Hälfte oder die Tourist-Trophy, die Motorradrennen auf der Isle of Man Anfang Juni eines jeden Jahres. Die Internationale Sechstagefahrt der Geländefahrer ist meist in der zweiten September-Hälfte, aber sie findet jedes Jahr in einem anderen Land und in einer anderen – aber immer landschaftlich sehr schönen und bergigen – Gegend statt.

WESTFRIESISCHE IN
OSTFRIESISCHE IN
NORDSTRAND
Husum
FEHMARN
Deutsche Bucht
HELGOLAND
TRISCHEN
SCHARHORN
WANGEROOGE
SPIEKEROOG
LANGEOOG
BALTRUM
NORDERNEY
JUIST
BORKUM
SCHIERMONNIKOOG
AMELAND
TERSCHELLING
VLIELAND
TEXEL
KIEL
Heiligenhafen
Oldenburg
Neumünster
Itzehoe
Glückstadt
Bad Oldesloe
Travemünde
LÜBECK
Wismar
Schwerin
Güstrow
Warnemünde
HAMBURG
Harburg
Ratzebg.
Cuxhaven
BREMERHAVEN
Stade
Bremervörde
Norden
Aurich
Jever
Emden
WILHELMS-HAVEN
Varel
Nordenham
Brake
Delfzijl
Leeuwarden
Harlingen
GRONINGEN
Winschoten
Assen
Emmen
Leer
Papenbg.
OLDENBG.
Delmenhorst
BREMEN
Verden
Rotenburg
Lüneburg
Uelzen
Lüneburger Heide
Lauenburg
Ludwigslust
Parchim
Pritzwalk
Perleberg
Wittenberge
Salzwedel
Celle
Soltau
Bergen
Den Helder
Alkmaar
Hoorn
Heerenveen
Meppel
Zwolle
Coevorden
AMSTERDAM
Hilversum
Leiden
Amersfoort
UTRECHT
ARNHEM
Apeldoorn
Deventer
Almelo
Hengelo
ENSCHEDE
ROTTERD.
Dordrecht
NIJMEGEN
Emmerich
Bocholt
Wesel
Kleve
Goch
TILBURG
EINDHOVEN
Venlo
Cloppenburg
Löningen
Meppen
Lingen
Rheine
Vechta
Diepholz
Bassum
Nienburg
Niedersachsen
Mittelland-Kanal
OSNABRÜCK
Minden
Herford
BIELEFELD
Teutoburger Wald
Gütersloh
MÜNSTER
Westfalen
HANNOVER
BRAUNSCHWEIG
SALZGITTER
Hildesheim
Hameln
Detmold
Bad Pyrmont
Holzminden
Paderborn
Höxter
Goslar
Halberstadt
Wernigerode
Quedlinbg.
MAGDEBURG
Helmstedt
Wolfsburg
Gardelegen
Stendal
Rathenow
Brandenburg
Burg
RECKLINGHSN.
GELS.
DORTM.
BOCHUM
ESSEN
HAGEN
DUISB.
KREF.
DÜSSELDF.
M. GLADB.
WUPPERT.
REMSCHEID
SOLINGEN
Lüdenscheid
KÖLN
Hamm
Lippstadt
Soest
Arnsberg
Meschede
Korbach
Scherfede
Hann.-Münden
Göttingen
Northeim
Einbeck
KASSEL
Nordhsn.
Sondershsn.
Sangerhsn.
Mühlhsn.
Eisleben
HALLE
Merseburg
Naumburg
Weißenfels
Zeitz
ANTWERPEN
Hasselt
St. Trond
Maastricht
Löwen
BRÜSSEL
LÜTTICH (Liège)
AACHEN
Eupen
Düren
Euskchn.
BONN
Bad Godesbg.
Siegburg
Siegen
Olpe
Kahler Asten
Bad Wildungen
Frankenberg
Bad Hersfeld
Eisenach
Gotha
ERFURT
Weimar
Jena
Apolda
GERA
Westerwald
Marburg
Gießen
Wetzlar
Fuchskauten
Verviers
Spa
Malmedy
BELGIEN
Hohe Acht
Andernach
Mayen
Koblenz
Prüm
Daun
Eifel
Ardennen
Bastogne
Wiltz
LUXEMBG.
Luxemburg
Arlon
Bouillon
Sedan
Wittlich
Trier
Hunsrück
Erbeskopf
Taunus
Vogelsbg.
Fulda
Schlüchtern
Bad Nauheim
Lauterbach
Thüringen
Thüringer Wald
Arnstadt
Rudolstadt
Saalfeld
Zwickau
Plauen
Reichenbach
Crimmitschau
Coburg
Sonneberg
Meiningen
Schmalk.
WIESBADEN
FRANKFURT
Hanau
OFFENB.
Rüdesheim
Bingen
MAINZ
Bad Kreuznach
Idar-Oberstein
Aschaffenbg.
DARMSTADT
Odenwald
Worms
Donnersbg.
Nohfelden
Neunkchn.
Kaiserslautern
LUDWIGSHFN.
MANNHEIM
HEIDELBERG
Miltenberg
Eberbach
Bad Mergentheim
Schweinfurt
Bad Kissingen
WÜRZBG.
Kitzingen
Bamberg
Bayreuth
Kulmbach
Fichtelgeb.
Erlangen
FÜRTH
NÜRNBERG
Neustadt
Lauda
Rothenbg. o. T.
Ansbach
Schwabach
Amberg
Neumarkt
Schwandf.
Weiden
Oberpfalz
Eger (Cheb)
Hof
Asch
Stenay
Longwy
Verdun
Thionville
Hayingen (Hayange)
SAARBRÜCKEN
METZ
Forbach
Zweibrücken
Pfalz
Speyer
Landau
Pirmasens
Saargemünd (Sarreguemines)
Weißenburg (Wissembourg)
Pont-à-Mousson
Saarburg (Sarrebourg)
Hagenau
KARLSRUHE
Bruchsal
Heilbronn
Schwäb. Hall
Crailsheim
Dinkelsbühl
Württemberg
NANCY
Toul
Lunéville
Rastatt
Baden-Baden
Pforzheim
STUTTGART
Ludwigsbg.
Eßlingen
Aalen
Nördlingen
Weißenburg
Eichstätt
Ingolstadt
REGENSBURG
Straubing
Vaucouleurs
Joinville
Neufchâteau
Vittel
STRASSBURG (Strasbourg)
Kehl
St-Dié
Vogesen
Nagold
Freudenstadt
Tübingen
Reutlingen
Schw. Gmünd
Heidenheim
Geislingen
Donauwörth
Neuburg
Pfaffenhfn.
Mallersdorf
Plattling
Landshut
Epinal
Remiremont
Plombières
Offenburg
Schlettstadt (Sélestat)
Kolmar
Schwarzwald
Schwäbische Alb
Ulm
Günzburg
AUGSBURG
Dachau
Freising
MÜNCHEN
Gebweiler (Guebwiller)
FREIBURG
Feldberg
Donaueschingen
Villingen
Tuttlingen
Sigmaringen
Biberach
Schwaben
Landsberg
Memmingen
Ammersee
Starnberg
Rosenheim
Traunstein
Fayl-Billot
Vesoul
Belfort
MÜLHSN. (Mulhouse)
Müllheim
BASEL
Schaffhsn.
Radolfzell
Überlingen
Konstanz
Friedrichshafen
Ravensburg
Kaufbeuren
Kempten
Füssen
Schongau
Murnau
Weilheim
Bad Tölz
Bad Reichenhall
Gray
Montbéliard
Porrentruy
Delémont
Winterthur
Romanshorn
Rorschach
Lindau
Bregenz
Auxonne
Besançon
Biel
Solothurn
Aarau
ZÜRICH
St. Gallen
Appenzell
Dornbirn
Oberstdorf
Reutte
Zugspitze
Garmisch-Partenkirchen
Jenbach
Wörgl
Kufstein
Kitzbühel
Arbois
Pontarlier
Burgdorf
Luzern
Schwyz
Vaduz
LIECHTENSTEIN
Vorarlberg
INNSBRUCK
Champagnole
Murten
BERN
Thun
Interlaken
Freiburg (Fribourg)
Yverdon
SCHWEIZ
Glarus
Altdorf
Chur
Davos
Arosa
Landeck
Silvretta
Matrei
Brenner
Sterzing
Hochfeiler
Bruneck
Brixen
Ötztal
Wildspitze
ÖSTERREICH
Morez
LAUSANNE
Vevey
Montreux
Gstaad
Oberland
Mönch
Andermatt
Disentis
Splügen
Stilfser Joch
FRANKREICH

RÜGEN
Saßnitz
Greifswalder Bodden
USEDOM
WOLLIN
Anklam
Stettiner Haff
Neubrandenbg
STETTIN
Pasewalk
Prenzlau
Angermünde
Schwedt
Eberswalde
BERLIN
Fürstenwalde
Köpenick
Frankfurt
Guben
Jüterbog
Lübben
Cottbus
Kirchhain
Elsterwerda
Torgau
Riesa
Meißen
DRESDEN
Pirna
Bautzen
GÖRLITZ
Zittau
Reichenbg
(Liberec)
Gablonz
(Jablonec n. N.)
Jungbunzlau
(Ml. Boleslav)
Kladno
Nymburk
PRAG
(PRAHA)
Kolin
Beraun
PILSEN
Rokycany
Přibram
Nepomuk
Klattau
(Klatovy)
Blatna
Písek
Vodňany
Vimperk
Budweis
Tábor
Pelhřimov
Iglau
(Jihlava)
Třebič
Böhm. Mährische Höhen
Königgrätz
(Hradec Králové)
Pardubitz
Náchod
Glatz
Mittelwalde
Hlinsko
Třebová
Boskovice
Prostějov
Vyškov
Olmütz
(Olomouc)
Sternberk
Troppau
(Opava)
Mähr. Ostrau
(M. Ostrava)
Přerov
Neutitschein
Teschen
Bielitz
(Bielsko)
Brünn
(Brno)
Austerlitz
Znaim
(Znojmo)
Mikulov
Břeclav
Hodonín
Gottwaldov
(Zlín)
Uh. Hradiště
Trenčín
Piešťany
Hlohovec
Nitra
Trnava
PRESSBURG
(Bratislava)
Galanta
WIEN
St. Pölten
Krems
Stockerau
Korneubg.
Mödling
Baden
Wien. Neustadt
Bruck
Eisenstadt
Rust
Mošon-magyaróvár
Ödenburg
(Sopron)
Neusiedler See
Steinamanger
(Szombathely)
Fürstenfeld
GRAZ
Leoben
Bruck
Semmering
Mürzzuschlag
Österreich
Amstetten
Melk
LINZ
Wels
Steyr
Gmunden
Bad Ischl
Passau
Ried
Zwettl
Horn
Waidhofen
Gmünd
Niederösterreich
BRESLAU
Liegnitz
Hirschberg
Schweidnitz
Waldenbg
Schneekoppe
Riesengebirge
Reichenbach
Frankenstein
Münsterberg
Neiße
Neustadt
Strehlen
Brieg
Ohlau
Oppeln
Gr. Strehlitz
Leobschütz
Ratibor
Gleiwitz
HINDENBURG
BEUTHEN
KÖNIGSH.
(Chorzów)
KATTOWITZ
(Katowice)
SOSNOWIEC
Tarnowitz
Lubliniec
TSCHENSTOCHAU
(Częstochowa)
Kreuzburg
Rosenbg.
Glogau
Sagan
Neusalz
Bunzlau
Haynau
Lauban
Trebnitz
Neumarkt
Militsch
Rawitsch
(Rawicz)
Ostrów
Kepno
Wieluń
Sieradz
Złoczew
Zduńska Wola
Piotrków
Pabianice
Radomsko
Działoszyn
KRAKAU
(Kraków)
Bochnia
Myślenice
Wadowice
Sucha
Nowy Targ
Zakopane
Nowy Sącz
Miechów
Kielce
Jędrzejów
Pińczów
Chmielnik
Końskie
Opoczno
Szydłowiec
RADOM
WARSCHAU
Grójec
Skarż. Kamienna
Sillein
(Žilina)
Ružomberok
Hohe Tatra
Gerlsdorfer Sp.
Levoča
Poprad
Niedere Tatra
Neusohl
(Ban. Bystrica)
Altsohl
(Zvolen)
Kremnitz
(Kremnica)
Prievidza
Bánovce
Ban. Štiavnica
Lučenec
Rim. Sobota
Rožňava
Šahy
Balassagyarmat
Salgótarján
MISKOLC
Eger
Waitzen
(Vác)
Gyöngyös
Esztergom
Komárno
Komárom
Neuhäusl
(N. Zámky)
Gr. Schütt
Raab
(Győr)
Pápa
Kisbér
BUDAPEST
Stuhlweißenburg
(Székesfehérvár)
Veszprém
Bakony wald
Siófok
Kecskemét
Kiskunfélegyháza
Nagykőrös
Cegléd
Nagykáta
Gödöllő
Jászberény
Hatvan
Szolnok
Lauenburg
GDINGEN
(Gdynia)
Zoppot
DANZIG
Rügenwalde
Stolp
Heiligenbeil
Braunsberg
Pr. Eylau
Bartenstein
Ortelsburg

Wer also einige Termine hintereinander findet, zu denen dann auch die Orte gut passend für eine Urlaubstour liegen, der kann seine Reise mit einigen sportlichen Höhepunkten würzen.
Wer nun aber an mehreren Wochenenden speziell zu bestimmten Veranstaltungen fahren will und das jedesmal mit einem Motorrad-Touren-Wochenende verbindet, der kann sich nun auch auf den folgenden Karten über die Lage von Rennstrecken informieren.
Hierzu wäre noch zu bemerken, daß nicht in jedem Jahr auf jeder der hier angegebenen Straßen-Rundstrecken auch attraktive Rennen laufen. Sie sind sowohl für Motorradrennen wie auch für Autorennen eingerichtet. In den meisten Ländern werden zum Beispiel die Strecken für die Grand Prix-Läufe um die Weltmeisterschaft immer wieder gewechselt. Das gleiche gilt auch für Langstrecken-Rennen. Aber alle die hier genannten und angegebenen Kurse spielen im Motorradsport auch eine Rolle. Die klassischen Strecken wie z. B. auf der Isle of Man, der Nürburgring, der Hockenheimring, die Bergstrecke zum Schauinsland bei Freiburg, die Strecke von Spa-Francorchamp in Belgien – um nur einige Beispiele zu nennen – werden natürlich jedes Jahr im sogenannten »großen« Sport frequentiert.
Die Angabe der Lage aller Gras-, Sand- oder Aschenbahnen, auf denen unerhört spannende Bahnrennen ausgetragen werden, oder die Lage aller Moto Cross-Strecken in Europa würde den Rahmen dieses Buches sprengen. Die Terminkalender nennen aber immer die Adresse der Veranstalter, und dadurch findet man ebenfalls schnell auch den genauen Ort auf der Karte.
Da allen motorsportlichen Anlagen im Laufe der Zeit häufig Streckenänderungen und manche anderen wichtigen Wechsel ihrer Zustände, Lagen und örtlichen Gegebenheiten ins Haus stehen, kann es vorkommen, daß hier und da einmal Anlagen verschwinden, ganz neu gebaut, geändert oder verlegt werden.

BENELUX-STAATEN
BUNDESREPUBLIK DEUTSCHLAND
ÖSTERREICHISCHER BUNDESSTAAT
TSCHECHOSLOWAKEI

① *Circuit van Drenthe (Niederlande),* Assen
Südlich von Groningen neben der Bahnstrecke Zwolle – Groningen.
Streckenlänge 7,7 km. 31 Kurven.
Jährlicher Austragungsort des holländischen Grand-Prix für Motorräder, der »Dutch TT«.

② *Zandvoort (Niederlande),* Zandvoort
Westlich von Amsterdam in den Dünen an der Küste.
Streckenlänge 4,2 km. 16 Kurven.
Austragungsort nationaler und internationaler Straßenrennen.

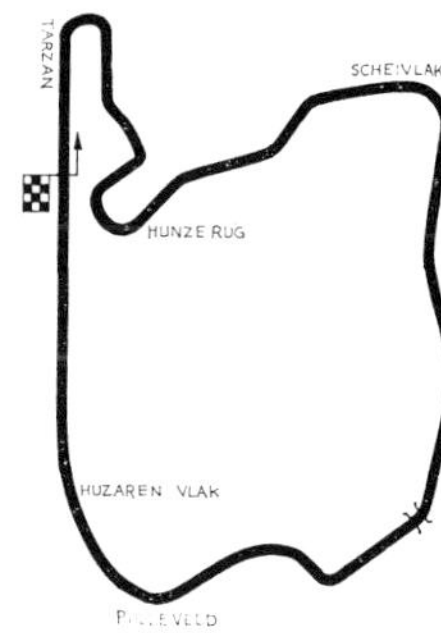

③ *Zolder (Belgien),* Zolder
Zwischen Antwerpen und Hasselt in der Nähe der Grenze zu den Niederlanden.
Streckenlänge 4,3 km. 16 Kurven.
Austragungsort internationaler Straßenrennen.

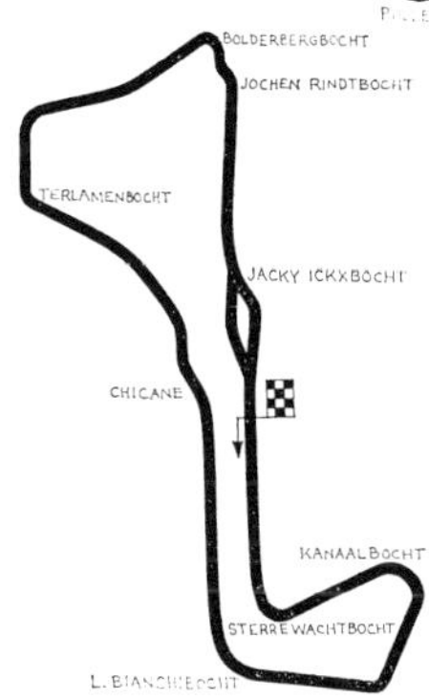

④ *Nivelles (Belgien),* Nivelles
Südlich von Brüssel bei Waterloo.
Streckenlänge 3,7 km oder 2,3 km. Je nach Streckenwahl 9 oder 6 Kurven.
Austragungsort internationaler Straßenrennen.

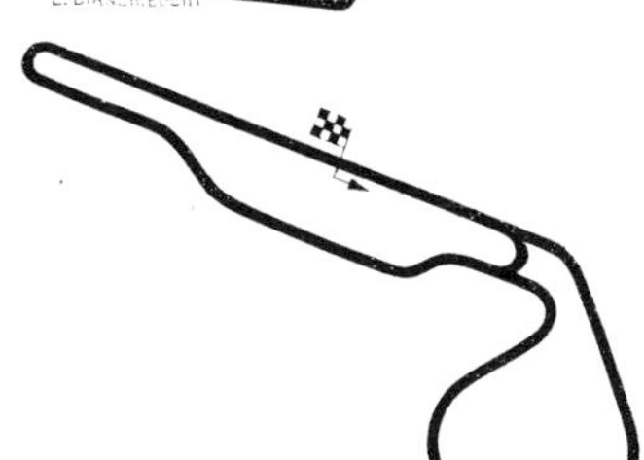

⑤ *Spa-Francorchamps (Belgien),* Spa-Francorchamps
Kurort südlich von Verviers und westlich von Malmedy in den Ardennen.
Streckenlänge 14,1 km. 22 Kurven. Ehemals Austragungsort des jährlich stattfindenden Großen Preises von Belgien für Motorräder.

⑥ *Nürburgring (BRD),* Nürburg/Eifel
Westlich von Mayen/Eifel.
Bisherige Streckenlänge 28,3; 22,8; 7,7 oder 2,3 km. Über 100, 80, 25 oder 5 Kurven je nach Streckenwahl. Austragungsort vieler nationaler und internationaler Rennen sowie im Wechsel mit Hockenheim des Großen Preises von Deutschland für Motorräder. (Neue Strecke im Bau).

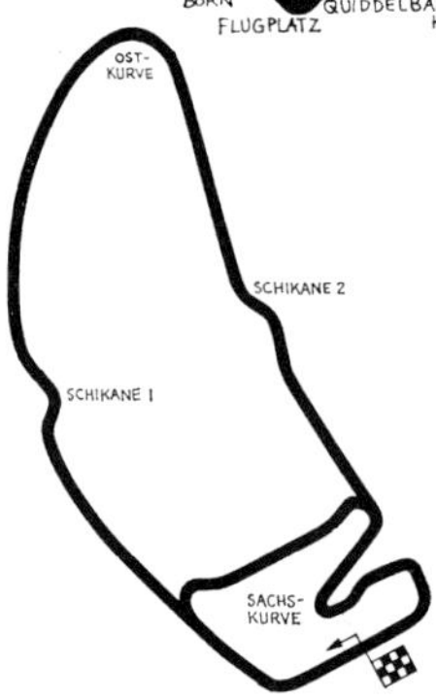

⑦ *Hockenheimring (BRD),* Hockenheim
In der Rheinebene bei Mannheim, Heidelberg.
Streckenlängen verschieden zwischen 6,8 und 2,6 km. Mehrere Möglichkeiten. Zwischen 13 und 8 Kurven je nach Streckenwahl. Austragungsort nationaler und internationaler Rennen sowie im Wechsel mit dem Nürburgring des Großen Preises von Deutschland für Motorräder.

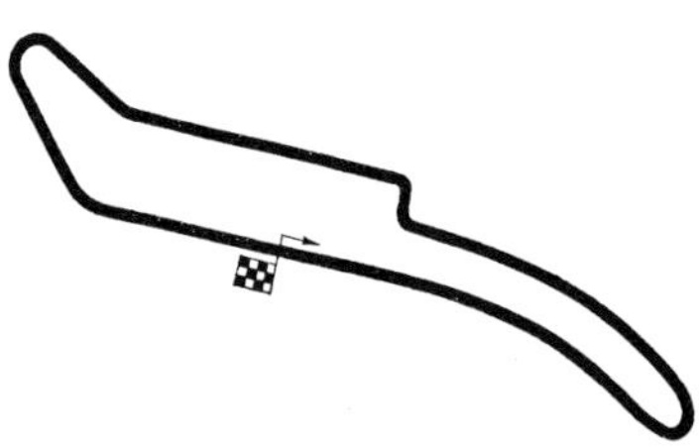

⑧ *Norisring (BRD),* Nürnberg
Unmittelbar bei der Stadt Nürnberg.
Streckenlänge 2,3 km. 8 Kurven. Austragungsort nationaler und internationaler Rennen.

⑨ *Freiburg (BRD)*, Freiburg Schauinsland
Südlich von Freiburg.
Streckenlänge 11,2 km. 45 Kurven.
Austragungsort nationaler und internationaler Bergrennen.

⑩ *Salzburgring (Österreich)*
Östlich von Salzburg.
Streckenlänge 4,3 km. 7 Kurven.
Austragungsort nationaler und internationaler Rennen sowie des Großen Preises von Österreich.

⑪ *Österreichring (Österreich)*
Nördlich von Zeltweg zwischen Leoben und Judenburg am Rande der Triebener Tauern.
Streckenlänge 5,9 km. 8 Kurven.
Austragungsort nationaler und internationaler Rennen.

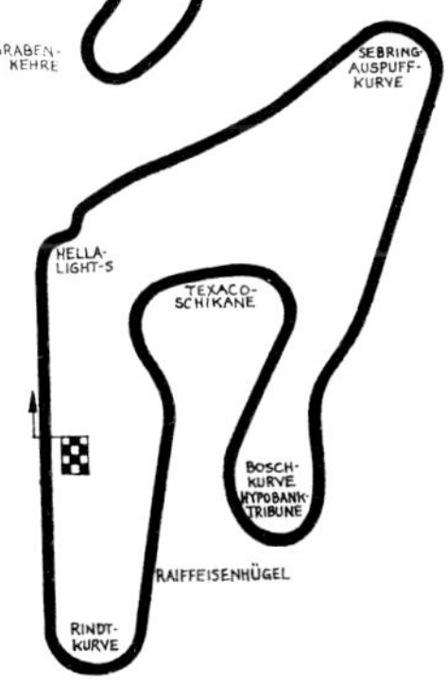

⑫ *Brünn (CSSR)*
Unmittelbar bei Brünn.
Streckenlänge 10,9 km. 12 Kurven.
Austragungsort des Großen Preises der CSSR.

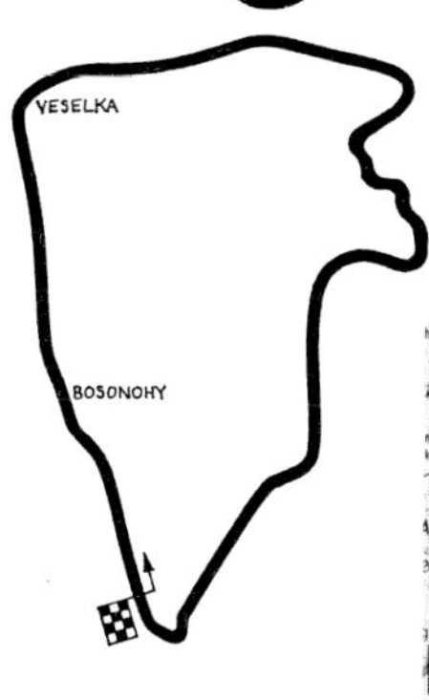

⑬ *Berlin (West-Berlin/BRD)*
Avus. Autobahn-Teilstück zwischen Funkturm und Kontrollpunkt Dreilinden. 9,3 km lang, zwei Kurven (wenn keine Schikanen eingebaut sind). Austragungsort nationaler und internationaler Rennen.

① *Croix-en-Ternois*
Zwischen Le Tourquet und Arras bei St Pol-s-Ternoise.
Streckenlänge 1,9 km. 8 Kurven. Austragungsort von nationalen und internationalen Motorradrennen.

② *Rouen*
Unmittelbar am Stadtrand von Rouen. Streckenlänge 5,5 km. 15 Kurven. Austragungsort von nationalen und internationalen Motorradrennen.

③ *Montlhéry*
25 km südlich von Paris bei Arpajon. Streckenlänge 7,8 km (Bretelle Lapize); 6,3 km (Bretelle Couard); 3,3 km (2 Ponts). 13 Kurven oder Rundkurs. Austragungsort des »Bol d'Or« sowie nationaler und internationaler Motorradrennen.

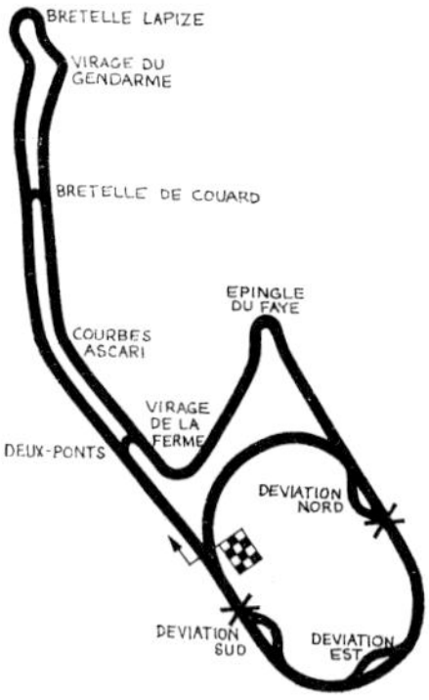

LONDON
CROYDON
BRIGHTON
PORTSMOUTH
SOUTHAMPTON
BOURNEMOUTH
OXFORD
READING
CARDIFF
NEWPORT
BRISTOL
NORTHAMPTON
IPSWICH
HARWICH
SOUTHEND
I. OF WIGHT
Straße v. Dover
AMSTERDAM
HAARLEM
DEN HAAG
(s'GRAVENHAGE)
ROTTERDAM
UTRECHT
ARNHEM
TILBURG
EINDHOVEN
ANTWERPEN
(ANVERS)
GENT
BRÜSSEL
(BRUXELLES)
LÜTTICH
(Liège)
AACHEN
CHARLEROI
ROUBAIX
LILLE
Dünkirchen
(Dunkerque)
Calais
Boulogne
Amiens
St-Quentin
LE HAVRE
ROUEN
Baie de la Seine
Cherbourg
ALDERNEY
GUERNSEY
JERSEY
Golfe de St. Malo
REIMS
VERSAILLES
PARIS
Île de France
Normandie
Champagne
RENNES
LE MANS
ANGERS
NANTES
TOURS
ORLÉANS
Orléanais
Chartres
Troyes
DIJON
Bourgogne
NANCY
METZ
SAARBR.
LUXEMBG
Poitiers
La Rochelle
I. DE RÉ
I. D'OLÉRON
Limoges
Plateau des Millevaches
CLERMONT-FERRAND
Auvergne
LYON
ST-ÉTIENNE
GENF
(Genève)
GRENOBLE
BORDEAUX
Garonne
Dordogne
Gascogne
TOULOUSE
Albi
Pau
Tarbes
Bayonne
Biarritz
SAN SEBASTIÁN
Pamplona
ANDORRA
Pyrenäen
Perpignan
MONTPELLIER
NÎMES
Avignon
Arles
MARSEILLE
Aix-en-Provence
TOULON
Golfe du Lion
(Löwengolf)
Languedoc
Roussillon
Mts d'Aubrac
Mts du Charollais
Mts du Beaujolais
M. Ventoux

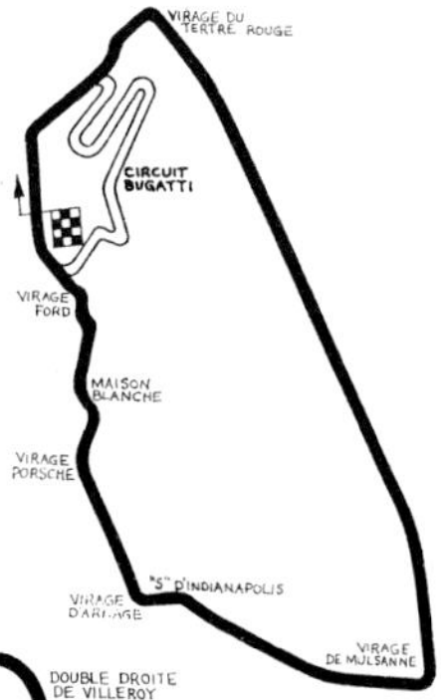

④ *Circuit Bugatti*, Le Mans
Zwischen Alençon und Tours bei Le Mans.
Streckenlängen 13,6 km; minimum 9 m. 14 Kurven; Circuit Bugatti 10 Kurven. Austragungsort des Großen Preises von Frankreich, nationaler und internationaler Motorradrennen.

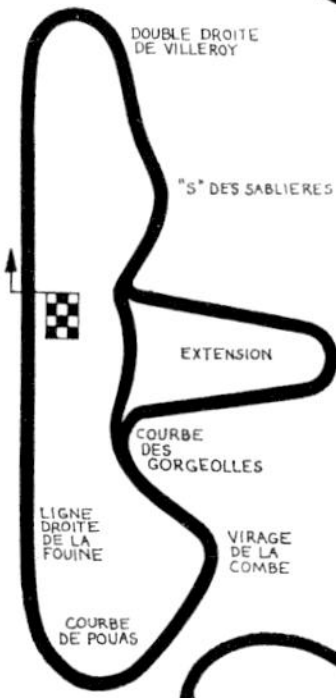

⑤ *Dijon-Prenois*
Nördlich von Dijon.
Streckenlängen 3,9 km (Circuit 2 + extension); 3,3 km (Circuit 1), 10 m (minimum). 8 Kurven (großer Kurs); 6 Kurven (kleiner Kurs). Austragungsort von nationalen und internationalen Motorradrennen.

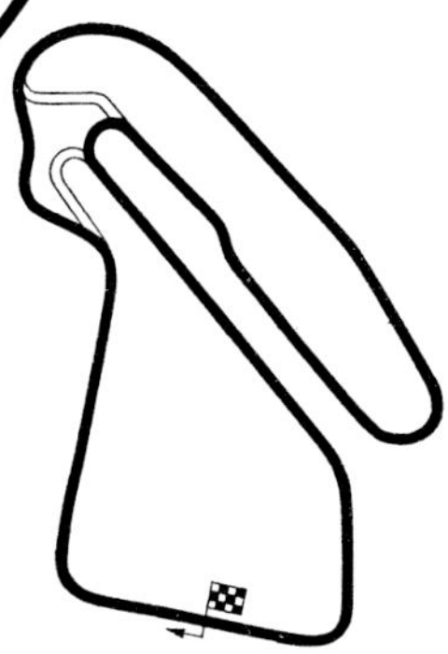

⑥ *Magny-Cours*
12 km nördlich von Nevers, 70 km süd-östlich von Bourges.
Streckenlängen 3,8 km; 2,0 km (Circuit 1); 1,8 km (Circuit 2); 9 m (minimum). 14 Kurven auf dem gesamten Kurs. Austragungsort von nationalen und internationalen Motorradrennen.

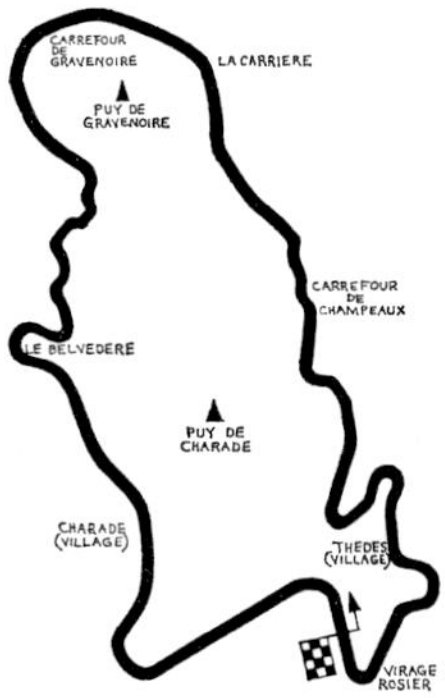

⑦ *Clermont-Ferrand*
Circuit de Montagne d'Auvergne.
Östlich von Lyon, westlich von Limoges.
Streckenlänge 8 km. Über 30 Kurven. Austragungsort des Großen Preises von Frankreich, nationaler und internationaler Motorradrennen.

(8) *Pau*
Südöstlich von Bayone und südwestlich von Toulouse. Streckenlänge 2,7 km. 10 Kurven. Austragungsort von nationalen und internationalen Motorradrennen.

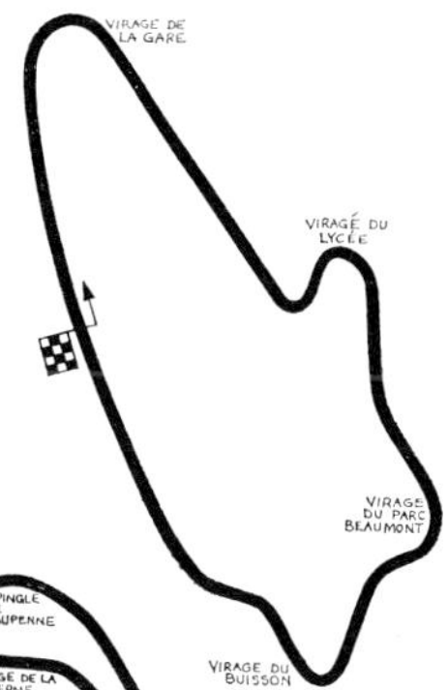

(9) *Nogaro*
Circuit Automobile Paul Armagnac Nogaro.
Nordöstlich von Bayonne und westlich von Toulouse. Nicht weit entfernt von Pau. Streckenlänge 3,1 km. 13 Kurven. Austragungsort von nationalen und internationalen Motorradrennen.

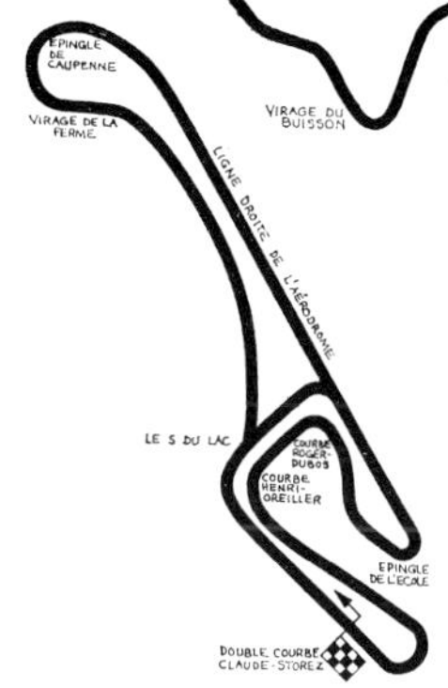

(10) *Albi*
Nordöstlich von Toulouse.
Streckenlänge 3,6 km. 9 Kurven.

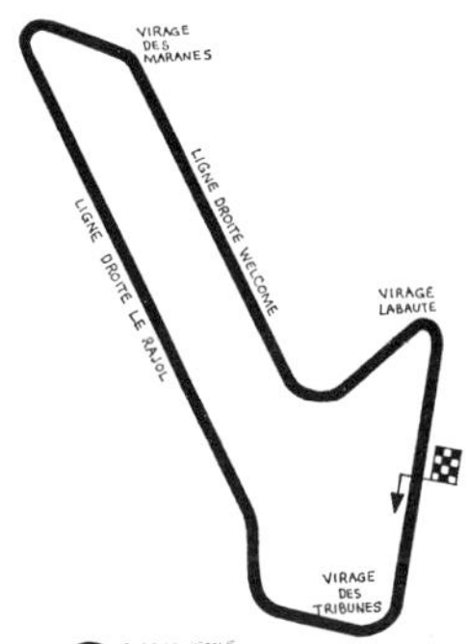

(11) *Paul Ricard*
Östlich von Marseille und nordwestlich von Toulon.
Streckenlängen 5,8 km; 3,2 km; 2,2 km. Insgesamt über 20 Kurven. Austragungsort des Großen Preises von Frankreich, nationaler und internationaler Motorradrennen.

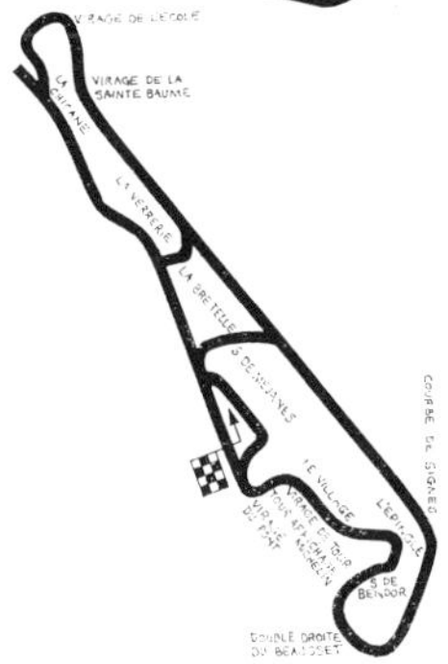

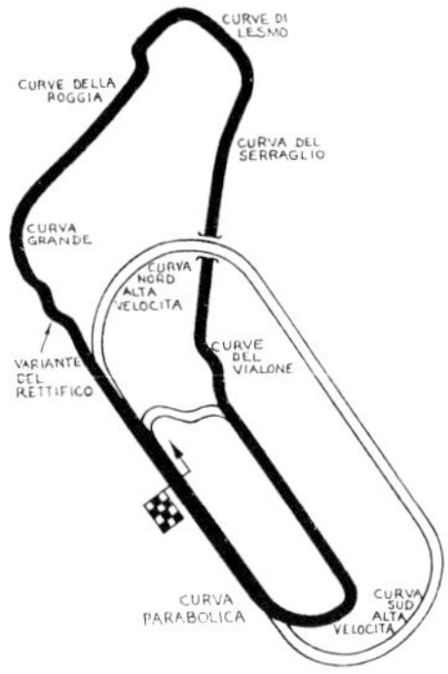

① *Monza (Italien)*
Autodromo Nazionale di Monza.
Nördlich von Mailand.
Streckenlängen 5,8 km (Grand Prix Course); 4,2 km (Speed Oval); 10 km (Kombinierter Kurs); 2,4 km (Junior Kurs). Insgesamt 13 Kurven. Austragungsort von nationalen und internationalen Motorradrennen.

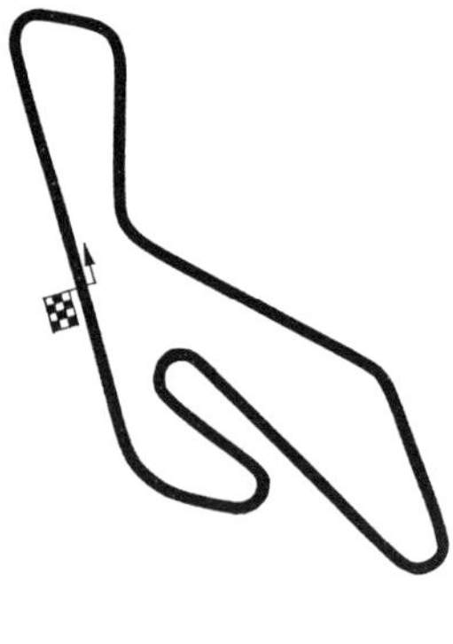

② *Casale (Italien)*
Östlich von Turin, südwestlich von Mailand.
Streckenlänge 2,4 km. 9 Kurven. Austragungsort von nationalen und internationalen Motorradrennen.

MAILAND
(MILANO)
Monza
Como
BERGAMO
BRESCIA
VERONA
VENEDIG
(Venezia)
PADUA
(Padova)
TRIEST
Udine
Belluno
Treviso
Vicenza
Chioggia
Mantua
(Mantova)
TURIN
(TORINO)
Casale
Alessandria
Pavia
Piacenza
Cremona
PARMA
REGGIO
MODENA
FERRARA
BOLOGNA
Ravenna
Forli
Imola
Rimini
Riccione
Cattolica
S. MARINO
San Marino
Pesaro
Fano
Senigallia
Ancona
GENUA
(GENOVA)
Savona
Rapallo
Chiavari
LA SPEZIA
Carrara
Massa
Viareggio
Lucca
Pistoia
Prato
FLORENZ
(Firenze)
Pisa
LIVORNO
Siena
Arezzo
PERUGIA
Assisi
Foligno
Spoleto
Terni
Rieti
L'Aquila
Teramo
Pescara
Chieti
Ortona
Viterbo
Civitavecchia
ROM
(ROMA)
Tivoli
Frascati
Albano
Ostia
Lido di Roma
Latium
Abruzzen
Molise
Albaner Berge
Sabiner Berge
Frosinone
Cassino
Terracina
Formia
Gaeta
Capua
Caserta
NEAPEL
(NAPOLI)
POMPEJI
SALERNO
Amalfi
Sorrent
CAPRI
ISCHIA
PAESTUM
Golf von Salerno
PONTINISCHE INSELN
PONZA
ZANNONE
PALMAROLA
VENTOTENE
FOGGIA
Manfredonia
Barletta
Andria
Potenza
Matera
Cosenza
Paola
Vibo Valentia
Tropea
Messina
REGGIO Calab.
Golf von Genua
Riviera di Ponente
Riviera di Levante
Ligurischer Apennin
TOSKANISCHER ARCHIPEL
ELBA
PIANOSA
MONTE CHRISTO
GIGLIO
GIANNUTRI
GORGONA
CAPRAIA
Kanal v. Korsika
KORSIKA
Bastia
Ajaccio
Calvi
Corte
Bonifacio
Porto Vecchio
Strasse von Bonifacio
I. MADDALENA
I. CAPRERA
TAVOLARA
Sassari
Alghero
Olbia
Nuoro
Oristano
CAGLIARI
Iglesias
I. DEI CAVOLI
Capo Spartivento
Capo Carbonara
USTICA
LIPARISCHE INSELN
STROMBOLI
SALINA
LIPARI
VULCANO
FILICUDI
ALICUDI
PANARIA
AGADISCHE INSELN
LEVANZO
FAVIGNANA
MARETTIMO
Trapani
Marsala
PALERMO
Cefalù
Monreale
Alcamo
Corleone
SEGESTA
Mazara del Vallo
Castelvetrano
SELINUNT
Sciacca
HERACLEA
Porto Empedocle
Agrigento
Caltanissetta
Enna
Caltagirone
CATANIA
Acireale
Taormina
Golf von Catania
Augusta
Syrakus
(Siracusa)
Ragusa
Modica
Avola
Pachino
Capo Passero
Capo Murro di Porco
PANTELLERIA
Pantelleria
Cap Bon
TUNIS
KARTHAGO
Bizerte
Béja
Hammamet
Grombalia
Zaghouan
Tabarka
Canal de la Galite
IS DE LA GALITE
Cap Serrat
Cap Blanc
LAIBACH
(Ljubljana)
AGRAM
RIJEKA
KRK
CRES
LOSINJ
Pula
Istrien
DUGI OTOK
KORNAT
Zadar
Sibenik
Split
HVAR
VIS
SOLTA
Jugoslawien
IE TREMITI
S. DOMINO
CAPRARA
PIANOSA
Vieste
Gorz
Grado
Caorle
Pordenone
Kap Kamenjak
Pta. della Maestra
Golfo di Policastro
Golfo di S. Eufemia
Punta Licosa
Dolomiten
Friaulen
Trient
Bozen

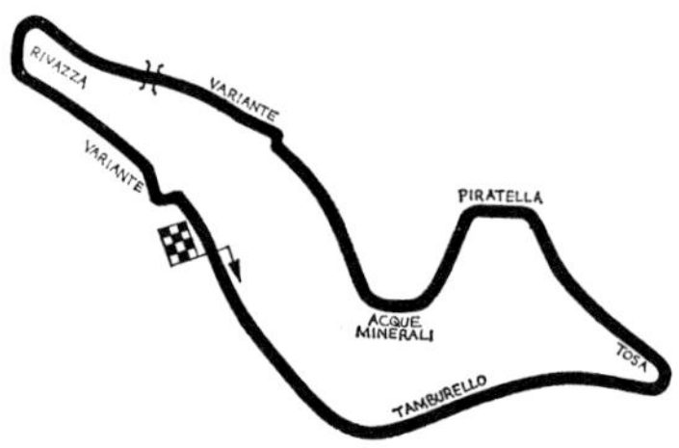

③ *Imola (Italien)*
Südöstlich von Bologna.
Streckenlänge 5 km. 11 Kurven. Austragungsort des Großen Preises von Italien, nationaler und internationaler Motorradrennen.

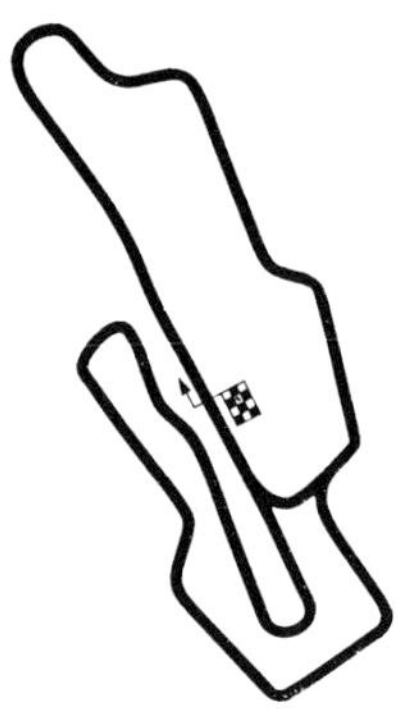

④ *Mugello (Italien)*
Autodromo Internazionale del Mugello.
Südlich von Bologna und nördlich von Florenz.
Streckenlängen 5,2 km (normaler Kurs); 2,6 km (kleiner Kurs). Insgesamt 18 Kurven. Austragungsort des Großen Preises von Italien, nationaler und internationaler Motorradrennen.

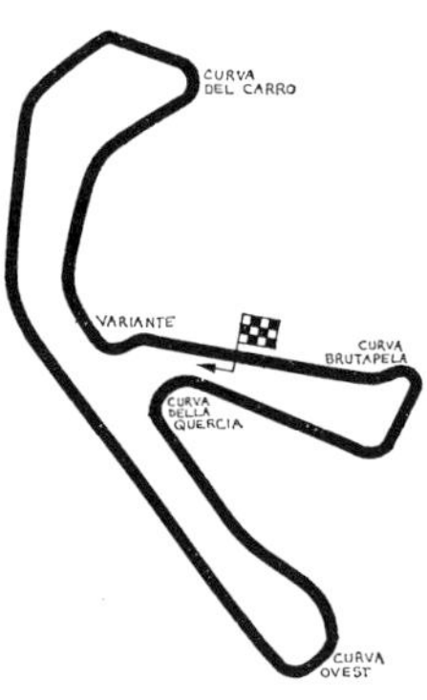

⑤ *Misano (Italien)*
Santamonica.
Zwischen Rimini und San Marino bei Cattolica.
Streckenlänge 3,5 km. 15 Kurven. Austragungsort von nationalen und internationalen Motorradrennen.

⑥ *Vallelunga (Italien)*
Nördlich von Rom.
Streckenlänge 3,2 km. 7 Kurven. Austragungsort von nationalen und internationalen Motorradrennen.

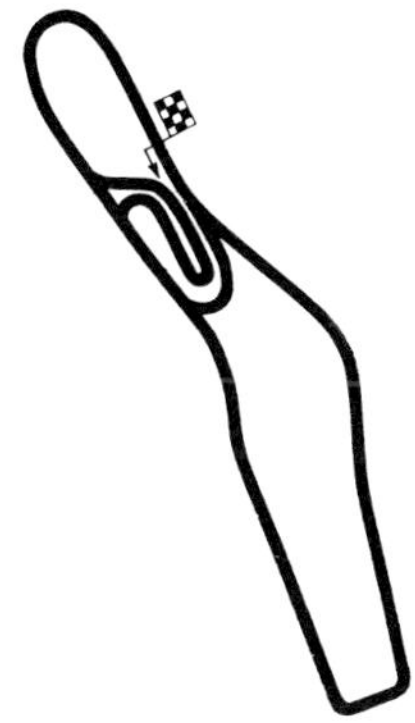

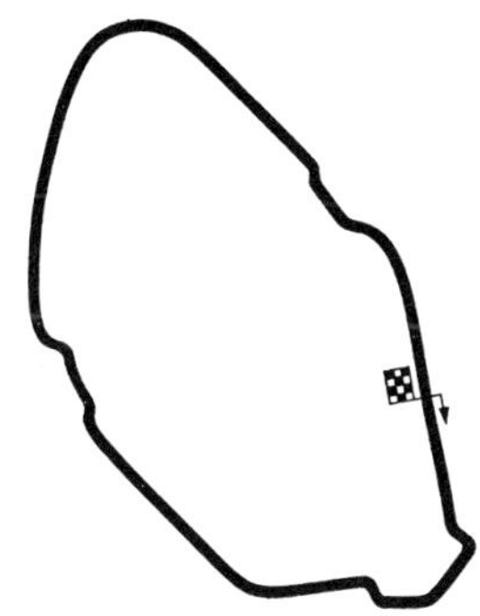

⑦ *Enna (Italien)*
Ente Autodromo di Pergusa.
Zwischen Enna und Caltanissetta auf Sizilien.
Streckenlänge 5 km. 15 Kurven. Austragungsort von nationalen Motorradrennen.

⑧ *Opatija (Jugoslawien)*
Circuit de Grobnik Rijeka.
Unmittelbar bei Rijeka.
Streckenlänge 6 km. 17 Kurven. Austragungsort des Großen Preises von Jugoslawien, nationaler und internationaler Motorradrennen.

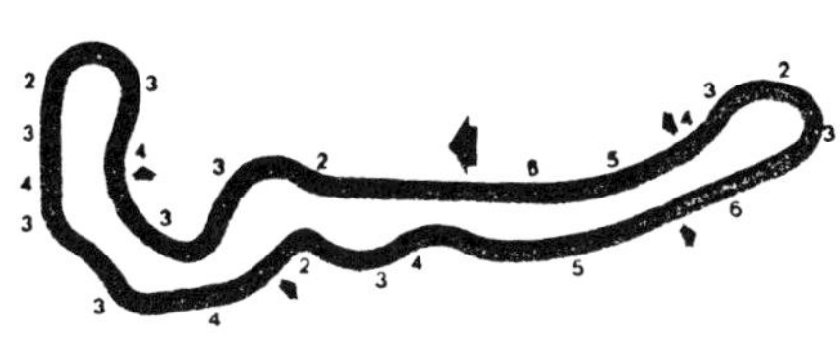

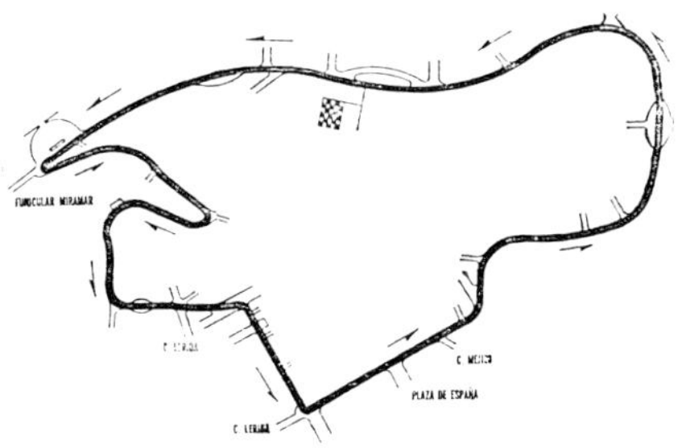

① *Montjuich-Park (Spanien)*
Barcelona.
In Barcelona.
Streckenlänge 3,79 km. 12 Kurven.
Austragungsort des Großen Preises von Spanien, nationaler und internationaler Motorradrennen.

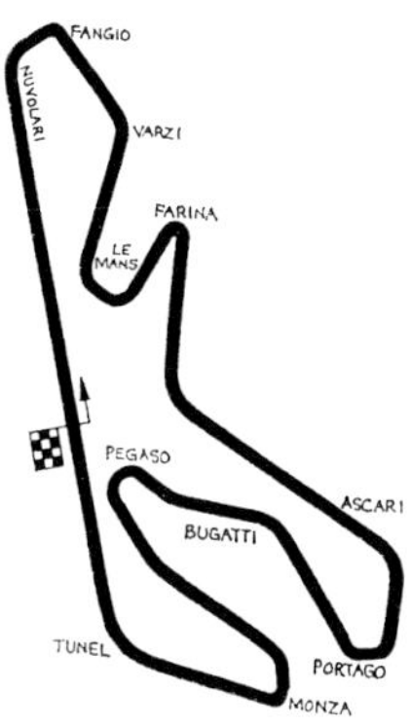

② *Jarama (Spanien)*
Circuito Permanente del Jarama.
28 km nördlich von Madrid.
Streckenlänge 3,4 km. 17 Kurven.
Austragungsort nationaler und internationaler Motorradrennen sowie des Großen Preises von Spanien.

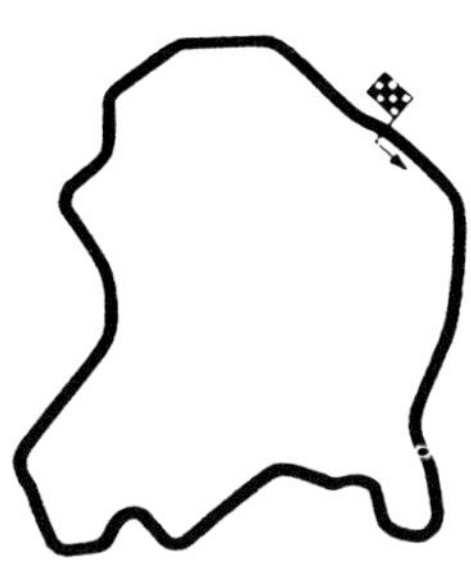

③ *Vila-Real (Spanien)*
Circuito Internacional Vila-Real.
Östlich von Porto bei Amarante.
Streckenlänge 6,9 km. 20 Kurven.
Austragungsort von nationalen und internationalen Motorradrennen.

④ *Estorial (Portugal)*
Autodromo do Estorial Alcabideche. Nördlich von Lissabon zwischen Estorial und Sintra.
Streckenlänge 4,3 km. Insgesamt über 20 Kurven. Austragungsort von nationalen und internationalen Motorradrennen.

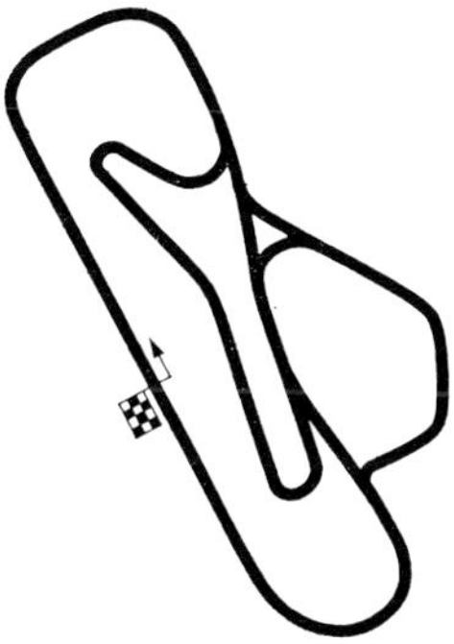

ISLE OF MAN
ENGLAND
IRLAND
NORDIRLAND

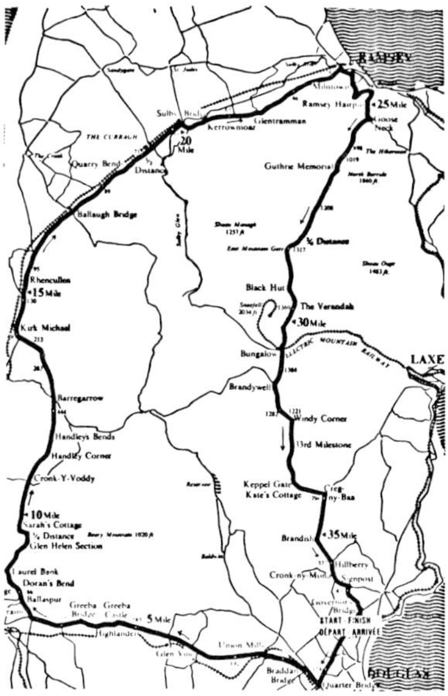

① *Isle of Man,* TT
Insel in der Irischen See zwischen England, Schottland und Irland. Günstiger Fährhafen für die Überfahrt ist Liverpool.
Streckenlänge 60 km. Über 200 Kurven. Austragungsort nationaler und internationaler Motorradrennen. Eigene Weltmeisterschaft.

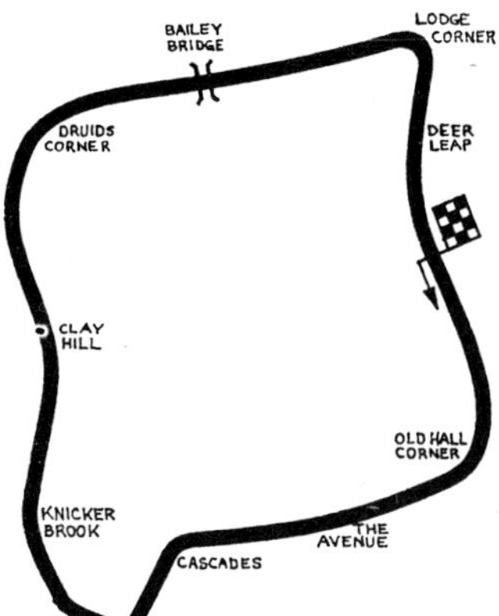

② *Oulton Park (England)*
Cheshire Car Circuit.
Östlich von Chester zwischen Tarporley und Sandiway.
Streckenlänge 2,7 km. 6 Kurven. Austragungsort von nationalen und internationalen Motorradrennen.

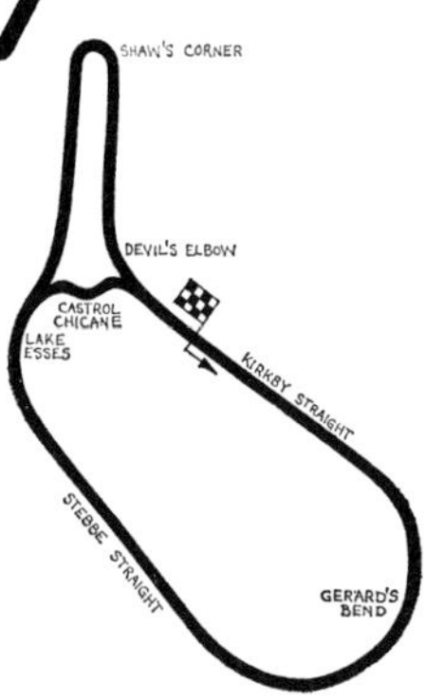

③ *Mallory Park (England)*
Östlich von Birmingham und westlich von Leicester.
Streckenlängen 2,2 km oder 1,6 km. 2 Kurven und 1 Schikane. Austragungsort von nationalen und internationalen Motorradrennen.

HEBRIDEN ODER WESTERN IS
GROSSBRITANNIEN
KANAL-INSELN oder NORMANNISCHE INSELN (Brit.)
RONA
WESTRAY
NORTH RONALDSAY
ROUSAY
SANDAY
STRONSAY
POMONA (MAINLAND)
HOY
SOUTH RONALDSAY
Kirkwall
Pentland Firth
Dunnet Head
Duncansby Head
Strathy Point
Butt of Lewis
FLANNAN IS
LEWIS
Barvas
Port of Ness
EYE
Stornoway
ST. KILDA
HARRIS
SHIANT
NORTH UIST
BENBECULA
SOUTH UIST
SKYE
Boisdale
BARRA
CANNA
SMALL IS
MUCK
COLL
TIREE
IONA
ULVA
STAFFA
MULL
COLONSAY
JURA
ISLAY
KINTYRE
ARRAN
Wick
Lybster
Helmsdale
Golspie
Dornoch
Tain
Thurso
Tongue
Durness
Ullapool
Tarbat Ness
Moray Firth
Banff
Macduff
Fraserburgh
Kinnaird Head
Peterhead
Keith
Huntly
Inverurie
Elgin
Forres
Nairn
Inverness
Beauly
Grantown
ABERDEEN
Girdle Ness
Ballater
Banchory
Balmoral
Stonehaven
Inverbervie
Brechin
Montrose
Forfar
Arbroath
Fort Augustus
Fort William
Ben Nevis
Grampian Mts.
Perth
DUNDEE
St. Andrews
Fife Ness
Anstruther
Cupar
Kinross
Kirkcaldy
Firth of Forth
Dunbar
St. Abb's Head
Haddington
Eyemouth
Berwick upon Tweed
HOLY I.
Stirling
Callander
Alloa
Dunf.
Leith
Falkirk
Dumbarton
Paisley
Greenock
GLASGOW
Coatbridge
Motherwell
EDINBURGH
Peebles
Galashiels
Coldstream
Firth of Lorne
Oban
Inveraray
Lochgilphead
Campbeltown
Bowmore
Port Ellen
Mull of Oa
Malin Head
Bloody Foreland
TORY
INISHOWEN
RATHLIN
Mull of Kintyre
Firth of Clyde
Ayr
Kilmarnock
Maybole
Girvan
Cumnock
Sanquhar
Broad Law
Moffat
Jedburgh
Cheviot
Hawick
Cheviot Hills
Alnwick
Rothbury
Morpeth
Newbiggin by the Sea
Bedlington
Blyth
Tynemouth
NEWCASTLE
GATESHEAD
SOUTH SHIELDS
SUNDERLAND
Dumfries
Lockerbie
Langholm
Carlisle
Solway Firth
Stranraer
Portpatrick
Mull of Galloway
Whithorn
Kirkcudbright
Londonderry
Coleraine
Portrush
Ballycastle
Ballymena
Larne
Carrickfergus
BELFAST
Lisburn
Lurgan
Armagh
Newry
Portadown
Cookstown
Omagh
Enniskillen
Sligo
Donegal Bay
ARAN
Ballina
Downpatrick
Portaferry
Newcastle
Dundalk
Dundalk Bay
Drogheda
Balbriggan
Skerries
Cavan
Clones
Monaghan
Longford
Mullingar
Athlone
Roscommon
Tuam
DUBLIN
BAILE ATHA CLIATH
Kingstown (Dun Laoghaire)
Bray
Kildare
Tullamore
Wicklow
Arklow
Carlow
Kilkenny
Maryborough
Templemore
Nenagh
Limerick
Ennis
Tipperary
Clonmel
Cahir
New Ross
Enniscorthy
Wexford
Waterford
Tramore
Dungarvan
Youghal
Fermoy
Mitchelstown
Cork
Queenstown
Cork Harbour
Old Head of Kinsale
SALTEE IS
Carnsore Point
Hook Head
St. Georgs-Kanal
Nord-Kanal
Irische See
MAN
Ramsey
Peel
Douglas
Castletown
CALF OF MAN
Ayre Pt.
Workington
Whitehaven
Keswick
Cleator Moor
Sca Fell
Ulverston
Barrow
WALNEY I.
Morecambe B.
Kendal
Penrith
Barnard Castle
Darlington
Durham
W. Hartlepool
Stockton
MIDDLESBROUGH
Whitby
Cleveland Hills
Scarborough
Flamborough Head
Northallerton
Thirsk
Whernside
Malton
Bridlington
Harrogate
Knaresborough
YORK
Selby
Skipton
Beverley
HULL
Spurn Head
Great Grimsby
Lancaster
PRESTON
BLACKPOOL
Southport
BURNL.
BRADF.
LEEDS
HALIF.
BLACKB.
BOLTON
OLDHAM
HUDDERSF.
Wakf.
Castleford
Goole
Doncaster
Barton
Rotherham
SHEFFIELD
Gainsborough
Louth
Lincoln
Skegness
Horncastle
Boston
The Wash
Hunstanton
Cromer
North Walsham
Fakenham
King's Lynn
NORWICH
Yarmouth
Beccles
Halesworth
ANGLESEY
Amlwch
Beaumaris
Holyhead
HOLY I.
Bangor
Caernarvon
Caernarvon Bay
Snowdon
Festiniog
Pwllheli
BARDSEY
Tremadoc B.
Dolgelley
Welshpool
Cardigan Bay
Aberystwyth
Aberayron
Cardigan
Fishguard
LIVERP.
BIRKENHEAD
ST. HEL.
Warr.
MANCH.
ST. OCKPORT
Runcorn
Chester
Flint
Colwyn Bay
Rhyl
Wrexham
Llangollen
Macclesf.
Buxton
Crewe
Hanley
STOKE
DERBY
NOTTINGHAM
Chesterfield
Newark
Grantham
Loughborough
Burton u. Tr.
LEICESTER
Stamford
Spalding
Peterborough
Shrewsbury
Wellington
Stafford
WALSALL
WOLVERH.
Wednesbury
Dudley
W. Bromwich
BIRMINGHAM
COVENTRY
Rugby
Market Harborough
Kettering
NORTHAMPTON
Leamington
Warwick
Stratford o.A.
Banbury
Bedford
Cambridge
Newmarket
Bury St Edmunds
Thetford
IPSWICH
Felixstowe
HARWICH
Colchester
Walton on Naze
Clacton
Montgomery
Llanidloes
Llandrindod Wells
Leominster
Worcester
Malvern
Hereford
Brecon
Llandovery
Monmouth
Ledbury
Cheltenham
Gloucester
Witney
OXFORD
Buckingham
Aylesbury
LUTON
Bishop's Stortford
Hertford
St. Albans
Watford
Chelmsford
SOUTHEND
Wycombe
Willesd.
LONDON
Greenwich
Windsor
READING
Kingston
CROYDON
Chatham
SHEPPEY I.
Margate
Ramsgate
Canterbury
Maidstone
Ashford
Dover
Folkestone
Dungeness
Tunbridge Wells
Hastings
Eastbourne
Beachy Head
BRIGHTON
Hove
Newhaven
Worthing
Guildford
Reigate
Aldershot
Basingstoke
Newbury
Winchester
SOUTHAMPTON
PORTSMOUTH
BOURNEMOUTH
Poole
Dorchester
Weymouth
Portland
Portland Bill
I. OF WIGHT
Newport
Ryde
Ventnor
The Needles
St. Catherine's Pt.
Salisbury
Andover
STONEHENGE
Frome
Swindon
BRISTOL
Bath
Trowbridge
Weston super Mare
Wells
Bridgwater
Taunton
Minehead
Sherborne
Staple Hill
Lyme Bay
Exeter
Teignmouth
Torquay
Dartmouth
Start Point
PLYMOUTH
Devonport
Totnes
EDDYSTONE ROCKS
Liskeard
Bodmin
Launceston
High Willhays
Tiverton
S. Molton
Barnstaple
Bideford
Ilfracombe
Dunkery Beacon
LUNDY
Hartland Point
Widemouth Bay
Bude
Pentire Head
Trevose Head
Newquay
Redruth
Truro
St. Ives
Falmouth
Penzance
Land's End
Cape Cornwall
Lizard Point
SCILLY IS.
ST. MARY'S
Bristol-Kanal
CARDIFF
Barry
NEWPORT
Merthyr Tydfil
Aberdare
RHONDDA
SWANSEA
Llanelly
Neath
Carmarthen
Tenby
Pembroke
Milford Haven
Haverfordwest
Milford
St. Brides B.
RAMSEY
St. David's Head
St. Govan's Head
Worms Head
Strumble Head
Mynydd Preseli
Black Mts.
Cambrian Mts.
Wales
ALDERNEY
GUERNSEY
SARK
St. Pierre
St. Hélier
Cap de la Hague
Cherbourg
Valognes
Pointe de Barfleur
Carentan
Bayeux
Carteret
Baie de la Seine
LE HAVRE
Trouville
Deauville
Honfleur
Pont-Audemer
Fécamp
Bolbec
Elbeuf
ROUEN
Sotteville
Dieppe
Le Tréport
Cayeux
Baie de Somme
Berck
le Touquet-Paris-Plage
Boulogne
Cap Gris Nez
Caux

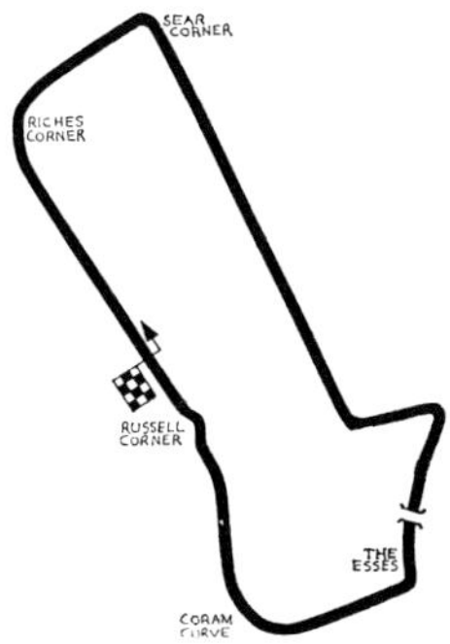

④ *Snetterton (England)*
Nordöstlich von Cambridge zwischen Thetford und Norwich an der A 11.
Streckenlänge 3,1 km. 8 Kurven. Austragungsort von nationalen und internationalen Motorradrennen.

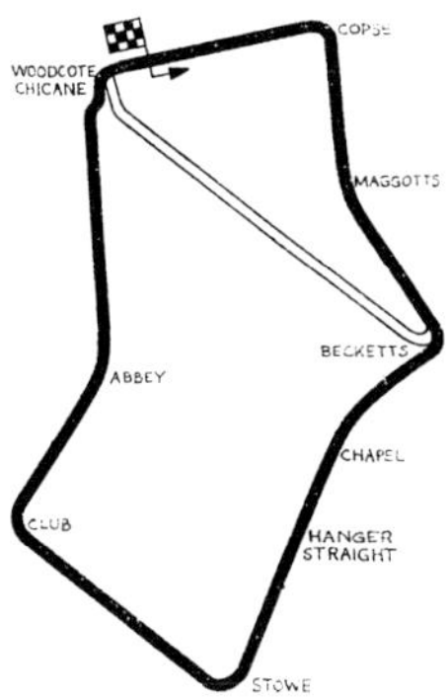

⑤ *Silverstone (England)*
Nordöstlich von Oxford in der Nähe von Towcester.
Streckenlängen 4,7 km und 2,6 km. 8 Kurven. Austragungsort von nationalen und internationalen Rennen sowie des Großen Preises von England.

⑥ *Brands Hatch (England)*
In der Nähe von Maidstone und der M 20 in der Grafschaft Kent.
Streckenlängen: GP-Kurs 4,2 km; kleiner Kurs 1,9 km; kleinster Kurs 9,1 m. 11 Kurven über die gesamte Länge. Austragungsort von nationalen und internationalen Motorradrennen sowie des Großen Preises von England.

⑦ *Thruxton (England)*
In der Nähe von Salisbury bei Andover.
Streckenlängen 3,8 km und 14,6 m. Austragungsort von nationalen und internationalen Motorradrennen.

⑧ *Int. Schottisch-Sechs-Tage-Fahrt*
Austragungsgegend der jährlich Anfang Mai stattfindenden Int. Schottischen Sechs-Tage-Fahrt für Trialfahrer. Startort Fort Williams.

⑨ *Mondello Park (Irland)*
Südwestlich von Dublin zwischen Naas und Droichead Nua.
Streckenlängen 2 km und 1,2 km. Insgesamt 8 Kurven. Austragungsort von nationalen und internationalen Motorradrennen.

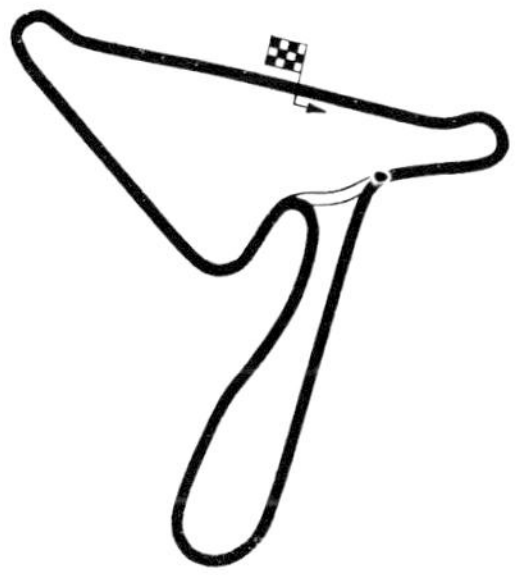

⑩ *Phoenix Park (Irland)*
Stadtteil von Dublin.
Streckenlänge 4,3 km. 7 Kurven. Austragungsort von nationalen und internationalen Motorradrennen.

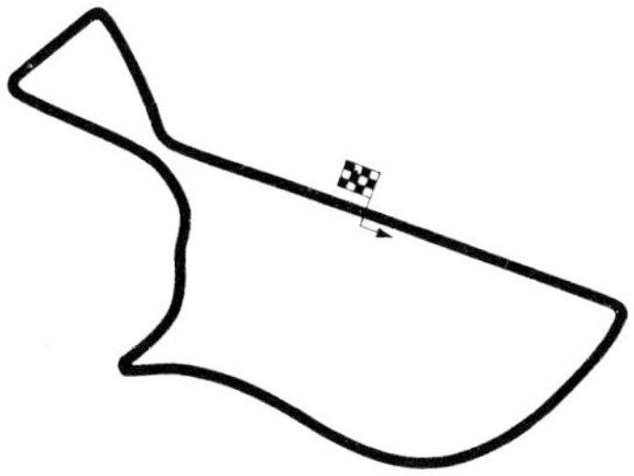

⑪ *Dundrod-Kurs (Nord-Irland)*
Ulster Grand Prix.
In der Nähe von Belfast.
Streckenlänge 11,9 km. 16 Kurven. Austragungsort von nationalen und internationalen Motorradrennen sowie des Ulster Grand Prix.

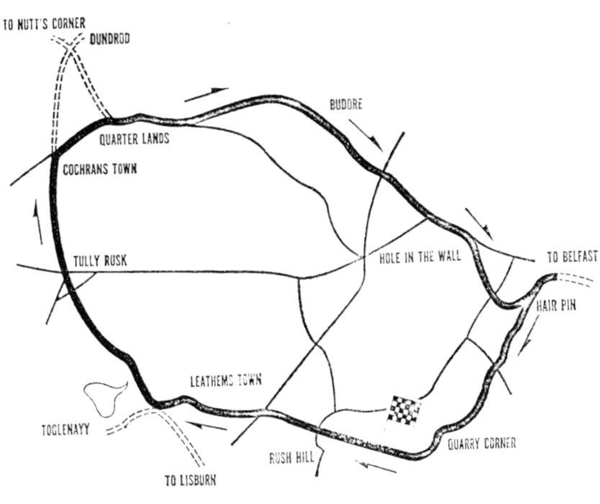

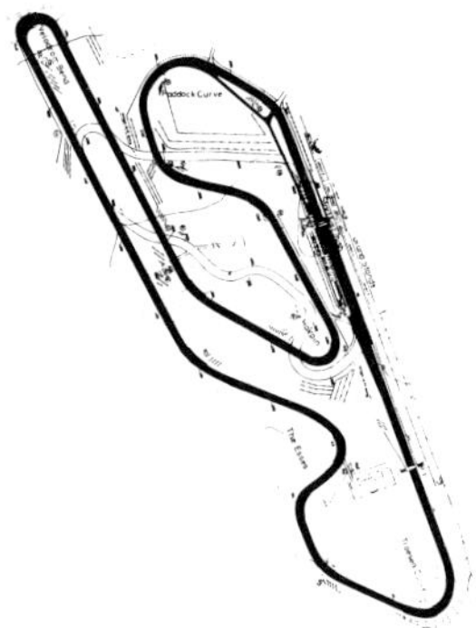

① *Karlskoga (Schweden)*
Westlich von Stockholm zwischen Örebro und Karlstad.
Streckenlänge 3,15 km. 13 Kurven. Austragungsort des Großen Preises von Schweden, nationaler und internationaler Motorradrennen.

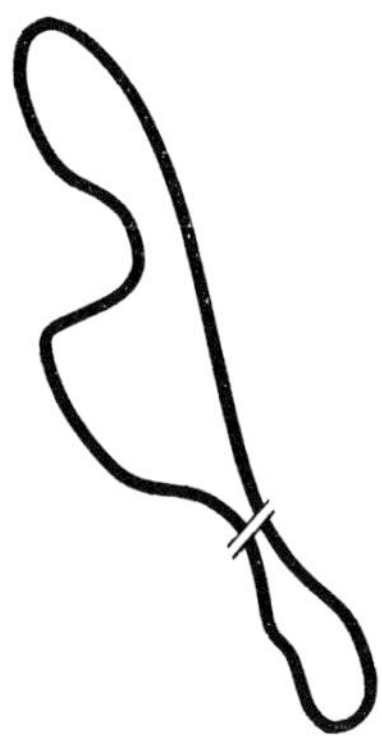

② *Kinnekulle Ring (Schweden)*
Zwischen Göteborg und Örebro bei Skara.
Streckenlänge 2,2 km. 11 Kurven. Austragungsort von nationalen und internationalen Motorradrennen.

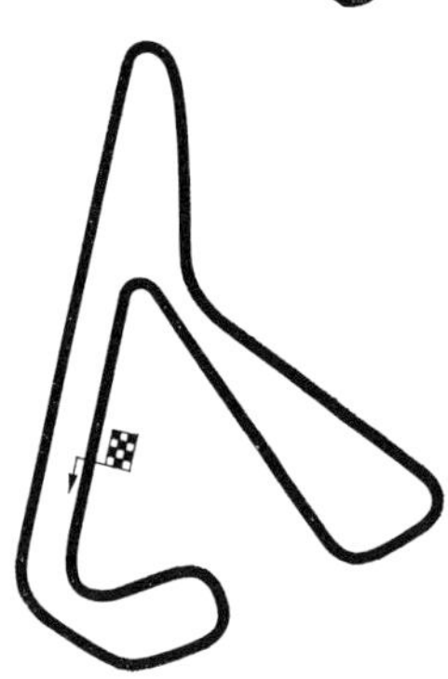

③ *Mantorp Park (Schweden)*
Zwischen Linköping und Motala südwestlich von Stockholm.
Streckenlänge 4 km. 10 Kurven. Austragungsort von nationalen und internationalen Motorradrennen.

Jämtland
Medelpad
Hälsingl
Ångermanland
Dovrefjeld
Jotunheimen
Hardanger Vidda
Telemark
Skagerrak
Vendsyssel
Småland
Blekinge
Schonen
Västmanland
Uppland
Södermanland
Bottnis
Trondheim
Östersund
Sundsvall
Härnösand
Söderhamn
Gävle
Uppsala
Västerås
Örebro
Karlskoga
Norrköping
Linköping
STOCKHOLM
OSLO
Drammen
Moss
Kongsberg
Lillehammer
Hamar
Kongsvinger
Kristiansund
Ålesund
Molde
Odda
Arendal
Grimstad
Kristiansand
Mandal
Strömstad
Uddevalla
Trollhättan
GÖTEBORG
Borås
Jönköping
Värnamo
Växjö
Halmstad
Hälsingborg
Kristianstad
Karlskrona
Kalmar
Visby
ÖLAND
BORNHOLM (Dän)
KOPENHAGEN
KØBENHAVN
MALMÖ
Ystad
Trelleborg
Lund
Ålborg
ÅRHUS
Randers
Viborg
Herning
Esbjerg
ODENSE
FYN
FANØ
RØMØ
SYLT
FÖHR
FLENSBURG
KIEL
Neumünster
Schleswig
FEHMARN
LOLLAND
MØN
RÜGEN
ROSTOCK
Stralsund
Greifswald
Warnemünde
Stolpmünde
Rügenwalde
Lauenburg
Leba
NORDFRIESISCHE INSELN
Deutsche Bucht
Mecklenburger Bucht
Kieler Bucht
Kap Arkona

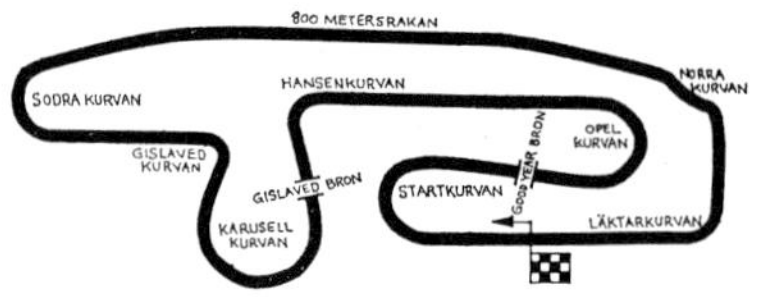

④ *Anderstorp (Schweden)*
Scandinavien Raceway Anderstorp. Südöstlich von Göteborg bei Gislaved.
Streckenlänge 4,0 km. 14 Kurven. Austragungsort des Großen Preises von Schweden, nationaler und internationaler Motorradrennen.

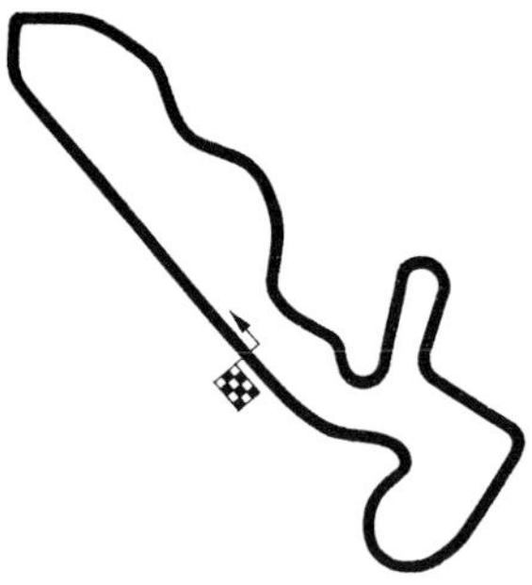

⑤ *Knutstorp (Schweden)*
Südöstlich von Helsingborg, nordöstlich von Landskrona in der Nähe von Klippan.
Streckenlänge 2,2 km. 17 Kurven. Austragungsort von nationalen und internationalen Motorradrennen.

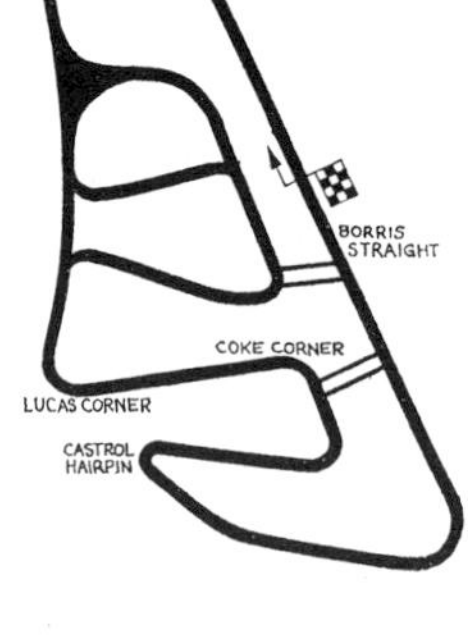

⑥ *Jyllands-Ringen (Dänemark)*
Westlich von Arhus bei Silkeborg.
Streckenlängen 1,7 km; 1,4 km. Insgesamt 14 Kurven. Austragungsort von nationalen und internationalen Motorradrennen.

① *Hämeenlinna (Finnland)*
Nördlich von Helsinki und südlich von Tampere.
Streckenlänge 3,0 km. 15 Kurven.
Austragungsort von nationalen und internationalen Motorradrennen.

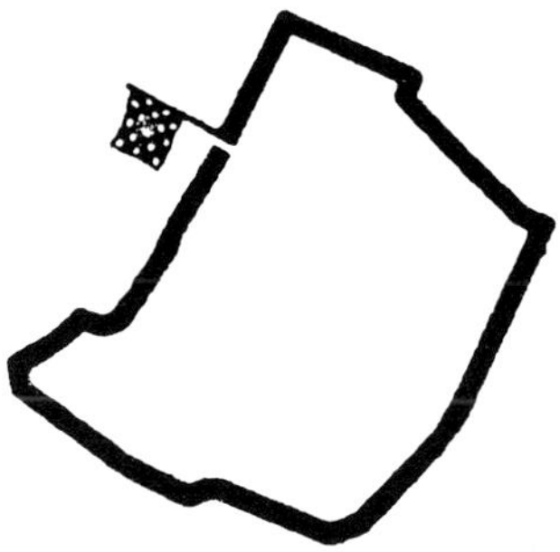

② *Imatra (Finnland)*
Nördlich von Wyborg zwischen Ichatra und Enso.
Streckenlänge 6,0 km. 10 Kurven.
Austragungsort des Großen Preises von Finnland, nationaler und internationaler Motorradrennen.

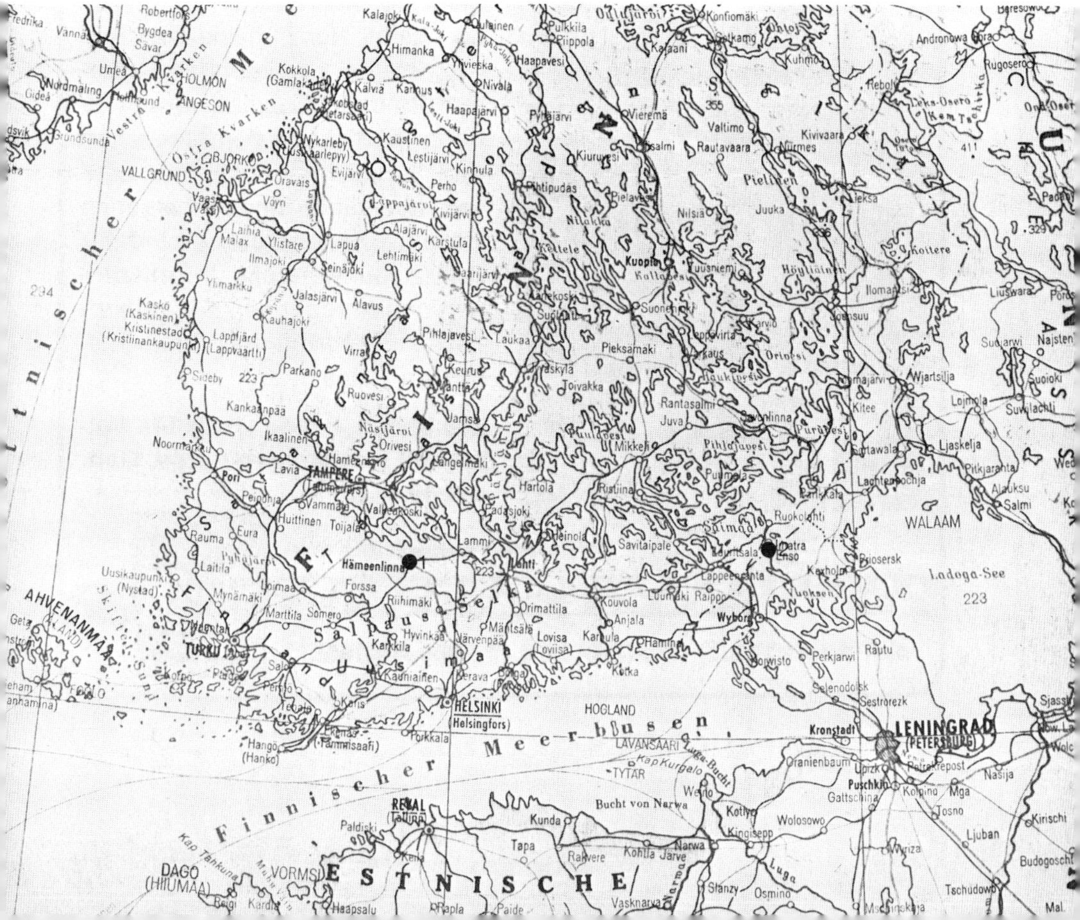